AF330767

LA VIE ET LES OUVRAGES

DE

DENIS PAPIN

Tiré à 400 exemplaires

20 sur papier vergé & 5 sur papier vergé & teinté.

LYON. — IMPRIMERIE LOUIS PERRIN.

D'après le portrait original de l'Université de Marbourg.

LA VIE ET LES OUVRAGES

DE

DENIS PAPIN

PAR L. DE LA SAUSSAYE

MEMBRE DE L'INSTITUT

ET DE LA SOCIÉTÉ ACADÉMIQUE DE BLOIS

ET A. PÉAN

DE LA SOCIÉTÉ ACADÉMIQUE DE BLOIS

> L'homme de génie qui devance trop fon
> fiècle eſt toujours méconnu.
> ARAGO.

TOME PREMIER

PARIS   BLOIS

FRANCK, 67, RUE RICHELIEU | CHEZ TOUS LES LIBRAIRES

M DCCC LXIX

A LA

MÉMOIRE

DE

FRANÇOIS ARAGO

PREMIÈRE PARTIE

INTRODUCTION

VIE DE PAPIN

A MONSIEUR A. PEAN.

MON CHER COLLABORATEUR,

I l'adage : habent fua fata libelli *peut trouver une application jufte, c'eft affurément au livre que nous publions aujourd'hui. J'en avais conçu la penfée en* 1831 *, après avoir lu la notice d'Arago* fur les machines à vapeur, *où Denis Papin, ce Bléfois fi longtemps méconnu, recevait enfin fa part de gloire dans l'une des plus grandes inventions des temps modernes. Mais la fituation que venait de me faire la Révolution de juillet ne me difpofait guère à tenter une entreprife littéraire; je la remis à de meilleurs jours.*

Néanmoins, en 1834, *dans le journal* Le Blaifois, *j'y préludais par une férie d'articles fur Papin &, en* 1835, dans La France départementale, par une lettre où, d'après *Arago, je revendiquais les titres de mon illustre compatriote.*

L'année 1837, *en qualité de secrétaire de la Société des sciences & des lettres de Blois, j'adressais à la municipalité de la ville natale de Papin une pétition tendant à provoquer une souscription pour élever une statue à notre vieux concitoyen. Puis, son éloge était mis au concours par la même Société; M. le docteur Ducoux remporta le prix. Son Mémoire, publié en* 1838, *résumant tout ce que l'on savait alors de la vie & des œuvres du grand physicien, me fit encore différer la publication projetée.*

Mais, en 1846, *un voyage en Allemagne & en Angleterre m'ayant mis sur la trace de travaux inédits de Papin & de sa correspondance avec Leibniz, je jugeai le moment opportun pour reprendre mon travail. L'année suivante, j'en commençais l'impression; Arago voulait bien en accepter la dédicace. Bientôt, une seconde Révolution venait à la traverse; les perturbations apportées dans les ressources financières de l'entreprise l'arrêtaient une troisième fois.*

Elle faillit renaître en 1861, *grâce à une circonstance qui semblait des plus favorables. Le Comité historique des Sciences, près le ministère de l'Instruction publique, avait décidé qu'une réimpression des OEuvres de Denis Papin serait faite sous le patronage du Ministre & sur les fonds destinés à la publication des Documents inédits. En effet, l'excessive rareté des vieilles éditions de Papin pouvait faire considérer ses ouvrages comme non édités. Une lettre ministérielle m'in-*

formait que, fur la propofition du Comité, j'étais chargé de diriger cette publication. A ma demande, un collaborateur, de l'ordre des Sciences, M. L. Figuier, me fut affocié.

Pour me rendre digne du mandat que l'on me confiait, j'entrepris de nouveaux voyages en Allemagne, en Angle-terre, en Hollande..., enfin partout où l'infortuné Papin avait traîné fa vie d'exil & de mifère. Mais la publication, qui devait être pouffée avec la plus grande activité, ce font les expreffions de la lettre de M. Rouland, fut abandonnée par fon fucceffeur.

Le 26 mars 1866, M. Figuier m'écrivait que, dès ce moment, il fe réfervait le droit de réimprimer, dans fon ouvrage : Vies des Savants illuftres, le travail qu'il avait publié fur Papin dans l'Hiftoire des principales décou-vertes des temps modernes. Le 30 août de la même année, le Miniftre m'autorifait à continuer feul l'entreprife, en dehors de fon adminiftration.

Une longue & douloureufe maladie vint encore m'arrêter. Auffi, cette publication, rêvée en 1831, commencée en 1834, ajournée en 1838, mife fous preffe en 1847, abandonnée en 1848, reprife en 1861, ne finit-elle par voir le jour qu'en la préfente année 1869.

Tant de viciffitudes ont eu, du moins, cet avantage qu'elles m'ont créé d'honorables relations avec plufieurs hommes dif-tingués, à l'Étranger & dans notre pays ; tous m'ont prêté le plus généreux concours. Ainfi : je dois à M. Henke, profeffeur à l'Univerfité de Marbourg, & à M. Bunfen, xij

titulaire, en 1847, de la chaire de Papin à cette Université, de précieux renseignements sur le séjour de l'illustre
proscrit dans la Hesse électorale & le Hanovre; à M. le
marquis de Châteaurenard, ministre de France à Cassel, &
à M. le professeur Muller d'avoir pu visiter toutes les
localités où s'attachait, dans la capitale de la Hesse, le sou-
venir de Papin; à M. Grotefend, directeur des Archives &
à MM. Kahle & Bœttiger, secrétaires de la Bibliothèque
royale de Hanovre, la facilité de compulser à loisir la correspondance de Leibniz; à feu M. van der Chijs, de l'Université de Leyde, la connaissance de plusieurs lettres de
Huggens & de Papin; à M. Walter White, la recherche,
aux archives de la Société Royale, dont il est secrétaire-
adjoint, de documents importants échappés à mes premières
investigations; à M. Merget, professeur de physique à la
Faculté des Sciences de Lyon, de précieux secours pour
l'intelligence des textes purement scientifiques laissés par
le célèbre inventeur. Que tous ces auxiliaires si bienveil-
lants trouvent ici l'expression de ma profonde gratitude!

Pour vous, mon cher collaborateur, vous avez secondé
mes recherches, durant mon dernier voyage d'Allemagne, en
1863; vous avez pris ensuite une grande & utile part à tous
mes travaux sur Papin : le livre qui les comprend devait
montrer, sur son titre, votre nom à côté du mien.

Par un heureux concours de circonstances, après nous
être rencontrés, au début de la vie, sur les bancs du collége
de Blois, quand venaient de les quitter Augustin & Amédée

Thierry, nos éminents compatriotes, nous nous retrouvons, à
la fin de notre carrière, pour élever à une autre grande illuſ-
tration de notre terre natale le monument le plus complet de
ſes œuvres.

L. DE LA SAUSSAYE.

INTRODUCTION

u récit fincère de chaque découverte joindre l'ordre chronologique qui la place à fon rang & à fa date, eft fans contredit la condition effentielle d'une bonne hiftoire de la Machine à vapeur. Cette méthode difpenfe de toute difcuffion vaine. Qu'importe la nationalité de l'inventeur ; la feule chofe à confidérer n'eft-elle pas l'invention elle-même ? Telle eft notre opinion. Combien nous fommes heureux de la rencontrer, fi bien exprimée, dans les confidérations

pleines de fageffe par lefquelles M. Cap commence une
notice confacrée à notre infortuné compatriote (1):

« J'ai toujours regardé comme affez vaine cette lutte
dans laquelle les nations cherchent à faire valoir leurs
droits à quelque grande découverte, fous prétexte que
l'un de ceux qui l'ont faite leur appartient par la naiffance. Je dis l'un de ceux qui l'ont faite, car il eft évident qu'une grande penfée n'éclate pas fpontanément &
fans être entourée de précédents nombreux. Le germe en
exifte dans l'enfemble des idées de l'époque, le terrain eft
déjà défriché, cultivé par quelques mains habiles, puis
le temps en développe, en mûrit le fruit, jufqu'à ce qu'un
homme de génie foit appelé à le cueillir. Colomb n'imagina pas d'emblée l'exiftence d'un nouveau continent;
mille indices, mille circonftances l'amenèrent à cette prévifion qu'il eut feul le courage & la gloire de réalifer. Il
en eft de même de toutes les grandes découvertes. La
bouffole, l'imprimerie, l'électricité & cent autres inventions de premier ordre exiftaient en germe & s'agitaient
dans la fphère de l'époque où elles firent explofion. Cela
eft fi vrai que très-fouvent plufieurs hommes fupérieurs
en conçurent en même temps la penfée. Fermat & Defcartes imaginèrent fimultanément les principes du calcul
différentiel; un demi-fiècle après, Newton & Leibniz
en firent, au même moment, l'application. Lavoifier,

(1) *L'Illuftration*, mai 1845, t. II, ive livraifon.

Prieftley, Scheele & Payen découvrirent à la fois l'oxygène, prefque dans la même année.

» Quant à la queftion de patrie, comment la réfoudre avec impartialité? S'agit-il du lieu où l'inventeur prit naiffance, ou de celui où l'invention apparut pour la première fois? Huyghens & Gaffendi, l'un hollandais, l'autre italien, firent en France la plupart de leurs découvertes; Defcartes & Papin, tous deux français, paffèrent les deux tiers de leur vie hors du fol natal; Pouffin habita prefque toujours l'Italie, & le compofiteur faxon Hændel vécut plus de cinquante ans en Angleterre. Eft-ce à leur patrie originaire ou à leur patrie adoptive qu'appartiennent les œuvres de leur génie? Si Fulton, mieux apprécié en France, eût conftruit chez nous fon premier bateau à vapeur, aurions-nous le droit de revendiquer l'honneur de cette admirable invention (1)? L'hiftoire de la fcience, felon moi, ne faurait s'arrêter à ces vaines difputes; elle rend juftice à tout homme qui préfente des titres légitimes au développement de l'intelligence, au progrès de la civilifation, & ne voit, dans tous ceux qui

(1) En vertu de ce principe, les Allemands fe croient autorifés à nous contefter l'invention des machines à vapeur. Papin, difent-ils, était naturalifé allemand, était médecin & confeiller d'un prince d'Allemagne lorfqu'il fit fa glorieufe découverte; cette découverte eft donc allemande: « Demnach kann man Papin als den Erfinder der Dampfmafchine anfehen und, obgleich er ein geborner Franzofe, aber naturaliftrter und angeftellter Deutfcher war, die von ihm gemachte Erfindung als eine deutfche behaupten. » (*Zeitfchrift des hiftorifchen Vereins für Niederfachfen*, 1850, p. 291.)

(*Note des Editeurs.*)

ont fait prévaloir une idée heureuſe, que les membres d'une même famille, celle des bienfaiteurs de l'humanité. »

Ces lignes étant l'expreſſion fidèle de la penſée qui nous guide, nous ne pouvons mieux faire que de les donner comme préface à notre travail. Il eſt certain que, dans l'immenſe ſolidarité intellectuelle qui lie aujourd'hui les peuples civiliſés, toutes ces revendications, dictées par un ſot orgueil national, ne ſont plus, aux yeux des lecteurs ſérieux, que de miſérables querelles de clocher.

D'autre part, les grandes inventions deſtinées à changer la face de l'humanité n'entrent, le plus ſouvent, dans le domaine des faits accomplis qu'après avoir paſſé par une filière, en quelque ſorte providentielle, de tentatives iſolées. Aborder l'hiſtoire des découvertes d'un génie inventif, ſans la faire précéder du récit des expériences qui les ont préparées, ſerait donc, à notre avis, s'acquitter imparfaitement de la tâche propoſée. D'une part, ce récit d'eſſais antérieurs, quelque peu conſidérables qu'ils ſoient, a le mérite de familiariſer le lecteur avec les queſtions, parfois ardues, qui ſeront ultérieurement traitées ; de l'autre, il ſemble important, au point de vue des progrès de l'eſprit humain, de montrer le point précis où ſe trouvait amené, par le perſévérant effort de vingt générations de penſeurs, le problème enfin réſolu. Cette manière de procéder a paru rationnelle,

obligatoire même au plus grand nombre de nos prédé-
cefleurs; nous devons l'adopter. Mais en établiffant le
compte des hommes plus ou moins fameux qui ont
apporté leur contingent préalable à l'œuvre où s'eft
immortalifé Papin, nous tâcherons, autant que poffible,
de nous tenir éloignés des prétentions & des préféren-
ces, ces caufes, fouvent involontaires, d'appréciations
erronées; nous dirons ce qui revient à chacun dans l'entreprife commune, ce qu'il doit à fes devanciers & ce
que lui fit perdre le milieu d'erreurs & de préjugés dans
lequel fes découvertes furent ou conçues ou mifes en
œuvre.

I

NOTIONS SUR LA VAPEUR DANS L'ANTIQUITÉ.

Ariftote. — Vitruve. — Sénèque. — Héron. — Anthémius. — Les prêtres
wendo-forabes

Il n'eft pas poffible d'admettre que les anciens aient
ignoré la puiffance d'impulfion des vapeurs dégagées
par l'eau mife en ébullition. Les notions fur cette force
motrice font auffi vieilles que les premiers effais de la
céramique. Dès cet âge, le foulèvement répété du couvercle des marmites groffières, où cuifait l'aliment journalier, a dû frapper bien des fois les regards des familles
primitives affifes autour de l'âtre. Néanmoins, aucun
document certain n'attefte que les anciens philofophes

aient jamais fongé à tirer parti de cette découverte pour l'utilité du genre humain. Chez les Grecs, peuple doué d'une imagination vive & brillante, la fcience phyfique ne repofe, le plus fouvent, que fur de vaines hypothè-fes. L'induction, l'analogie, & rarement l'expérience, les amènent parfois à foulever un coin du voile qui leur dérobe la connaiffance des chofes. Dans les idées fpé-culatives de leurs écoles, il ferait difficile, pour ne pas dire impoffible, de faifir une idée exacte fur la nature de la vapeur & les propriétés de l'air. Ariftote, néanmoins, donne une explication affez vraie de la caufe des trem-blements de terre ; mais, à l'appui de fa théorie, ce n'eft pas l'expérimentation qu'il invoque, c'eft l'action vifible des phénomènes naturels. Des inftruments d'ex-périmentation venaient cependant en aide aux idées fpé-culatives. « Lorfque, dit-il, on eft obligé de traiter de chofes qui fortent des limites ordinaires & tiennent à l'or-ganifation de la nature, on fe trouve arrêté par de très-graves difficultés : le vrai moyen de les réfoudre eft de recourir à l'art (1). » Quoi qu'il en foit, voici fon expli-cation de la caufe des tremblements de terre :

« S'il eft vrai qu'il foit de l'effence des chofes que les courants d'air (2) proviennent de l'action combinée de la chaleur & de l'humidité (ἀπὸ ὑγροῦ καὶ ἀπὸ ξηροῦ),

---

(1) *Quæft. mecan.*, ad init.

(2) On traduit ici πνεῦμα par *courant d'air* & non par *vent*. Ariftote ne fe fert point d'ἄνεμος pour expri-mer un courant d'air de nature ou d'origine gazeufe. Les tranflations lati-

il eſt aiſé de concevoir pourquoi, en telle circonſtance donnée, la terre, fatalement, éprouve un mouvement oſcillatoire. La terre eſt d'elle-même aride ; mais, par l'effet des eaux pluviales infiltrées, elle reçoit une énorme quantité d'élément liquide (νοτίδα πολλήν). Dès lors, auſſitôt que cette maſſe d'eau fermente, échauffée par les rayons du ſoleil & par le calorique inhérent à notre globe lui-même (ὑπό τε τοῦ ἡλίου καὶ τοῦ ἐν αὐτῇ πυρός), de nombreux courants d'air ſe produiſent à l'intérieur de la même façon qu'à l'extérieur. Tantôt ces courants d'air s'écoulent entièrement au dehors, doués d'une viteſſe ſoudaine ; tantôt ils ſe répandent dans la profondeur interne ; le plus ſouvent ils ſe partagent entre l'une & l'autre direction. »

Après quelques explications de ce mouvement alternatif des courants d'air, enfantés par la chaleur & l'humidité, le Stagyrite ajoute :

« Si telle eſt la nature du courant d'air exhalé, ſeul, de tous les accidents de la matière, il a la puiſſance de communiquer le mouvement... L'eau, par conſéquent, n'eſt pas plus que la terre la cauſe déterminante des oſcillations du globe, mais ce courant d'air lui-même qui, lorſqu'il s'exhale & s'élève, prend ſon cours dans la profonde cavité de la terre (1). »

---

nes rendent πνεῦμα par *halitus, ſpiritus*, jamais par *ventus* ; un ancien commentateur italien de Heron, Giorgi d'Urbino, le traduit par *aria commoſſa*.

(1) Ariſt., *De Meteor.*, lib. II, cap. 8.

Les Romains, héritiers ou plutôt imitateurs des Grecs dans les chofes de l'intelligence, n'ont pas, fur les propriétés de l'atmofphère & fur l'action de la vapeur, des notions plus fûres que l'illuftre précepteur d'Alexandre. Dans le fiècle d'Augufte, Vitruve, ayant à définir la nature des vents, fe contente d'extraire, en commençant, l'explication d'Ariftote que nous venons de citer ; il la confirme enfuite par l'expérience de l'éolipyle :

« Le vent, dit le célèbre architecte, eft un courant d'air dont l'agitation irrégulière caufe un flux & un reflux. Il eft produit par la chaleur qui agit fur l'humidité, & dont l'action impétueufe en fait fortir le fouffle du vent. Ce qui peut fe vérifier à l'aide des éolipyles d'airain, dont l'ingénieufe découverte fait pénétrer la lumière dans les fecrets que la nature femblait avoir réfervés aux dieux. Les éolipyles, qui font des boules creufes, faites d'airain, n'ont qu'une petite ouverture par laquelle on fait entrer de l'eau. On les place devant le feu. Avant d'être échauffés, ils ne laiffent échapper aucun air ; mais ils n'ont pas plus tôt éprouvé l'action de la chaleur, qu'ils lancent vers le feu un vent impétueux. Cette expérience, fi fimple & fi courte, nous met à même d'apprécier les caufes fi grandes & fi extraordinaires des vents & de l'air (1). »

Un demi-fiècle après, Sénèque eft plus explicite. Sa

---

(1) *Architect.*, lib. I, cap. IV, traduct. de Maufras.

définition des tremblements de terre ne ferait pas défa-
vouée par la fcience moderne. La voici :

« Certains philofophes, tout en expliquant les tremblements de terre par le feu, lui affignent un autre rôle.
Ce feu, qui bouillonne en plufieurs endroits, exhale
néceffairement des torrents de vapeur qui n'ont pas
d'iffue & qui dilatent fortement l'air ; quand ils agiffent
avec plus d'énergie, ils renverfent les obftacles ; moins
véhéments, ils ne peuvent qu'ébranler le fol. Nous
voyons l'eau bouillonner fur le feu. Ce que nos foyers
produifent fur ce peu de liquide dans une étroite chaudière, ne doutons pas que le vafte & ardent foyer
fouterrain ne le produife avec plus de force fur de
plus grandes maffes d'eau. Alors la vapeur de ces
eaux bouillonnantes fecoue vivement tout ce qu'elle
frappe (1). »

Telles font, fur les propriétés de l'air, fur fon élafticité,
fur la puiffance de la vapeur, les opinions de l'antiquité
qui s'éloignent le moins des explications modernes. Ses
expériences ne vont pas au-delà de fa théorie. Durant
des fiècles, le peu de réfultats qu'elles obtiennent demeure
inconnu ou ftérile. On doit s'étonner qu'une branche
des fciences phyfiques, aujourd'hui fi féconde, n'ait pas
attiré l'attention d'Archimède. Ce vafte & patient génie,
le feul des Grecs qui fut mener de front la pratique & la

____

(1) *Quæft. natur.*, lib. V, 11, traduct. de la collection Nifard.

théorie, eût peut-être réalifé quelqu'une des grandes découvertes dont notre temps s'honore. Mais la lifte de fes œuvres, fi l'on en excepte le traité de l'*Equilibre des corps plongés dans un liquide*, prouve que d'autres fujets furent le but plus exclufif de fes immortelles études. Pour trouver une mention des premiers effais de l'application de la force mouvante due à l'énergie des vapeurs aqueufes, il faut defcendre jufqu'à la fin du IIe fiècle avant notre ère. A cette date nous rencontrons Héron, dit l'Ancien, d'Alexandrie.

Héron, qu'il ne faut pas confondre avec d'autres mathématiciens de ce nom, nés longtemps après lui, s'occupa de mathématiques, de mécanique, de phyfique appliquée. Il ne nous refte que des fragments des traités nombreux qu'il compofa. Ce font entr'autres : les *Belopœeca* (machines de guerre) & les *Pneumatica* (machines à vent ou plutôt à air). Nous n'avons à nous occuper que de ce dernier ouvrage, plus connu fous le nom de *Spiritalia* que lui ont impofé les interprètes latins.

On a fait au favant Alexandrin plus d'honneur qu'il n'en réclame. On lui attribue généralement l'invention des procédés & des appareils donnés par les *Pneumatica;* lui-même eft plus modefte : il avoue, dès le commencement de fa préface, « qu'il a cru utile de mettre en ordre, non-feulement ce que les anciens mathématiciens & mécaniciens ont écrit, mais encore ce qu'il a pu découvrir par lui-même, perfuadé que ceux qui s'occu-

pent de queftions phyfiques lui fauront gré de ce fur-
croît ajouté aux œuvres de fes prédéceffeurs. »

Cet aveu eft important : il prouve que les *Pneumatica*,
fauf ce que les âges ont emporté, doivent être regardés
comme un réfumé complet des notions acquifes, en
l'an 120 avant J.-C., fur la pefanteur de l'air, fur le
vide, fur la vaporifation des eaux; & que les opinions
de l'auteur, touchant ces curieux phénomènes, ne font
en réalité que les opinions de la Grèce favante, complé-
tées & mifes en ordre à cette même date de l'an 120 (1).
Avant de paffer à l'analyfe des expériences de Héron fur
la vapeur, fachons donc quelle idée la fcience phyfique
de fon temps lui avait donnée des caufes qui la produi-
faient. Voici ce que nous lifons à ce fujet dans fa préface :

« Avant d'en venir à ce que je vais établir, je crois
opportun de définir exactement le vide; car les favants
ne font pas d'accord à cet égard : les uns affirmant d'une
manière abfolue que le vide n'exifte nulle part ni à aucun degré, & les autres prétendant que, s'il ne fe groupe
jamais de manière à former un vide aggloméré, il fe
trouve répandu par très-petites places, par interftices,
dans l'air, le feu, l'humide & d'autres corps; & je dois

(1) Au nombre des découvertes appartenant en propre à Héron, il faut citer la fontaine qui porte encore fon nom. Cette fontaine a reçu diverfes applications importantes, même de nos jours : elle fert, par exemple, dans les mines de Schemnitz, en Hongrie, comme machine d'épuifement. (Arago, *Not. fcient.*, dans l'*Ann. du Bur. des longit.* de 1836, p. 225.)

déclarer que l'évidence nous oblige à tenir pour vraie l'opinion de ces derniers.

» Plongez, par exemple, un vafe réputé vide dans l'eau, en le tenant droit & l'ouverture en bas ; l'eau, quoique le vafe foit fubmergé, n'entre pas dedans. Mais faites un trou dans le fond, toujours maintenu en haut, & l'eau entrera tout de fuite. Bien mieux, avant de faire le trou, retournez rapidement le vafe, & la fuperficie intérieure fe trouvera dans l'état où elle fe trouvait avant la fubmerfion, c'eft-à-dire qu'elle ne fera ni mouillée, ni même effleurée par le liquide ; d'où je dois néceffairement conclure que l'air eft un corps ; ce corps, dès qu'on l'ébranle, donne naiffance à une forte de fouffle qui n'eft que l'air lui-même mis en mouvement. Cela eft tellement vrai, que fi, au moment où l'eau entre dans le vafe en queftion, on approche la main du trou qu'on a pratiqué, cette main reçoit l'impreffion d'un fouffle qui s'échappe, ou, en d'autres termes, de l'air chaffé du vafe par la foudaine affluence de l'eau.

» Donc, s'il eft abfurde de s'imaginer que, au nombre des chofes douées des conditions de l'être, fe trouve un vide tenant de fon principe la faculté de fe grouper, de former un tout, il ne l'eft pas de croire ce même vide difféminé par places infiniment petites dans l'air, l'eau & les autres corps organiques (1). »

***

(1) *Pneumat.*, dans les *Mathem. veter.*

Comme on le voit, Héron, à l'exemple d'une partie des phyficiens antérieurs, n'admet pas l'exiftence d'un vide parfait, fubfiftant à l'état homogène. Cependant, pour fe rendre compte de certains phénomènes, alors inexplicables, il croit, avec plufieurs autres de fes devanciers, que le vide exifte, mais difféminé en atomes, en corpufcules infenfibles, dans tous les corps de la nature.

De nos jours, les meilleures machines pneumatiques ne font pas le vide au-delà de $0^m,002$; c'eft un vide relatif. L'exiftence même du vide abfolu dans les efpaces ftellaires eft loin d'être généralement admife. Les opinions de Héron ne s'écartent donc pas trop de celles des modernes ; elles ont de plus le mérite de nous initier à fa théorie fur la force de la vapeur.

D'après lui (1), le vent n'eft jamais que le produit d'une puiffante émanation gazeufe, dilatée en un fens & mife en contact avec une maffe d'air qu'elle force, tantôt à fe déplacer, tantôt, & par effet de l'expulfion du vide, à fe réduire à un moindre volume (2). Cette maffe d'air oblige également à fe déplacer, de proche en proche, les maffes d'air avoifinantes ; de là, mouvement, courant, fouffle. Or, l'eau décompofée par le feu fe change en air ; car les vapeurs qui fe dégagent d'un

---

(1) *Pneumat.*, ad præf.

(2) Τοῦ ἀέρος καὶ ἐξωθουμένου καὶ λεπτυνομένου. — La réduction, atténuation de volume ou condenfa-tion de l'air, réfulte, dans les idées de Héron, de l'expulfion des molécules de vide qu'il y fuppofe, comme nous l'avons dit, interpofées.

vafe plein d'eau bouillante ne font pas autre chofe que les parties conftitutives du liquide qui paffent à l'état de réduction & deviennent inftantanément de l'air privé de vide. Il eft dès lors aifé de concevoir que, forcées auffi de fe convertir en air, les nouvelles vapeurs exhalées de l'eau bouillante doivent déterminer le même déplacement, le même mouvement, le même fouffle que les fluides gazeux atmofphériques. C'eft ce que l'auteur s'attache à démontrer dans les expériences XLV & L.

Nº XLV. — DES BOULES QUI DANSENT.

Cet appareil fe compofe d'une marmite ($\lambda\acute{\epsilon}\varsigma\eta\varsigma$) exactement clofe, à la réferve d'une ouverture, munie d'un tube vertical évafé en tête, & fur lequel fe place un petit corps fphérique très-léger. L'eau contenue dans la marmite étant fuffifamment chauffée, la boule fuit l'impulfion de la vapeur affluant dans le tube, & fe projette au dehors en fe balançant comme fi elle danfait.

M. Lalanne (1) donne à cet appareil le nom de *Marmite à vapeur*, & M. Figuier (2) celui de *Marmite foulevant fon couvercle*. Il eft clair que l'expérience s'infpire du couvercle foulevé de la marmite ; cependant, la légèreté calculée de l'obftacle qui le remplace montre que, cent vingt ans avant notre ère, la force motrice de l'eau réduite à l'état de vapeur préoccupait déjà les phyficiens grecs. A ce point de vue, la dénomination de M. Lalanne paraîtra peut-être plus jufte que celle de M. Figuier.

N° L. — DE LA BOULE QUI PIROUETTE.

Faire, au moyen d'un vafe foumis à l'action du feu, tourner une petite fphère fur un point.

Soit A B une marmite contenant de l'eau, & placée fur le feu. On en ferme le couvercle C D, que l'on fait traverfer par le tube recourbé EFG, dont l'extrémité G s'adapte à la boule creufe HK. A l'extrémité oppofée, par un diamètre, eft placé le pivot LM, fixé au couvercle C D. La boule ou fphère poffède deux tubes engagés, fortant de chaque côté, fuivant un diamètre, &

(1) *Encyclop. mod.*, an. 1852.

(2) *Expofition & Hiftoire des prin-* cipales *découvertes*, &c., t. I, p. 3 de la 6ᵉ édition.

recourbés en fens inverfe l'un de l'autre, à angles droits.
Dès que le vafe s'échauffe, la vapeur entre dans la

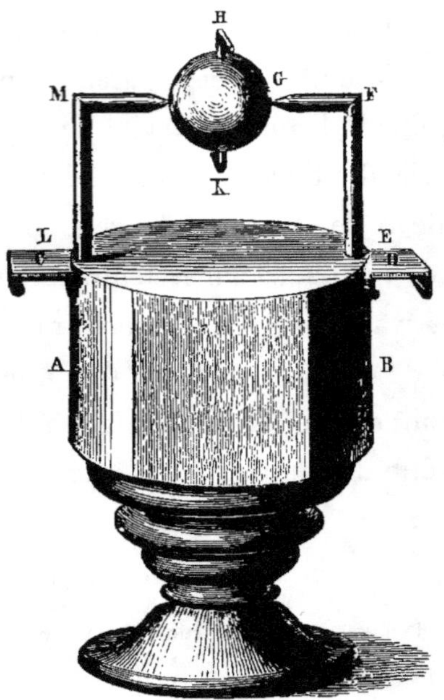

boule creufe par le tube recourbé E F G , &, fortant par
les tubes divergents, la fait tourner, ainfi qu'on le voit
faire par les automates qui danfent en rond.

Il eft inconteftable que, dans cette expérience comme
dans la précédente, ce n'eft pas à l'eau chauffée, mais
à l'eau vaporifée, que Héron attribue l'effet mécanique.
« La vapeur, dit-il, pénètre dans la boule & la fait pirouet-
ter fur elle-même. » Ces termes ne laiffent aucune prife
à l'équivoque. D'autre part, on ne peut nier que l'expé-

rience n'ait pour but de communiquer à un mécanifme le mouvement déterminé par la vapeur de l'eau foumife à l'action du feu. Cette expérience eft faite dans des proportions très-reftreintes; l'appareil en lui-même eft un jouet d'enfant, c'eft vrai (1); mais le but eft manifefte, & le réfultat, bien qu'il s'obtienne par réaction, le réfultat eft réel. L'appareil L des *Spiritalia* femble donc offrir « un premier exemple de l'emploi de la vapeur comme force motrice (2) »; & le XLV doit en être confidéré comme une forte d'expérimentation préliminaire (3).

Nous venons de paffer en revue les obfervations des anciens fur la vapeur aqueufe, jufqu'au premier fiècle avant l'ère chrétienne. Ces obfervations, Héron eut la gloire d'en coordonner, d'en accroître l'enfemble, & la gloire, non moins grande peut-être, de les vulgarifer. A partir de ce phyficien, la force motrice de certains fluides, rendue évidente, fait fon entrée, comme une vérité hors de toute difcuffion, dans le courant d'idées du

---

(1) La plupart des appareils, parfois rudimentaires, du recueil des *Spiritalia* nous paraiffent de vrais tours de phyfique amufante; mais, à l'époque où floriffait Héron, ces expériences, prifes au férieux, excitaient une admiration profonde. Dans le nombre, cependant, il en eft plufieurs qui, préfentant un véritable intérêt, juftifient cette admiration des contemporains. Outre les N⁰ˢ XLV & L, nous citerons la pompe à incendie, l'orgue hydraulique, le fiphon & les machines avec emploi de leviers & de rouages dentés.

(2) Arago, ouvrage cité, pp. 226, 228 & 229. — R. Stuart, *A defcriptive hiftory of the fteam engine*, p. 3, &c.

(3) Le recueil de Héron contient encore un modèle de machine femblable à la L', mais avec un courant d'air chauffé pour moteur, au lieu d'un courant de vapeur.

monde hellénique. Elle y fubfifte & s'y maintient. C'eft
déformais un de ces axiômes fondamentaux que tous ac-
ceptent & répandent, fans faire ni craindre d'objections.
Nous n'en voulons pour preuve que le fait fuivant, rapporté par le byzantin Agathias dans fon *Hiftoire de Juftinien*, & recueilli, avec des vues & fous des réferves diverfes, par la plupart des écrivains qui ont traité de l'hiftoire
de la vapeur. Nous empruntons la verfion élégante &
correcte de M. Léon Renier, donnée par M. Lalanne (1).

« Il y avait à Byzance un homme appelé Zénon, infcrit fur la lifte des avocats & très-bien avec l'Empereur.
Il était voifin d'Anthémius (2), au point que leurs deux
maifons paraiffaient n'en faire qu'une & être comprifes
dans les mêmes limites. A la longue, une méfintelli-
gence éclata entre eux, foit pour une fenêtre ouverte
contrairement à l'ufage, foit pour un bâtiment dont la
hauteur exceffive interceptait le jour, foit enfin pour quelqu'une de ces nombreufes caufes qui ne manquent jamais
d'amener des diffenfions entre très-proches voifins.

» Anthémius, ayant eu le deffous devant les tribunaux,
ainfi qu'il devait s'y attendre, ayant pour adverfaire un
avocat & n'étant pas capable de lutter d'éloquence avec
lui, imagina, pour fe venger, le tour fuivant, que lui
fournit l'art qu'il cultivait.

(1) Voyez l'ouvrage cité ci-deffus. cien, qui traça, par les ordres de l'em-
(2) Anthémius de Tralles, célèbre pereur Juftinien, le plan de Sainte-
architecte, fculpteur & mathémati- Sophie de Conftantinople.

» Zénon poſſédait un appartement très-élevé, très-large, très-beau & très-orné, où il avait l'habitude de recevoir ſes amis & de traiter ceux qui lui étaient les plus chers. Le rez-de-chauſſée de cet appartement appartenait à Anthémius, de ſorte que le plancher intermédiaire ſervait de toit à l'un & de ſol à l'autre. Anthémius fit placer dans ce rez-de-chauſſée de grandes chaudières pleines d'eau, qu'il entoura extérieurement de tuyaux de cuir aſſez larges à leur baſe pour embraſſer entièrement le bord des chaudières, mais diminuant enſuite de diamètre comme une trompette, & ſe terminant dans des proportions convenables. Il fixa les bouts de ces tuyaux aux poutres & aux planches du plafond, & les y attacha avec ſoin ; de ſorte que l'air qui y était introduit avait le paſſage libre pour s'élever dans l'intérieur vide des tuyaux & aller frapper le plafond à nu, dans l'endroit où il lui était permis d'arriver & qui était entouré par le cuir, mais ne pouvant s'écouler ni s'échapper au dehors. Ayant donc fait ſecrètement ces préparatifs, *Anthémius alluma un grand feu ſous les chaudières & y produiſit une grande flamme, & l'eau s'échauffant bientôt & entrant en ébullition, il s'en éleva beaucoup de vapeur épaiſſe & fumeuſe, qui, ne pouvant s'échapper, monta dans les tuyaux & s'y élança avec d'autant plus de violence qu'elle était reſſerrée dans un plus étroit eſpace, juſqu'à ce que, frappant continuellement le plafond, elle l'ébranla tout entier, au point de faire légèrement trembler & crier les bois.* Or, Zénon & ſes amis furent troublés & épouvan-

tés, & ils s'élancèrent dans la rue en criant & pouffant
des exclamations ; & Zénon, s'étant rendu au palais de
l'Empereur, demandait aux perfonnes de fa connaiffance
ce qu'elles favaient du tremblement de terre, & s'il ne
leur avait pas caufé quelque dommage. »

M. de Montgéry (1) ne croit pas que le mécanifme
décrit par Agathias foit celui dont fit ufage Anthémius.
« L'extrémité évafée des tuyaux, dit-il, devait être placée
fous les poutres & non au-delà ; elle devait s'ouvrir tout
à coup au moyen d'une foupape ou d'un robinet. Alors
feulement il y aurait eu une vive fecouffe. » De fon côté,
M. Figuier (2), fe fondant fur ce que le récit ne mentionne ni foupape ni robinet, traite d'apocryphe l'anecdote rapportée par Agathias.

Que cet hiftorien, peu familiarifé fans doute avec la
phyfique expérimentale, n'ait pas fu, ce qui eft plus que
probable, décrire exactement le mécanifme du célèbre
architecte; que l'aventure même, comme le veut M. Figuier, foit apocryphe, nous ne voyons rien là qui puiffe
infirmer le fait principal du récit, cette mention fingulière du pouvoir moteur de l'eau vaporifée, donné comme
une chofe connue, comme une découverte qui, du temps
de l'auteur, n'avait plus befoin d'être expliquée. Affurément, fi Agathias n'eût pas puifé l'idée fondamentale de
fon anecdote dans un milieu d'opinions inconteftées,

(1) *Annales de l'induftrie nationale*   (2) Ouvrage cité plus haut, t. I^r,
& étrangère, t. IX, p. 70.   p. 8.

exiſtant à ſon époque, il ne l'eût pas introduite dans ſon hiſtoire ſans la faire précéder de quelques réflexions ; il n'en eût pas parlé ſans préparation comme il en parle ; il ne l'eût peut-être pas connue (1).

Pour réſumer les renſeignements divers recueillis dans l'excurſion rétroſpective que nous venons d'entreprendre, nous établiſſons comme vrais les quelques faits ſuivants : La force expanſive des fluides gazeux fut entrevue par Ariſtote & démontrée preſque par Sénèque ; mais, dans leurs explications, le ſpectacle des évolutions météorologiques les dirige plus ſouvent que la démonſtration mécanique. Néanmoins, à la ſuite d'obſervations répétées de ſiècle en ſiècle, les eſſais ſe multiplient & la ſcience éprouve le beſoin de ſe coordonner. Alors, à une époque rapprochée de notre ère, ſurgit Héron, qui entreprend de réunir en un même corps les expériences des temps antérieurs & les ſiennes ſur les forces mouvantes des liquides amenés à l'état de vapeur. Ce faiſceau d'obſervations contient en germe, avec la notion confuſe de ces forces, l'application qu'on en peut faire.

Mais peut-être faudra-t-il reporter à une époque plus reculée les notions acquiſes en Europe ſur la vapeur. Dans le Nord-Eſt, hors de la ſphère des civiliſations grecque & romaine, une caſte ſacerdotale paraît avoir eu des connaiſſances phyſiques ſupérieures à celles des Alexan-

(1) Cf. Arago, *Eloge hiſtorique de   nuaire du Bureau des longitudes*, année
J. *Watt*, page 279, en note. (*An-*   1838.)

drins. A l'art de fe fervir des exhalaifons de l'eau bouillante, elle joignait un moyen fûr d'en régularifer le dégagement, ce que femblent complètement ignorer Héron & fon école.

Suivant d'antiques traditions, les populations établies au nord du Wefer adoraient un dieu de la foudre, dont la volonté fe manifeftait, en certaines circonftances, par un coup de tonnerre fuivi d'un long dégagement de vapeurs intenfes.

Longtemps, dans l'enfemble des récits populaires relatifs à cette divinité, les érudits allemands avaient cru retrouver un fouvenir de Thor, perfonnage mythologique qui préfidait à la foudre & aux éclairs chez plufieurs nations du Nord. Mais l'examen d'une de fes idoles paraît lui affigner, avec plus de vraifemblance, une origine wendo-forabe ou ferbe (1). Ce ferait alors Sornewiz, divinité trinaire des Sorabes (2), ou plutôt Pérun, autrement Perkunas, dieu qui, dans l'Olympe de ces peuples, des Wendes & de la plupart des races flavonnes, avait le département des phénomènes atmofphériques.

Cette idole fingulière fut trouvée au château de Rothenbourg, par un feigneur du nom de Tütcherode, dans une forte de caveau & fous un tas de décombres.

---

(1) « Sorbifch-Wendifehe. » (Cf. Vulpius, *Curiofitäten der phyfifch-literarifch-artiftifch-hiftorifchen Vor-und Mitwelt*, &c. Weimar, 1812, pp. 216-220. — Frenzel, *pr. de diis Soraborum*, c. xxvii. — Hoffmann, *Script. rer. Lufat.*, t. II, p. 211, &c.)

(2) Weber, *Pufterus, vetus Germanorum idolum*, p. 31, en note. Gieffæ, 1716.

On prétendait qu'elle avait été enfouie dans cet endroit,
condamné à deffein, pour la fouftraire aux regards des
habitants de la vallée voifine, récemment convertis au
chriftianifme. Elle était élevée, à ce qu'on rapporte, fous
un hêtre appelé, il n'y a pas longtemps encore, *hêtre
facré* (1), & dans un terrain dont le périmètre portait
auffi, de même qu'un chemin contigu, cette qualification
de facré (2). Des mains du feigneur de Tütcherode, notre
idole paffa dans celles de plufieurs autres ; enfin, le comte
Gunther de Schwarzbourg-Sondershaufen, mort en 1522,
en fit l'acquifition. Depuis cette époque, elle n'a pas
quitté le château de Sondershaufen.

La ftatue (V. la pl. I) eft creufe, d'un travail grof-
fier & d'un métal donnant, d'après une favante analyfe
du chimifte Klaproth, de Berlin, 96 parties de cuivre,
75 d'étain & 9 de plomb. Son poids eft de 75 livres & $\frac{1}{2}$;
fa capacité de 17, mefure de Leipzig. Elle repréfente
un jeune homme doué de l'embonpoint exubérant de
Silène, à la réferve des bras, dont le peu d'ampleur con-
trafte avec le développement exagéré des autres parties
du corps. Une de fes mains, la gauche, eft pofée fur la
tête, comme celle d'un Sérapis foutenant le modius. L'autre, celle-ci fut brifée dans une expérience chimique

(1) « Eine hohe alte Buche, die die *heilige Buche* geheiffen hat. » (Chrift. Bertram, *Deutfche Alterthümer*, t. II, pp. 67 & fuiv. Halle, 1827.)

(2) « Einige Morgen oder Acker groff, gelegen haben foll, welche der *Haingarten* genannt wurde, auch der Weg von diefem Garten nach Kelbra den Namen *Hainweg* gehabt haben foll. » (*Id., ibid.*)

ordonnée par le landgrave Maurice de Heſſe, était ap-
puyée ſur la cuiſſe. La jambe droite, infléchie, repoſe
ſon genou ſur un ſocle de bois madré, relativement moderne. Ce genou porte encore le crampon mobile qui
ſervait à le fixer (1). Sur le corps exiſtent des plaques
irrégulières provenant, les unes de retraits ſurvenus lors
de la fuſion, les autres d'anciennes ſoudures. Entre les
jambes, un anneau carré de métal, ajouté après la fonte,
retenait une chaîne, laquelle, après avoir fait le tour du
buſte, l'aſſujétiſſait, ſous le hêtre ſacré, à quelque poteau
adroitement diſſimulé. La figure, joufflue comme celle
d'un triton ſoufflant dans ſa conque, eſt percée d'un trou
annulaire, en guiſe de bouche. Un orifice ſemblable,
quoique de moindre ouverture, eſt pratiqué au ſommet
de la tête, vers le côté gauche. Les cheveux, ſymétrique-
ment taillés en rond, à la mode des anciens Sorabes,
couronnent le chef entier à partir des tempes.

La tradition voulait que, juſqu'à la venue de ſaint
Boniface, cette idole, remplie d'eau & miſe ſur un bra-
ſier, vomît des flammes & des matières ſulfureuſes en
aſſez grande quantité pour incendier les maiſons & les
vergers du pays, & que ce miracle ſe manifeſtât lorſque les Slavons Thuringiens, adorateurs de la divinité,
refuſaient à ſes prêtres une part des récoltes qu'elle était

---

(1) Le ſocle de bois doit avoir rem-
placé un ſocle creux en métal, où
s'introduiſaient ſubrepticement les
charbons ou matières inflammables
deſtinées à chauffer le liquide qui
rempliſſait la ſtatue.

cenfée faire naître (1). Pérun, en effet, difpofant de toutes les influences atmofphériques, était à la fois un Jupiter tonnant & un Vertumne, producteur des biens de la terre. Il va fans dire que, la dîme une fois acquittée, le dieu ventru & joufflu fe tenait en repos jufqu'à la récolte fuivante.

A deux reprifes, des expériences furent faites pour vérifier ces affertions du vulgaire. Aucune ne réuffit. La première, imprudemment conduite, mit le feu au château de Rothenbourg; dans la feconde, la ftatue mal attachée fe renverfa, & le liquide qu'elle contenait, venant à s'échapper, éteignit la flamme du foyer. Soit ignorance, foit crainte fuperftitieufe, les effais reftèrent fufpendus pendant plus de foixante ans. Le dieu gifait à peu près oublié dans le château de Sondershaufen. En 1817, Ludloff, confervateur des antiques du mufée de cette ville, tenta une nouvelle expérience. Celle-ci fut plus heureufe. On emplit aux trois quarts d'eau de rivière l'intérieur de la ftatue, on boucha fes orifices avec de folides tampons de bois, & dans cet état on la plaça fur des charbons ardents. Bientôt, le ventre du dieu fe prit à mugir; puis, après quelques inftants, la cheville qui fermait la bouche partit avec la violence & la détonation d'un fort coup de fufil, livrant paffage à un jet de vapeurs épaiffes, accompagné de fifflements aigus. Le jet

---

(1) « Sobald aber diefe Leute mit demuthigen Opfern gekommen, wâ- ren, habe er abgelaffen zu zurnen. » (Chriftian Bertram, *loc. cit.*)

s'élançait parfois jusqu'à 30 & 40 pieds ; & les vapeurs, tourbillonnant fur le fol, enveloppaient comme d'un brouillard impénétrable à la vue une circonférence égale à celle d'une vafte églife. Elles dégageaient en même temps une faible odeur de foufre (1).

Ludloff effaya enfuite de produire les flammes dont parlait la tradition ; il fubftitua, pour cette expérience, l'alcool à l'eau pure ; mais l'effet fut moins grand & ne donna pas le jet enflammé fur lequel il avait compté (2). Toutefois, fi le fecond procédé de la cafte facerdotale de Pérun ne put être découvert, il demeurait avéré que, antérieurement à l'époque carlovingienne, cette cafte connaiffait les propriétés de l'éolypile grec & poffédait le fecret d'en prévenir l'explofion. La forme qu'elle donnait à fon dieu reffemble trop au fouffleur de Branca, dont il va être queftion plus loin, pour ne pas confidérer l'appareil italien comme une ancienne tranfmiffion diffé-remment appliquée.

En raifon de cette forme même, le peuple, en Alle-magne, nomme l'idole de Sondershaufen *Entpuftend*, « ter-rible fouffleur (3) », *Püfterich*, « foufflant fort ». En vieil allemand, *Baufterich*, *Büfterich*, *Püfterich*, fignifie à la lettre « au fouffle puiffant » (de *püften*, fouffler, & *reich*,

---

(1) « Schwacher Schwefelgeruch.» (Chrift. Bertram, *loc. cit.*)

(2) Chrift. Bertram, *ibid.*—Weber (*de Puftero*, p. 65) prétend connaître la compofition à l'aide de laquelle l'idole des prêtres forabes vomiffait des flammes.

(3) Vulpius, *loc. cit.*

puiffant, abondant). On appelait auffi cette idole fimplement *Büfter* ou *Peüfter*, « fouffleur », terme qui défignait
jadis, au rapport de Wachter, les images joufflues des
Vents & des Tritons (1).

II

NOTIONS SUR LA VAPEUR AU MOYEN-AGE.

Gerbert. — R. Bacon. — Alberti.

Dans cette grande étape de l'humanité, dans ce
Moyen-Age, né des éléments défagrégés du monde
romain, le génie des peuples fut particulièrement dirigé
vers les arts qui ont pour objet la conftruction & la
guerre. Relever les ruines dont l'invafion des Barbares
avait jonché le fol, dont la croyance à la prochaine fin
des chofes avait laiffé croître l'amas immenfe ; perfectionner les moyens d'attaque & de défenfe, que la conf-
titution politique de la fociété rendait indifpenfables :

(1) *Gloffar. Germanic.*, au mot *Büfter.*

Le dieu Pufterich n'était guère connu en France que par une gravure très-infidèle de Montfaucon. (*Antiq. expliq.*, t. II, p. 410, pl. CLXXXIV.) Arago (*Elog. hiftor. de J. Watt*, p. 280) en donne une brève defcription; mais il faut que cet homme illuftre n'ait eu à fa difpofition que des documents erronés. Il place l'eau qui doit être vaporifée, & qu'il évalue a une amphore environ, dans la tête de la ftatue, & fait introduire dans une cavité particulière du crâne, habilement ménagée, les charbons ardents chargés de l'ébullition du liquide.

telle fut, avant tout, la double préoccupation des nations apparues fur la fcène du monde après la mort de Charlemagne. D'autres études avaient auffi le privilége d'attirer l'attention des efprits férieux. La fcolaftique venait de naître : à fes leçons accouraient avec ardeur tous ceux que dévorait la foif de connaître & d'apprendre. En même temps, & prefque dans l'ombre, fe cultivaient, préjudiciables l'une & l'autre au développement des connaiffances véritables, deux prétendues fciences : l'aftrologie & l'alchimie.

Sans doute, dans cette période fi remplie & fi agitée, l'obfervation & la pratique individuelles fe font heurtées plus d'une fois aux phénomènes complexes qu'engendre la vaporifation de l'eau; mais bien peu de ces tentatives ont laiffé des traces dans les chroniques du temps. Parmi celles qui fe rattachent plus ou moins directement au fujet que nous traitons, on peut citer, pour le Xe fiècle, l'orgue du célèbre Gerbert (1), &, pour le XIVe, une obfervation de l'architecte Alberti (2), relative à l'explo-

---

(1) Gerbert, devenu pape fous le nom de Sylveftre II, perfectionna, chez les Arabes de Cordoue, fes études commencées dans un monaftère d'Aurillac, acquit des connaiffances prodigieufes pour le temps où il vécut, & cultiva avec fuccès l'aftronomie, la mécanique, la géométrie & les belles-lettres. Outre l'orgue à courant de vapeur, on lui attribue l'introduction en Europe des chiffres arabes & la découverte de l'horloge à balancier. Né vers 930, il mourut en 1003.

(2) Léone-Battifta Alberti, de Florence, né en 1398, fe diftingua dans les lettres, les arts & les fciences. Ses traités fur l'architecture lui ont valu le nom de Vitruve moderne. C'eft dans celui qui a pour titre *De re ædificatoria*, qu'il a configné fon explication des pierres à chaux éclatant au milieu des flammes.

fion des pierres à chaux qui recèlent accidentellement des cavités. L'une & l'autre doivent avoir ici leur place, ne ferait-ce qu'à titre de jalons. Par leur moyen, fe démontre une étude non interrompue de l'action générale des gaz impermanents, durant la période que nous franchiffons. Faifons obferver que la première, où l'activité de la vapeur chaude eft fubftituée à la force d'expanfion, ne s'élève pas, dans la production des fons, jufqu'à l'effet mécanique proprement dit ; & que la feconde, telle que l'auteur la formule, n'eft encore qu'un écho vague & confus des opinions de Héron fur l'action réciproque de l'air & des fluides aériformes.

Mais, entre le pape français & l'architecte florentin, fe place, pour une explication précife & furprenante d'une force motrice inconnue, qui ne peut être que la vapeur, un moine anglais, Roger Bacon. Ce vieux cénobite, furnommé le *Docteur admirable*, poffèda, fur la puiffance de l'eau réduite en vapeur, des notions tellement claires, qu'elles fembleraient fabuleufes fi fes œuvres, dans un paffage remarquable, n'en offraient une preuve convaincante. En lifant ce paffage, on ferait tenté de s'écrier, avec Ozanam, que l'auteur eut une vifion de l'avenir ; mais ce n'eft qu'un fymptôme du travail fcientifique de fon temps. Eclairé par de puiffantes études perfonnelles, Bacon fe fait auprès de la poftérité, avec l'autorité qui lui appartient, l'écho de cette immenfe fuite d'expériences, latente & continue, par qui tout

le Moyen-Age fut traverfé. Voici le paffage en queftion,
précédé du commentaire d'Ozanam :

« L'infpiration qui fait les grandes découvertes defcendit fur un pauvre religieux, Roger Bacon (1214-1294).
Il avait étudié à Oxford & à Paris ; mais l'imperfeétion
des études de fon temps l'avait frappé d'abord. Il en
chercha les caufes & fut les déterminer, démontra la
néceffité d'une réforme, en propofa les conditions & lui-
même en donna l'exemple. Il s'attacha furtout à l'expérience éclairée, calculatrice, qui ne fe contente point
d'obferver les phénomènes, qui les provoque & les reproduit. Alors, dans l'obfcurité de fon laboratoire, cet
homme eut une vifion de l'avenir :

« On peut, dit-il, faire jaillir du bronze des foudres
« plus redoutables que ceux de la nature : une faible
« quantité de matière préparée produit une horrible
« explofion accompagnée d'une vive lumière. On peut
« multiplier ce phénomène jufqu'à détruire une ville &
« une armée. *L'art peut conftruire des inftruments de navi-*
« *gation tels, que les plus grands vaiffeaux, gouvernés par*
« *un feul homme, parcourront les fleuves & les mers avec*
« *plus de rapidité que s'ils étaient remplis de rameurs. On*
« *peut auffi faire des chars qui, fans le fecours d'aucun ani-*
« *mal, courront avec une incommenfurable viteffe* (1). »
En fuivant l'ordre chronologique, notre attention fe

____

(1) *Effai fur la philofophie de Dante,* p. 30.

trouve portée immédiatement fur une autre férie d'effais & d'obfervations que le progrès, non moins que la date, rapproche des grandes découvertes de la phyfique moderne ; période d'environ deux fiècles, qui s'arrête à 1680.

III

RENAISSANCE, ÉPOQUE INTERMÉDIAIRE JUSQU'A 1680.

I. — ESPAGNE.

Blafco de Garay.

La force expanfive de la vapeur aurait été appliquée pour la première fois, comme agent mécanique, en 1543, fi l'on en croit une affertion de M. de Navarette, publiée dans la *Correfpondance aftronomique* de M. le baron de Zach, de 1826. M. de Navarette prétendait avoir lu, dans un document manufcrit, que Blafco de Garay, capitaine de mer, efpagnol, avait fait marcher devant Charles-Quint, dans le port de Barcelone, de grandes embarcations fans rames ni voiles.

Il eft à regretter que les obftacles fufcités à cet inventeur l'aient amené à dérober au gouvernement de l'empereur, à ce prince même, la connaiffance de fon procédé. En rechercher les traces après trois fiècles ne produirait aucun réfultat certain. Quelle qu'elle foit, d'ailleurs, fa machine, par cela même qu'elle n'eft pas entrée dans le domaine des chofes connues, refte fans liaifon avec les effais qui l'ont fuivie, & n'a fur leurs auteurs d'influence initiatrice d'aucune forte. Arago regardait cette tentative de Blafco de Garay comme une reproduction en grand de la L^e expérience de Héron. C'eft infiniment probable, mais ce n'eft qu'une fuppofition. Ce qui eft vrai, c'eft que, à la fin du XVIe fiècle, les Efpagnols ne demeurèrent pas étrangers au mouvement de reprife des études phyfiques qui fignale cette époque. En 1606, nous verrons un de leurs écrivains, don Juan Efcrivano, non-feulement traduire, mais enrichir même d'un fupplément les *Pneumatiques* de J.-B. Porta.

II. — ALLEMAGNE.

Mathéfius. — Anonyme de Leipzig. — Kircher.

M. R. Stuart cite un certain Mathéfius indiquant, vers 1560, des appareils capables de produirë les mêmes effets que la machine à vapeur actuelle (1).

Ce Mathéfius, originaire de Joachimftall, ville de la Bohême, eft l'auteur d'un formulaire religieux à l'ufage des ouvriers mineurs, publié à Nuremberg en 1562. Dans ce livre, intitulé *Sarepta*, l'eau, le vent & même le feu font effectivement préfentés comme fervant à

(1) R. Stuart, *A defcriptive hiftory of the fteam engine*, p. 4.

extraire du fond des mines les eaux de fource ou d'infil-
tration & les minerais. La perfonne qui produit ces merveilles eft indiquée, mais nous refte inconnue, fon nom
n'étant pas prononcé ; puis les expreffions, emphatiques
jufqu'à l'exaltation, ne s'appliquent à aucun mécanifme,
ce qui les rend obfcures & très-difficilement intelligibles.

A ce qu'il femble, les mineurs de la Bohême firent,
dans la feconde moitié du XVIe fiècle, un effai plus ou
moins prolongé de certaines machines d'épuifement,
mues par des forces différentes. L'eau vaporifée figure-
t-elle dans ces moteurs, indiquée par le mot feu, *feuer*,
dont fe fert Mathéfius? L'affirmer ferait plus que téméraire.

Les merveilleux appareils de l'inftituteur de Joachimftall ne furent certainement que de fimples effais. En
1695, ils étaient complètement oubliés. Alors le comte
de Sintzendorff réclamait de la fcience de Papin une
machine à épuifement. L'eût-il fait fi, dans le voifinage
immédiat de fes mines, euffent fonctionné les brillants
mécanifmes préconifés par Mathéfius ?

« Environ trente ans après ce Mathéfius, ajoute
M. Stuart, un volume imprimé à Leipzig en 1597 décrit
une machine défignée par le nom d'*Eolipyle rotatoire,
Wirling eolipile* (1). »

Soit dans l'éolipyle, ou vafe clos X, une certaine quan-

(1) R. Stuart, ouvrage cité, *ibid*.

tité d'eau, laquelle, au moyen du feu placé fous le vafe, eft réduite en vapeur ; A & B deux tubes coniques, percés en fens inverfe l'un de l'autre ; la vapeur, fe dégorgeant par chacun de ces orifices, imprime à l'éolipyle un mouvement de rotation que ce double courant, par fa réaction continuelle, empêche de fe ralentir.

L'appareil qui vient d'être décrit eft encore une trèsvifible application de la Lᵉ expérience du phyficien de Ptolémée Philadelphe. La vapeur développée dans l'éolipyle lui communique, par réaction auffi, un mouvement giratoire continuel. Le but de cette machine, au furplus, eft des plus modeftes : comme le rôtiffoir, elle n'a que la prétention de faire tourner la broche ; mais, pour être effentiellement culinaire, elle ne laiffe pas que d'apporter un contingent irrécufable à la férie chronologique des applications utiles de la vapeur aqueufe.

Ph. Bonnani, de la compagnie de Jéfus, fit paraître, fous le titre de *Mufæum Kircherianum*, Rome, 1719, in-f⁰, une defcription illuftrée de la collection d'antiques, d'objets d'art & d'hiftoire naturelle formée par un autre Allemand, le fameux père Kircher (1). Parmi les deffins que reproduit Bonnani, fe trouvent plufieurs appareils hydrauliques, & notamment le jet d'eau figuré ci-après, p. 36.

Au matras d'airain A, faites communiquer par le tube A B le matras fupérieur E D M, que vous clorez hermétiquement, après l'avoir rempli d'eau froide par M & muni en E d'un autre tube ou ajutage ; puis, tout étant ainfi difpofé, foumettez le vafe inférieur à l'action du feu, & l'eau de ce vafe, changée par l'ébullition en air raréfié (vapeur), s'élancera avec rapidité par le tube A B dans le récipient fupérieur, où, rencontrant la maffe de l'eau froide, elle la forcera, après une lutte violente,

---

(1) Né en 1602 près de Fulde, Kircher quitta l'Allemagne pendant la guerre de trente ans & fe retira en France chez les Jéfuites d'Avignon. Sa grande réputation le fit appeler en 1636 à Rome, où l'enfeignement des mathématiques lui fut auffitôt confié. Mais, peu de temps après, il quitta fa chaire pour fe livrer entièrement à l'étude des fciences. Ce favant jéfuite a compofé une foule d'ouvrages dans lefquels, à une fcience étonnante pour le temps, il réuniffait beaucoup d'imagination; cette imagination l'entraîna en de nombreufes erreurs. La plus ingénieufe de fes découvertes eft la *lanterne magique;* les plus remarquables de fes appareils, la machine à l'aide de laquelle, dans fon *Magnes*, il explique la formation des pluies, & celle dont nous venons de donner la defcription.

(*gravem luctam*), de jaillir impétueufement en forme de jet d'eau par l'ajutage E, ce qui, ajoute le docte jéfuite, offre un fpectacle des plus agréables (1).

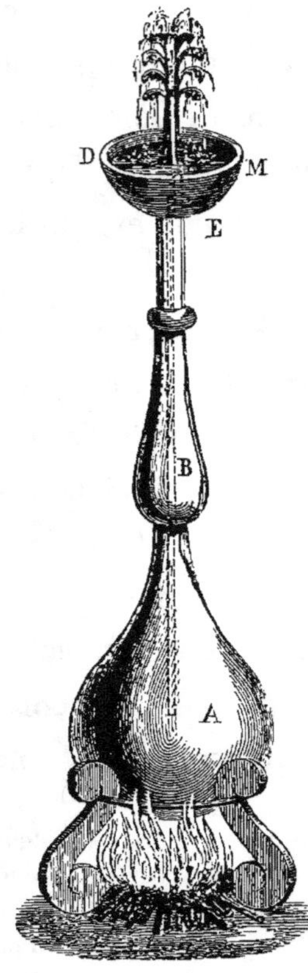

Cet appareil, que nous croyons devoir nommer *jet d'eau à vapeur*, procède, quoique plus ingénieufement,

(1) *Muf. Kircher.*, pp. 306 & 314, & fig. 72.

de la même penfée qu'une machine de Porta, dont nous parlerons en fon lieu. Kircher ne rapporte point à la vapeur l'action de l'eau bouillante, mais à l'air comprimé dans le récipient A par la raréfaction (*aer vafis* A *ex nimia raritate compreffus*) ; d'ailleurs, il fait très-bien que fi la fomme de réfiftance n'eft pas proportionnée à la quantité de force, une explofion eft affurée. « Il faut, fait-il obferver, que l'eau fupérieure cède, ou que le vafe éclate (*vas rumpatur*). »

III. — FRANCE.

Jacob Beffon. — Florance Rivault. — Salomon de Caus. — Leurechon.

Jacques ou Jacob Beffon ouvre la férie des favants français qui, dès la Renaiffance, fe font occupés de la vapeur. Né dans le Dauphiné vers le commencement du XVIᵉ fiècle (1), & devenu profeffeur à l'Univerfité d'Orléans, Beffon s'adonna furtout à la mécanique. Sa réputation, comme ingénieur-mécanicien, fut grande en fon temps. Salomon de Caus, venu près d'un demi-fiècle après lui, le cite encore avec honneur, bien qu'il lui reproche de compliquer les mécanifmes (2). Beffon a publié divers traités fur fa fcience favorite ; c'eft dans

(1) Dans le titre du meilleur de fes ouvrages, *Théâtre des inftruments mathématiques & méchaniques*, il eft dit: *Dauphinois*, docte mathématicien.

(2) *Epiftre au bening lecteur*, dans *Les Raifons des forces mouvantes*.

celui de 1569 qu'il traite de la vapeur. Une de fes expériences a pour but de déterminer les volumes relatifs
d'une quantité donnée de liquide & de la vapeur qu'il
fournit ; expérience reprife en Italie, par J.-B. Porta,
quarante ans plus tard, comme on fait ; mais l'état peu
avancé de la fcience & l'imperfection des inftruments à
fon époque ne lui permirent pas d'atteindre à des éva-
luations précifes.

A Jacob Beffon, fuccède un gentilhomme de la chambre de Henri IV, un précepteur de Louis XIII, le fieur
de Flurance Rivault. Dans un paffage du livre fur l'artillerie, que ce gentilhomme mit au jour en 1605 (1),
perce, à travers l'obfcurité des définitions phyfiques, une
idée affez nette des forces de la vapeur. Voici ce paffage (2) :

« L'eau humide, qui fe conuertit en air, fe raréfie, & en
eft la raréfaction fuiuie de violence. Voyez-vous ces inf-
trumens d'airain, globeux & creux, qui ont vn petit trou
par lequel on y verfe l'eau. Les Grecs les ont nommés
portes-d'Æole, parce que, fi vous les approchés du feu, le
métal en eft efchauffé & l'eau quant & quant, laquelle
peu à peu fe conuertit en air par l'action de la chaleur,

---

(1) Ce livre, qui fit quelque temps autorité, a eu plufieurs éditions. La première, de 1605 ; la feconde, de 1608, Paris, petit in-8°, fous ce titre: *Les Elémens de l'artillerie, augmentés d'une nouvelle artillerie qui ne fe* *charge que d'air ou d'eau pure ;* une dernière, de 1658, Paris, fous cet autre titre : *Eléments de l'artillerie, concernant tant la théorie que la pratique du canon.*

(2) P. 130, édit. de 1608.

&, *eſtant faicte rare* & vent, elle ſort par le trou avec furie… Il y a quelque apparence que ſi ce nouuel aër ne trouuoit lors iſſue libre par la petite porte, qu'il briſeroit le vaiſſeau pour ſe donner iour : ainſi que l'humidité de la chaſtaigne, rarefiée par le feu, la faict eſclatter rudement *pour ſe donner libre eſtendüe…* L'effect de la rarefaction de l'eau a de quoy eſpouuanter les plus aſſeurés hommes en l'accident des tremblemens de terre. L'eau coulée ès cauernes de la terre… y eſt eſchauffée, ſoit par les feux qu'elle y rencontre ſouuent, ſoit par les chaudes exhalaiſons qui ſortent des ſouſpiraux terreſtres : tant que rarefiée & conuertie en aër, *le lieu qui la contenoit auparauant n'eſt plus capable d'embraſſer ſi longues & ſi larges dimenſions; tellement que preſſée de s'eſtendre & violentée par cet hoſte deuenu puiſſant,* la terre s'entr'ouure pour luy faire iour auec vn debriz eſpouuantable. »

A la lecture de ces lignes, on s'aperçoit aiſément que Rivault n'a pas pleine confiance dans les opinions de ſon ſiècle, bien qu'il les invoque. Eclairé par l'expérience de ſon art & par la lecture des météores d'Ariſtote (1), il ſe débat contre la radicale impuiſſance de ces opinions ſurannées; &, dans le cours de ſa diſſertation, plus d'un éclair de bon ſens démontre qu'il recon

---

(1) « Le tremblement de terre (dit Sénèque), qui diſſipe & fracaſſe, vient d'un eſprit retenu & ſerré ès cauernes de la terre… Si nous en recherchons la cauſe, Ariſtote reſpondra que l'air, enclos & retenu par force, cherche à ſortir & pouſſe impetueuſement deçà & delà pour ſe faire ouuerture. » (*Elem. de l'artill.*, liv. IV, ſcolie du theorème XII.)

naît, fans pouvoir la définir, la caufe réelle des phénomènes. Cette *humidité raréfiée par le feu, qui cherche
à fe donner libre eftendüe; ces longues & larges dimenfions
qui preffent de s'eftendre la terre violentée par cet hofte
devenu puiffant,* n'indiquent-elles pas que le précepteur
de Louis XIII admet dans la vapeur une faculté de·fe
dilater, d'être expanfible, fujette à compreffion, élaftique ?

Il n'a manqué à Flurance Rivault, pour devenir un
grand phyficien, que de naître un fiècle plus tard ; quoi
qu'il en foit, il eft fupérieur à fes contemporains.

Nous arrivons à Salomon de Caus. Bien du bruit s'eft
fait autour de fon nom dans ces dernières années. La
légende même s'eft attachée à fon exiftence, légende
renouvelée de la célèbre entrevue de Montaigne & du
Taffe en Italie. On a feint que, renfermé à Bicêtre,
comme un fou qui prétendait faire marcher, au moyen
de la vapeur d'eau bouillante, des manéges & des voitures, il avait été vifité & interrogé par le marquis de
Worcefter, le véritable inventeur de la machine à feu
aux yeux du peuple anglais. L'année 1834 vit éclore
cette fable. Popularifé par Arago, cet éminent vulgarifateur de la fcience, Salomon de Caus avait pris tout à
coup, dans les idées de la foule, les proportions d'un
Newton & d'un Archimède. Son hiftoire était inconnue,
fa naiffance & fa mort ignorées. Ce canevas biographique, où rien n'apparaiffait, laiffait le champ libre aux

ſuppoſitions. Un homme d'eſprit & de talent s'en empara &, dans ce vide, introduiſit cette fameuſe lettre de Marion Delorme à Cinq-Mars, du 3 février 1641, publiée par le *Muſée des familles* en mars 1834 (1). La fauſſe Marion, s'inſpirant de Montaigne, y raconte à l'infortuné favori de·Louis XIII qu'elle a vu, dans l'un des cabanons de Bicêtre, un fou des plus extraordinaires. Cet homme, devenu furieux, ſe donnait à tous venants, à travers les barreaux de ſa geôle, comme l'inventeur d'un procédé capable de mettre des voitures en mouvement par le ſeul effort de l'eau bouillante. Le marquis de Worceſter, qui accompagnait Marion & qui probablement rêvait déjà de la vapeur, s'attendriſſait ſur cet inſenſé ſublime. Son attendriſſement devint promptement contagieux. La poéſie, le théâtre, la peinture, tous les arts brodèrent à l'envi l'épître tombée des nues (2), & la croyance au Salomon de Caus, fou & ſéqueſtré par ordre de Richelieu, fit avec une telle rapidité ſon chemin dans le monde, que de graves eſprits, de loyales autorités s'y laiſſèrent prendre (3).

<hr>

(1) Art. ſigné Sam.(S.H. Berthoud.)

(2) Le tableau de Lecurieu, *Salomon de Caus viſité à Bicêtre par le marquis de Worceſter & Marion Delorme*, expoſé au ſalon de 1845 & lithographié par Lafoſſe ; — le tableau de A. Glaize, *le Pilori* ou *les Martyrs du génie*, qui a figuré à l'Expoſition univerſelle de 1855 avec ces vers de Béranger pour épigraphe :

    Si des rangs ſortent quelques hommes,
    Tous nous crions : à bas les fous !

& qui fut auſſi lithographié ; — *Salomon de Caus*, drame joué à l'Ambigu en 1857 ; &c.

(3) V. *Les Artiſans illuſtres*, par Ch. Dupin & Blanqui aîné. Paris, 1841, pp. 80 & 84.

Malgré d'inconteftables talents, Salomon de Caus ne méritait pas toute cette tardive apothéofe. Sa fin fut obfcure, délaiffée peut-être, mais ne toucha pas à cet apogée de mifère mélodramatique qui lui eft fi bénévolement prêté. Il naquit en 1576, au pays de Caux, dans les environs de Dieppe, berceau de fa famille (1). Cette famille, à une époque inconnue, avait embraffé le proteftantifme. Salomon, ainfi qu'il nous l'apprend dans la préface de l'un de fes écrits, étudia la peinture, les langues anciennes, les mathématiques, s'appliqua de bonne heure à la mécanique, voyagea, pour fe perfectionner, en Italie, en Angleterre, en Allemagne, puis, revenu en France vers 1618 (2), fe retira dans la Normandie, fon pays natal, efpérant y vivre des produits de fa double profeffion d'ingénieur & d'architecte. Trompé fans doute dans fes efpérances, il revint prefque auffitôt à Paris. Là, dès le commencement de 1621, il propofa au roi Louis XIII, « pour le nettoyement des boues & immondices de Paris, » un projet d'élévation & de diftribution des eaux qu'il avait conçu. Ce projet fut accueilli fous certaines conditions, le 31 mars 1621, par le confeil de ville auquel l'avait renvoyé Louis XIII (3). Malgré ce qu'elle contient de favorable, il ne paraît pas que la

(1) Ifaac de Caus, fon parent, auteur d'un ouvrage hydraulique, prend le titre de *Dieppois*.

(2) La dédicace des *Raifons des forces mouvantes* au *Roy très-chref-* tien eft datée de Heidelberg, le 15 février 1615.

(3) *Lettre de M. Ch. Read*, inférée dans le *Conftitutionnel* du 3 juillet 1864.

décifion municipale ait été fuivie d'exécution. On n'en fignale du moins aucune trace. En 1614, Salomon de Caus fit paraître fon traité des *Horloges folaires*, le dernier de fes ouvrages. Il le dédia à Richelieu, & cet . hommage, qui laiffe entrevoir des grâces efpérées ou reçues, prouve que le grand homme d'Etat ne fut ni fon ennemi ni fon perfécuteur, comme le fuppofait la prétendue correfpondance de la Phryné de 1641.

Salomon de Caus n'expira point à Bicêtre. La mort mit fin à fa deftinée laborieufe dans la capitale où le retenait fa charge « d'Ingénieur du Roy. » L'acte de fon enterrement, extrait du regiftre des Proteftants de Paris, lui donne cette qualité & conftate, en outre, que deux archers de la ville affiftèrent à fes funérailles (1).

Salomon a décoré le parc du Prince de Galles à Richmond, & les jardins de l'Electeur de Bavière à Heidelberg (2). On lui doit quelques ouvrages fur l'art des jardins, la gnomonique, la fcience muficale, la mécanique, entre autres celui dont nous allons nous occuper: *Les Raifons des forces mouuantes, avec diuerfes machines tant vtiles que plaifantes* (3).

Ce dernier ouvrage n'eft pas, à proprement parler,

---

(1) « Salomon de Caus, ingénieur du roy, a efté enterré à la Trinité le famedy, dernier iour de feburier, affifté de deux archers du guet. » (*Comptes-rendus de l'Académie des fciences*, 21 juillet 1862.)

(2) Ce véritable Eden eft décrit dans un volume in-folio, publié à Francfort, 1620, fous ce titre : *Hortus Palatinus*.

(3) Francfort, 1614, in-folio. — Paris, 1624, in-folio.

un traité de phyſique. Créer des jardins d'agrément, diriger les eaux d'un parterre, fabriquer des orgues, des cadrans & des horloges : tel eſt le but que l'auteur ſe propoſe. C'eſt le réſumé complet de ſes connaiſſances pratiques; il annonce chez lui une entente parfaite de la mécanique de l'époque, un talent ingénieux, un eſprit fécond en reſſources. En pluſieurs points, il y marche en avant de ſon ſiècle; témoin ſa belle fontaine à moteur ſolaire (1), dont Savery tranſporta l'idée dans la conſtruction de ſes appareils à vapeur.

Salomon de Caus a diviſé les *Raiſons des forces mouvantes* en trois livres : les deux premiers, *Raiſons des forces mouuantes & deſſeins de grotes & fontaines*, ſont conſacrés à l'art des jardins; un troiſième, *Fabrique des orgues*, indique clairement ſon objet.

Toute la phyſique de l'œuvre de Salomon ſe réduit donc à trouver le moyen d'élever & de diriger l'eau, pour lui faire produire des arroſements, des jets, des ſources, des caſcades & même de ſimples amuſettes. C'eſt la miſe en pratique des procédés qui ont dû lui ſervir à créer la merveille de Heidelberg.

Des cinq moyens qu'il connaît d'élever l'eau, le troiſième, le feu, donne lieu à ce théorème :

---

(1) *Les Raiſons des forces mouuantes*, problême XIII, folio 19, verſo, & folios ſuivants de l'édition de 1624.

THÉORESME V. — *L'eau montera, par aide du feu, plus haut que son niueau.*

« Le troifiefme moyen de faire monter eft par l'aide

du feu, dont il fe peut faire diuerfes machines. I'en don-
neray icy la demonftration d'vne. Soit vne balle de
cuiure marquée A bien foudée tout à l'entour, à laquelle
il y aura vn foufpiral marqué D par où l'on mettra l'eau,
& auffi vn tuyau marqué B C qui fera foudé en haut
de la balle, & le bout C approchera près du fond, fans y
toucher ; après faut emplir la dite balle d'eau par le foufpiral, puis le bien reboucher & le mettre fur le feu ; alors
la chaleur donnant contre la dite balle, fera monter toute
l'eau par le tuyau B C. »

Tel qu'il eft donné, cet appareil fe propofe uniquement de faire monter l'eau d'un point quelconque à un
niveau plus élevé & non déterminé. Aucun autre mécanifme ne lui eft adjoint. Dans la penfée de Salomon, le
liquide amené au niveau demandé devait fe répandre
en un réfervoir qui l'eût diftribué felon l'exigence du
terrain. Par là lui eft révélée la puiffance indéfinie
de la vapeur d'eau. Au milieu de graves erreurs de
phyfique, il avait remarqué, comme Flurance Rivault,
que cette vapeur tendait à s'élever, à fe dilater, à
s'épandre.

« Soit, dit-il, vne balle de cuiure d'vn pied ou deux
en diametre, & efpaiffe d'vn pouce, laquelle fera remplie d'eau par vn petit trou, lequel fera bouché après
bien fort auec vn clou, en forte que l'eau ny air n'en
puiffe fortir ; il eft certain que fi l'on met ladite balle
fur vn grand feu, en forte qu'elle deuienne fort chaude,

il fe fera vne compreffion fi violente, que la balle cre-
uera en pieces auec bruit femblable à vn pétart (1). »

« La violence de la vapeur qui caufe l'eau de monter,
dit-il ailleurs, eft prouenuë de ladite eau, laquelle vapeur
fortira après que l'eau fera fortie par le robinet auec
grande violence..... La vapeur de l'eau... monte iufques
en la moyenne région (2). »

Dans le théorème V de Salomon, la notion de l'ex-
panfibilité des fluides gazeux reffort moins des termes
& des formules (ces termes & ces formules n'exiftent pas
encore) que de l'expérience même dont elle eft la bafe.
Rien de plus défectueux, néanmoins, que fa machine,
au point de vue de la production, de l'aménagement de
la vapeur. Lorfque l'eau néceffaire eft confumée, l'auteur, nonobftant fes connaiffances mécaniques, fe contente d'apofter un homme chargé d'introduire par le
foufpiral, à l'inftant décifif, une nouvelle quantité de
liquide, comme l'indique l'entonnoir figuré en D. Ce
n'eft pas tout. Dans la difpofition d'appareil imaginée
par Salomon de Caus, la vapeur motrice provient néceffairement de l'eau du ballon ; or, celle-ci doit être portée
à une température affez élevée pour émettre des vapeurs
d'une tenfion fupérieure à la preffion atmofphérique, &
ces vapeurs, alors, ne peuvent refouler par le tuyau B C
qu'un jet de liquide furchauffé.

______

(1) Définition II, fol. 1. v°.   (2) Théorème I, fol. 3.

Il ne faut pas trop s'étonner de voir Salomon de Caus recourir à ce moyen primitif d'un entonnoir & d'un manœuvre chargé d'y verser de l'eau. Qui pouvait alors concevoir fans donnée antécédente, & créer fans outillage fpécial, les méçanifmes indifpenfables à la reproduction conftante & régulière de la vapeur? En fomme, l'ingénieur normand l'emporte, en phyfique comme en mécanique, fur fes prédéceffeurs. Ses machines font auffi fobres de pièces qu'on peut l'attendre de fon époque. « Leur multiplication, dit-il, eft liée auec le temps (1). » Apparu à la veille d'un grand règne, cet habile devancier de Lenôtre & de Rennequin Sualem fut rejeté à l'arrière-plan, & tôt après dans l'oubli, oubli immérité dont Arago a fort équitablement dégagé fa mémoire.

Les titres de Salomon de Caus, dans la férie des découvertes fur la vapeur, fe réduifent à ceux-ci : connaiffance véritable de la *force mouvante* de cet agent phyfique ; appareil d'une imperfection relative, mais étant, en réalité, ce que le dit l'inventeur : *l'une des diverfes machines qui fe peuvent faire pour faire monter l'eau à l'aide du feu.* Ces titres ne fauraient être conteftés. Dans une récente foirée fcientifique de la Sorbonne, M. l'ingénieur Haton de la Goupillière, au moyen d'un procédé photographique des plus ingénieux, a reproduit, devant un nombreux auditoire, une image faififfante de l'appareil

____

(1) *Epiftre au bening lecteur,* f° 1, v°.

imaginé par fon vieux confrère. De cette expérience,
qui peut être indéfiniment répétée, il réfulta manifefte-
ment, aux yeux de tous, que l'auteur des *Forces mouvantes*
poféda, finon la fcience d'organifer régulièrement la
vapeur, du moins la notion exacte de fa force expanfive
& de fon pouvoir d'impulfion (1).

Deux ans après l'édition françaife du livre de Salomon de Caus, en 1626, le P. Leurechon, jéfuite, donna,
dans fes *Récréations mathématiques*, ouvrage fouvent réimprimé, un réfumé complet des ingénieux mais ftériles
effets qu'on faifait produire de fon temps à l'éolipyle.
Tous ces légers engins que nous connaiffons s'y trouvent, depuis la fphérule tournante de Héron jufqu'au
moulinet de l'évêque Wilkins (2) :

« Auffitôt que le chaud les pénètre [les éolipyles],
l'eau, venant à fe raréfier, fort avec un fifflement impétueux & puiffant à merveille... Quelques-uns font mettre
dans ces foufflets un tuyau recourbé, à divers plis & replis,
affin que le vent, qui roule avec impétuofité par dedans,
imite le bruit d'un tonnerre. D'autres fe contentent d'un
fimple tuyau dreffé à plomb, un peu évafé par le haut,
pour y mettre une petite boule qui fautelle par-deffus
faict à faict que les vapeurs font pouffées dehors. Finale-

---

(1) V. le *Moniteur* du 14 février
1866.

(2) *Récréation mathématicque, com-
pofée de plufieurs problèmes plaifants*
& facétieux en faict d'arithméticque,
géométrie, méchanicque, &c., problème 75, pp. 74 & 75. Pont-à-Mouf-
fon, Jean Appier, 1626, in-8°.

ment, quelques-uns applicquent auprès du trou des mou-
linets ou chofes femblables, qui tournevirent par le mouvement des vapeurs, ou bien, par le moyen de deux
ou trois tuyaux recourbez en dehors, font tourner une
boule. »

IV. — ITALIE.

G.-B. Porta. — G. Branca.

Au temps de la Renaiſſance, en Italie, le Traité des
Pneumatiques n'était complètement fixé ni dans ſon texte
ni dans ſes diviſions principales. En 1ʃ92, à Urbino,
parut, accompagnée de notes & de commentaires,
l'excellente traduction d'Aleſſandro Giorgi. Dans ſa
préface, cet auteur nous apprend que pluſieurs traduc-
tions exiſtent déjà de ſon temps : *celles du Commandino
& de Francefco Barocci* entre autres. L'autorité de Héron
était d'ailleurs univerſellement admiſe, & les ſavants de
l'Italie ſe faiſaient un honneur de décorer leurs recueils
de phyſique du nom de *Pneumatichi* ou *Spiritali*, conſa-
cré par une faveur ſéculaire.

C'eſt ſous ce double titre que fut édité l'un des nombreux traités de Giovanni-Battiſta Porta, célèbre Napolitain de la fin du XVIᵉ ſiècle (1). L'auteur y aborde (2)

(1) La première édition, donnée à
Naples, par l'auteur, en 1601, eſt
latine : *Pneumaticorum libri tres;* la
ſeconde, donnée en 1606, à Naples
également, par D. Juan Eſcrivano,
eſpagnol, eſt italienne & plus complète. L'une & l'autre ſont dans le
format in-8°.

(2) V. *Traduct. italien. d'Eſcrivano,*
p. 7ʃ.

la queftion de la vapeur d'eau, dans l'unique but de déterminer expérimentalement le volume relatif d'une quantité donnée de liquide & de la vapeur qu'il peut produire. Ce petit appareil, affez défectueux, fert à la démonftration :

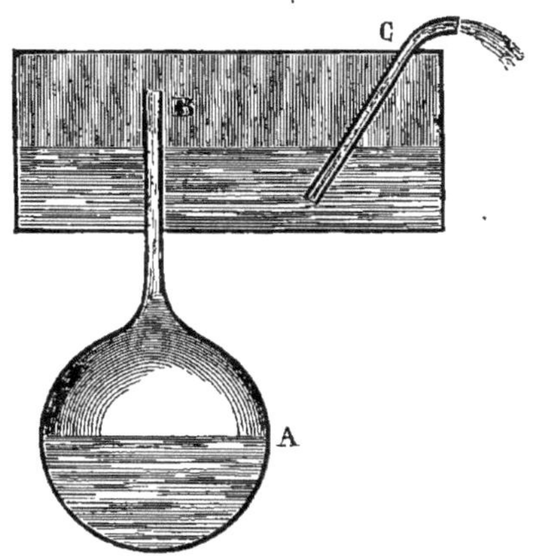

En obfervant que la vapeur formée dans le matras de verre A preffe l'eau de la boîte B & la force de s'écouler par le tube infléchi C, Porta devine que cette vapeur poffède la faculté de preffer un liquide; cependant, dans le cours de la démonftration, pas un mot ne donne à penfer que la véritable puiffance de cet agent·mécanique lui foit connue, ou lui femble fufceptible d'application. Loin de là, il veut que l'orifice du tube C foit *à une petite diftance* (1) du couvercle de la caiffe.

(1) Arago, *Notic. fcientif.*, p. 324.

Le P. Kircher a perfectionné le mécanisme de Porta, mais dans un but de pur agrément. Il cherchait à produire un jet en gerbe. Afin de l'obtenir, il substitua au tube infléchi du savant napolitain un tube droit ou ajutage (1).

Un quart de siècle après l'invention de Porta, en 1629, Giovanni Branca, architecte de Notre-Dame de Lorette, publia un recueil intitulé *Le Machine* (2). Les appareils décrits dans ce livre n'appartiennent pas en propre à Branca, physicien de mérite pourtant. Ce sont, comme il le déclare, les principales machines mises au jour à son époque ; il n'en connaît pas même tous les auteurs. La XXVe de ses planches mérite surtout l'attention. L'idée génératrice de l'engin qu'elle représente procède des moulins mus par le vent atmosphérique, invention orientale introduite en Europe vers 1050 (3). Au lieu de ce moteur, la machine de l'architecte romain emploie le vent ou souffle artificiel, que Héron prenait pour le ressort même de la vapeur d'eau. (V. la pl. II.)

« Au nombre des appareils, dit Branca, dont on peut retirer à l'occasion d'excellents avantages, il faut mentionner la figure XXV, conçue dans le but de broyer les substances propres à faire la poudre. Le moteur en est ad-

---

(1) V. ci-dessus, p. 36.

(2) Le Recueil de Branca parut sous ce titre : *Le Machine del signore Giovanni Branca, cittadino romano, ingegniero e architetto della* Sta *Casa di Loreta.* Romæ, M.D.C.XXIX.

(3) Au XIVe siècle, la Normandie appelait encore ces usines *moulins turquois.* (Viollet-Leduc, *Dict. raisonné d'architect.*, VI, 405.)

mirable & n'eſt autre choſe qu'un buſte de métal figuré A (1), rempli d'eau par l'entonnoir B, & placé ſur un feu de charbons dans le foyer C, de manière à lui faire dégager par la bouche D un ſouffle aſſez violent pour imprimer l'impulſion à la roue dentée E & à ſon engrenage F, par ceux-ci à la roue G & à ſon engrenage H, & par ces derniers à la roue I. Le mouvement giratoire, ainſi déterminé, ſe communique à l'engrenage K au moyen de la roue L, où s'engrène un cylindre à pivot qui élève & abaiſſe tour à tour les deux pilons N O fixés aux ſupports P Q; puis, ces pilons, exerçant leur action dans les mortiers métalliques M, réduiſent en pouſſière les diverſes ſubſtances dont ſe compoſe la poudre de guerre, & toutes celles dont on peut avoir beſoin (2).»

Comme on le voit, cette machine n'eſt pas autre choſe qu'un moulin à vent; les ſeules différences qu'elle préſente ſont la ſubſtitution d'une roue horizontale aux ailes & le remplacement de la meule par un jeu de pilons. C'eſt ſur cette machine que les Italiens ſe fondent pour décerner à Branca, ou à celui de leurs compatriotes dont elle eſt empruntée, l'honneur d'avoir inventé les uſines à vapeur. On ne peut nier que l'application n'ait fait un pas; mais ce progrès ne s'eſt pas effectué ſelon le ſyſtème éminemment rationnel adopté de nos jours. Il ne faut pas confondre des choſes qui n'ont entre elles aucune

(1) « Mottore maravigliofo che non è altro que una teſta di metallo.»   (G. Branca, *Le Machine*, page 25.)   (2) Branca, *ibid*.

fimilitude. Au XVIe fiècle & au commencement du XVIIe, les favants de l'Italie, comme ceux du refte de l'Europe, n'avaient pas une idée claire des caufes qui produifent, dans un milieu clos, à parois réfiftantes, les forces d'expanfion de la vapeur. Ils ignoraient complètement que ces forces redoutables peuvent être aménagées, conduites, foumifes au frein par la fcience. Auffi n'aperçoit-on dans leurs engins ni foupape de fûreté, ni métal fufible, ni condenfeur, ni rien de ce qui implique une notion exacte de l'élafticité, de la facile reproduction du liquide vaporifé. L'emploi qu'ils en font eft inftantané ; ils le captent comme il fe préfente, perfuadés, avec Héron, que c'eft de l'air formé & mis en mouvement par la continuelle évaporation du liquide chauffé.

Ainfi, dans la théorie, de même que dans l'exécution, le fyftème de Branca eft fans relation faififfable avec celui de Papin & de Watt. La grande induftrie ne l'a pas encore utilifé ; mais il eft poffible que la fcience le dote, avant peu, de l'utilité pratique qui lui a fait défaut jufqu'ici.

Le Machine de Branca donnent un fecond appareil, à peu près identique à celui que nous venons de décrire ; feulement, l'impulfion fournie par la vapeur eft communiquée par un courant d'air chaud qui fe dégage d'un foyer. Ce courant fait tourner une roue à aubes, placée au fommet de la cheminée ; divers engrenages, dépendant de la roue, mettent en jeu un laminoir qui fabrique des médailles avec des lames de métal. Dans le XVIe siècle, un autre Italien, le célèbre Cardan, avait décrit, d'après d'anciennes données, une machine semblable, sous le nom de *machine à fumée*. Elle se composait de feuilles de tôle disposées en ailes de moulin & rangées dans le même sens autour d'un axe tournant ; on la plaçait sur un plan horizontal, dans un tuyau de cheminée où brûlait un grand feu : elle entrait alors en mouvement. Cardan entrevoyait dans la flamme la cause décisive de la rotation ; plus clairvoyant en cela que ses contemporains, aux yeux de qui la fumée semblait le moteur véritable (1).

V. — ANGLETERRE.

Wilkins. — Worcester. — Moreland.

Le nom de l'Angleterre arrive maintenant sous notre plume. En 1648, un évêque de ce pays, John Wilkins, publia, sous le titre de *Mathematical magic* (Magie physique), un livre dans lequel il aborde la question de la vapeur (2). Voici en quels termes M. Robert Stuart mentionne cette publication, la seule de ce genre que

---

(1) M. Figuier, ouvrage cité, I, 76, en note.

(2) John Wilkins, né à Fawley en 1614, épousa l'une des sœurs de Cromwell, devint principal du Trinity-College à Cambridge, puis évêque de Chester. Homme laborieux, instruit, & l'un des fondateurs de la Société royale de Londres, il est auteur d'un recueil de sermons, de traités de philosophie & de mathématiques. Il avait conçu le projet d'une langue universelle ; mais sa mort, survenue en 1672, en empêcha l'exécution.

nous offrent les annales de l'Angleterre dans la période
que nous traverſons :

« Le docte & ingénieux évêque Wilkins eſt le premier auteur anglais qui traite de la poſſibilité de faire
mouvoir une machine par la force élaſtique de la vapeur.
Ayant à parler de l'action de l'air ou du vent : « A cette
» catégorie, dit-il, appartient l'effet mécanique des éoli-
» pyles. Ce ſont des vaſes capables de réſiſter à la vio-
» lence du feu & complètement clos, à la réſerve d'un
» étroit orifice. Cette ouverture, par laquelle on les em-
» plit d'eau, donne iſſue, lorſqu'ils ſont échauffés, à un
» courant d'air plein de force & de durée. On utiliſe ces
» machines, dans la fonte du verre & du métal, pour
» activer ou concentrer la chaleur. On peut encore les
» employer à des uſages moins ſérieux, par exemple, à
» mettre en mouvement, au coin du feu, de petites voi-
» les ou ailettes qui, par un engrenage, font tourner
» la broche à rôtir, ou tout autre uſtenſile du même
» genre. »

« Ce paſſage, qui renferme une application des expériences de Cardan & de Branca, eſt digne d'attention
dans tout ſon contenu. A la manière dont l'auteur parle
du mécaniſme de ſes ailettes, il ſemble que cette invention ſoit uſitée depuis longues années en Angleterre.
Pourtant, il ſerait téméraire de dire aujourd'hui ſi cette
découverte était connue des Anglais & de Wilkins avant
le livre imprimé de Branca, ou ſi les explications de

l'évêque anglais fe font infpirées de l'appareil de l'archi- tecte italien (1). »

C'eft, en effet, un point fort difficile à établir. Conf- tatons néanmoins que Wilkins, dans la citation de M. Stuart, ne dit pas un mot qui ait trait à l'élafticité de la vapeur d'eau. Le phénomène de l'éolipyle fe traduit à fes yeux en une puiffance purement pneumatique, en une forte d'air ou de vent qui s'engendre & s'échappe avec violence, jufqu'à ce que ceffe l'évaporation du liquide enfermé. Ses opinions ne dépaffent pas le niveau des vagues notions acquifes de fon temps fur la phyfi- que. Dans ce cercle reftreint de connaiffances, il n'a pas même le bénéfice de la date. S'il eft à la hauteur de Héron, de Branca & des phyficiens de Leipzig, fes devan- ciers, il en fait moins que le facerdoce attaché au culte idolâtrique de Pufterich. Ces prêtres, comme le remar- que fort bien M. Henfchel (**2**), dès longtemps familia- rifés avec les effets de l'eau réduite en vapeur, favaient ménager à ces forces redoutables, avec leurs tampons de bois, des iffues calculées pour un inftant donné. Sorties de la même idée que les foupapes de fûreté, ces chevilles en rempliffaient réellement, efficacement, la fonction.

Mais voici venir le marquis de Worcefter.

Dès le dernier fiècle, ce *nobleman* paffait, auprès d'un grand nombre d'Anglais, pour avoir donné, dans un livre

(1) *Defcript. Hiftor.*, pp. 9 & 10.
(2) *Zeitfchrift des Vereins für heff-* *fifche Gefchichte*, &c., t. V, n° 1, pp. 41-45. Caffel, 1847.

publié en 1663, le premier modèle d'une machine à
vapeur. Le livre en queftion, intitulé : *A Century of inventions* (Catalogue d'inventions), & tombé dans l'oubli
dès le vivant de l'auteur, a été réimprimé plufieurs fois,
à partir des premières difcuffions élevées fur la découverte des machines à vapeur (1).

Pour fe rendre un compte exaĉt du débat foulevé à
propos de ce livre, des deux côtés du détroit, quelques
éclairciffements hiftoriques, & fur l'ouvrage & fur l'auteur, font devenus indifpenfables ; nous les tirons d'écrits,
pour la plupart fpéciaux, publiés en Angleterre.

Edouard Somerfet, comte de Glamorgan, marquis de
Worcefter, fut, au dire de Walpole, fon contemporain,
« un mécanicien de pure fantaifie, franchement infatué
d'idées chimériques, qu'il eut le malheur de configner
dans un recueil de vifions extravagantes (2), le *Century
of inventions.* »

« La vogue aĉtuelle de cet ouvrage, dit à fon tour
M. Stuart, a droit de furprendre, pour peu qu'on réflé-

---

(1) Le *Century of inventions* fut
mis au jour en 1663, par l'auteur lui-
même, fous le titre bizarre de : *A Century of the names & fcantlings of fuch
inventions as at prefent I can call to
mind to have tried & perfeĉted (my
former notes being loft*) ; réimprimé
en 1746, par les foins, croit-on, de
Défaguliers, puis à Glafcow en 1767,
puis à Londres en 1786 ; annexé à la
Defcription des machines propres à
élever l'eau, donnée à Newcaftle, par
John Buddle, en 1813 ; enfin, inféré
dans le deuxième volume de la troifième édition des *Machines* de Gre-
gory, & quatrième du *Répertoire des
arts.* Le manufcrit exifte encore dans
la bibliothèque harléïenne du British
Mufeum.

(2) « An amazing piece of folly. »
(R. Stuart, *A Defcriptive Hiftory,*
p. 11.)

chiffe au dédain qui l'accueillit lors de fon apparition, à la brièveté calculée, au vague & à l'obfcurité de fes définitions. Les droits du marquis au titre d'inventeur fe réduifent aux éloges emphatiques qu'il fait lui-même des *avantages* & des *propriétés miraculeufes* de fes inventions. S'il eft vrai qu'il ait fait quelque découverte, & qu'il ait effayé de l'utilifer en faifant conftruire une machine, il eft vrai auffi de dire qu'il ne refte pas plus de traces de la découverte que de la machine elle-même. L'opinion la plus probable eft qu'il n'a fait ni l'une ni l'autre. La claufe de l'acte du Parlement qui lui concède le monopole (*brevet*) change prefque cette opinion en certitude (1). Elle ftipule expreffément (& cette ftipulation prouve l'ignorance du Parlement fur le fait de l'invention) que la patente eft accordée au marquis fur fa *fimple déclaration* qu'il eft l'auteur de la découverte. Peut-on admettre que le Parlement eût inféré dans l'acte une pareille claufe, fi le noble lord lui eût exhibé la machine ou fait connaître fon expérience (**2**)? »

M. Robifon, non moins explicite que M. Stuart, va jufqu'à dire que les « vanteries du marquis reffemblent plus à la réclame d'un charlatan qu'à la patriotique communication d'un gentleman ; » ce qui n'empêche pas le même M. Robifon de s'écrier : « Il eft hors de doute

(1) « And this furmife is almoft ftrengthened into a certainty, from a claufe in the act of Parliamant, granting him the privilege of monopoly. » (*Ibid.*, p. 17.)

(2) *Id.*, *ibid.*, pp. 10 & fuivantes.

qu'au marquis de Worcefter revient la gloire d'avoir inventé la machine à vapeur (1). »

M. Millington, en préfence de l'incroyable aplomb du noble lord, fe contente, lui, de dire : « On ne faurait affirmer qu'il foit ou qu'il ne foit pas l'inventeur (2). »

Ecoutons maintenant le marquis de Worcefter lui-même : « J'ai découvert un merveilleux & puiffant moyen d'élever l'eau à l'aide du feu, & non de la pompe, car celle-ci, felon l'axiôme philofophique, ne produit d'effet que *infrà fphæram aĉiivitatis*, & a très-peu d'étendue. Mon moyen, à moi, n'a pas de bornes fi le vafe eft d'une force fuffifante. A cette fin, j'ai pris une pièce de canon dont l'extrémité avait été brifée, & l'ai remplie d'eau aux trois quarts, après avoir bouché foigneufement & fermé à vis tant fon extrémité frufte que fa lumière. Puis j'ai fait, fans difcontinuer, du feu fous cette pièce. Au bout de vingt-quatre heures, elle a volé en éclats avec un bruit formidable. *Alors*, ayant réuffi à confeĉionner des vafes affez folides pour réfifter à cette force de l'eau, puis les ayant remplis l'un après l'autre, j'ai eu la fatisfaĉion de voir le liquide monter à quarante pieds de hauteur. Un de mes vafes d'eau vaporifée par le feu (3) en fait monter quarante d'eau froide. L'homme employé à l'opéra-

(1) « Was beyond all doubt invented by the marquis of Worcefter ! » (*Encycl. britann.*, art. *Steam engine.*)

(2) « Several of his contrivances appear fo extravagant, and fo far beyond the reach of human power, that many have doubted whether they were invented or not. » (*Epitome of nat. phil.*, t. I, 1823.)

(3) « Rarefied by fire. »

tion a deux robinets à tourner, pour que, l'un des vafes étant mis à fec, l'autre commence à *forcer* & à fe remplir d'eau froide (1), & ainfi fucceffivement, le feu étant furveillé & fans ceffe alimenté ; ce qu'une perfonne feule, d'ailleurs, peut très-bien faire dans les moments de repos que lui laiffent les robinets à tourner (2). »

Malgré l'exactitude de notre traduction, nous ne nous flattons pas d'avoir rendu clair le fens de ces définitions. Ce fens a de telles obfcurités, que les favants & les mécaniciens d'Angleterre avouent eux-mêmes ne pouvoir le pénétrer complètement. Bien plus, lorfque certains d'entre eux ont voulu, fur ces données plus obfcures que les hiéroglyphes, figurer un appareil fufceptible de réalifer la penfée du marquis, ils font arrivés à des réfultats diamétralement oppofés ; combinaifons favantes fans doute, mais auffi étrangères à la conception primitive qu'à la mécanique du XVIIe fiècle.

Voici, croyons-nous, l'opinion qu'on doit fe former du marquis de Worcefter & de fes œuvres.

C'était un grand feigneur, homme à projets (3), qui confacrait fes loifirs à des expériences de phyfique & de mécanique. Ainfi que bon nombre de fes contemporains, il chercha les moyens d'élever l'eau à l'aide du feu. Celui qu'il préconife dans l'ouvrage, fruit de fes

---

(1) « That one veffel of water *being confumed*, another begins to *force* and refill with cold water, & fo fucceffively. »

(2) *A Century of inventions*, defcription 68.

(3) « He was indeed a projector. » (Robifon, *loc. cit.*)

études, annonce une tentative de perfectionnement du
fyftème propofé bien antérieurement par Salomon de
Caus en fes *Raifons des forces mouvantes* (1). Au lieu
d'un feul vafe à robinet, l'appareil anglais en comporte
deux, & la perfonne chargée par l'ingénieur normand
d'introduire l'eau dans un vafe unique, eft occupée par
le marquis à remplir les deux fiens. Evidemment em-
prunté au mécanifme de Salomon, l'appareil d'Edouard
Somerfet ne devait, dans la penfée de celui-ci, recevoir
quelque complication que de l'ajuftement du fecond
vafe : en cette feule & unique addition eût confifté
toute la différence. Cette différence même eft à peine
fenfible dans un appareil imaginé par M. Stuart d'après
les nébuleufes defcriptions de Sa Seigneurie, & dont nous
donnons le deffin plus loin (2). La première idée de cet
appareil a donc été fuggérée au marquis par les *Raifons
des forces mouvantes;* leur auteur était bien connu en
Angleterre, où, quelque temps attaché au prince de
Galles, il avait créé le fplendide jardin de Richmond.

Le marquis de Worcefter, très-peu verfé dans la
fcience des ingénieurs, avait fans doute un collaborateur,
homme du métier, fur lequel il croyait pouvoir compter ;
cet aide indifpenfable lui ayant fait défaut, fes projets,
imprudemment mis au jour, reftèrent fans exécution :
de là le difcrédit dans lequel tombèrent fon livre & fa

(1) Voir plus haut, les pages 45   (2) Voir le paragraphe VIII de
à 47.   la *Vie de Papin*.

perſonne. Au surplus, l'ambiguïté étudiée des définitions du *Century of inventions* trahit peut-être autant l'inhabileté mécanique de Sa Seigneurie que ſa peur de rendre un plagiat trop facile.

On peut donc dire, ſans trop craindre de ſe tromper, qu'Edouard Somerſet, dépoſitaire ſinon créateur d'un moyen d'élever l'eau à l'aide du feu, s'eſt trouvé perſonnellement dans l'impoſſibilité de le faire connaître ; que ce moyen, s'il eût été clairement démontré, pourrait figurer avec honneur, après le théorème V de Salomon de Caus, parmi les eſſais authentiques ſur la force élaſtique de la vapeur.

Quant à la bonne foi du marquis, elle reſſort pleinement de l'appréciation de Walpole & de la clauſe du Parlement, qui déclara s'en rapporter « à ſa ſimple affirmation. »

Avant d'en finir avec Sa Seigneurie, il n'eſt pas hors de propos de faire obſerver que ſon expérience elle-même ſemble appartenir au bagage ſcientifique de l'ancienne théocratie de la Thuringe. Nous avons ſignalé l'emploi du procédé ſavant des prêtres attachés au ſervice de ſon dieu Puſterich. Lors de la chute des idoles, ce procédé, qui ſe tranſmettait à l'ombre du ſanctuaire, entra dans le domaine public chez quelques-unes des races anglo-ſaxonnes & s'y conſerva juſqu'à notre époque. Mais : ainſi paſſe la gloire du monde ! ce n'eſt plus qu'un vain jeu d'enfant. Aux Etats-Unis, on le connaît ſous le nom de *Pétard d'Iol* (Noël).

Voici comme il s'exécute : Les jeunes Américains, durant les fêtes de Noël, bouchent avec une cheville la lumière d'un canon de fusil, dans lequel ils introduisent une certaine quantité d'eau qu'ils compriment fortement avec de la bourre. Ainsi préparé, cet engin est placé sur un feu de forge, par la culasse. Dès que celle-ci est assez échauffée pour mettre l'eau en ébullition, les artilleurs imberbes ont la joie de voir la vapeur concentrée chasser la cheville avec un fracas terrible. « N'est-ce pas là, ajoute M. Figuier, à qui nous empruntons cette anecdote, la prétendue expérience du marquis de Worcester (1) ? »

Les titres d'un autre Anglais, sir Samuel Moreland, sont moins hypothétiques ; ils datent de 1683. Ce mécanicien, qui prend le titre de Directeur (*master*) des mécaniques du roi de la Grande-Bretagne, présenta à Louis XIV un ouvrage en langue française intitulé : *Elévation des eaux par toutes sortes de machines, réduite à la mesure, au poids & à la balance.* Le manuscrit, conservé au *British Museum*, fut imprimé à Paris en 1685, avec une légère différence dans le titre. Ce n'est cependant pas à cette publication, dont le *Journal des Savants* fit l'éloge, mais

(1) Figuier, *Explicat. & Hist. des princip. découvertes*, t. I, p. 181.

Le nom de pétard d'Iol semble indiquer que la colère de Pusterich se manifestait annuellement aux fêtes d'Iol, grande solennité célébrée par les nations payennes du Nord, au solstice d'hiver, vers l'époque de Noël. A cause de cette coïncidence, Noël se nomme aussi Iol chez les Scandinaves, les Germains & plusieurs races slavonnes de nos jours.

au manuscrit même, qu'il faut demander les opinions de l'auteur touchant l'emploi mécanique de l'eau vaporisée. La préface du livre imprimé se contente d'indiquer la vapeur comme une force susceptible d'être mise en œuvre. Le manuscrit, au contraire, affecte deux feuillets à préciser l'usage qu'on peut en tirer pour élever un liquide. L'auteur ne décrit aucun mécanisme ; il se contente de dire que « les vapeurs aqueuses occupent un espace environ deux mille fois plus grand que l'eau ; qu'emprisonnées, elles feraient crever une pièce de canon, & que, bien gouvernées, selon les règles de la statique, elles portent paisiblement leurs fardeaux, comme de bons chevaux, & pourraient être d'un grand usage au genre humain, particulièrement pour l'élévation des eaux. »

Ce passage met en lumière deux nouveaux faits :

1° Le rapport des volumes de l'eau & de la vapeur, à poids égal, rapport inexact, mais assez approximatif pour l'époque où vivait sir Samuel (1) ;

2° La possibilité de *gouverner les vapeurs aqueuses, de manière à leur faire porter des fardeaux aussi paisiblement que de bons chevaux, & à leur faire élever l'eau.*

Cette observation, ces calculs prouvent que sir Samuel Moreland avait étudié consciencieusement la question des forces élastiques de la vapeur. On doit regretter, pour sa gloire, qu'il se soit abstenu de joindre une figure ex-

______

(1) Une table de ces calculs est donnée par le *Descriptive History of the steam engine*, p. 23, 3ᵉ édition.

plicative aux quatre pages confacrées à l'action des phénomènes dont il parle.

VI. — RÉSUMÉ.

Maintenant, pour aborder la véritable machine à vapeur, la machine de Papin, il ne nous faut plus que récapituler, année par année, les cinq paragraphes précédents. La véracité de ce réfumé repofe prefque entièrement fur les dates d'éditions, relevées, comme on a pu s'en apercevoir, avec un foin fcrupuleux. Les dates, de même que tous les chiffres, font les plus éloquentes & les moins réfutables des preuves. Voici celles que nous fournit le travail précédent :

1543. — Blafco de Garay, efpagnol. — Expérience conteftée d'un bateau marchant fans voiles ni rames. Procédé non communiqué par fon auteur.

1562. — Mathéfius, allemand. — Simple affertion touchant l'emploi de machines à feu dans les mines de la Bohême.

1569. — Beffon, français. — Expériences concernant le volume relatif d'une quantité d'eau & de vapeur. Idée reprife en 1601 par Porta, italien ; en 1683, avec plus de fuccès, par Moreland, anglais.

1597. — Anonyme de Leipzig. — Application du mécanifme de Héron à un rôtiffoir.

1601. — Porta, italien. — Appareil expérimental pour

un volume relatif d'eau & de vapeur. Evaluation incomplète.

1605. — Rivault, français. — Théorie neuve & vraie, bien qu'un peu confufe, de la puiffance élaftique de la vapeur.

1614. — Salomon de Caus, français. — Appareil pour élever l'eau, bafé fur la théorie de Rivault.

1626. — Leurechon, français. — Recueil repréfentant toutes les machines de phyfique amufante inventées par Héron & les phyficiens de fon école.

1629. — Branca, italien. — Mécanifme mû par un jet externe de vapeur ; autre par un courant d'air chaud, imitation & perfectionnement du *moulin à fumée* de Cardan, également italien, du XVIᵉ fiècle.

1641. — Kircher, allemand. — Appareil de Porta, modifié en vue d'un jet d'eau.

1648. — Wilkins, anglais. — Rôtiffoir mû par un courant de vapeur externe, au moyen de voilettes & d'un engrenage non décrits.

1663. — Worcefter, anglais. — Moyen d'élever l'eau par la force de la vapeur. Procédé non décrit, demeuré fans exécution & conçu, à ce qu'il femble, d'après l'appareil de Salomon de Caus.

1683. — Moreland, anglais. — Rapport approximatif des volumes de l'eau & de la vapeur ; indication formelle d'un moyen de gouverner les forces de la vapeur ; nul appareil, nulle mife en œuvre.

Nous avons conduit cette hiftoire des effets mécaniques de la vapeur jufqu'aux temps voifins des expériences de Papin ; nous aborderions tout de fuite le récit de ces tentatives mémorables, fi, pour plus de clarté, nous n'étions obligé de donner un aperçu chronologique d'une férie d'expériences connexes : nous voulons parler des découvertes faites en Europe fur la pefanteur de l'air, vers le milieu du XVIIe fiècle.

Pendant l'antiquité & le moyen-âge, nos lecteurs le favent, le peu de fuccès des effais auxquels donnait lieu l'eau vaporifée tenait à l'abfence de notions phyfiques pofitives. Les lois qui régiffent la pefanteur de l'air n'avaient pas été devinées ; à leur place régnait l'axiôme fameux de l'école : « La nature a horreur du vide. » Cette ignorance s'était perpétuée, à peu près entière, jufqu'au commencement du XVIIe fiècle ; ce fut elle qui, plus que le défaut de génie, empêcha Salomon de Caus de donner à fes conceptions leur développement normal & néceffaire. Mais la fortune traitera plus favorablement le phyficien bléfois. Lorfque l'heure fonnera pour lui, Torricelli, Pafcal, Otto de Guéricke, Huggens, Boyle lui auront préparé la voie. Jetons donc un coup d'œil fur cette époque fi glorieufe pour la fcience.

Dans les pompes afpirantes, quelque hauteur que le tuyau reçoive, l'eau ne dépaffe jamais un niveau de 10^m39 (environ 32 pieds). Prié par des fontainiers du Grand-Duc de Tofcane d'expliquer ce phénomène, Galilée crut pouvoir répondre « que le poids d'une colonne d'eau de 32 pieds acquiert une force fi grande, que la bafe de cette colonne, trop violemment preffée, s'arrête ; de même, ajouta-t-il, une corde tendue horizontalement fléchit & fe brife à fon centre, lorfque la tenfion trop prolongée lui rend fon propre poids intolérable. » Ainfi, Galilée, qui venait de découvrir la loi de l'accélération des graves, bafe de l'immortelle théorie de Newton, Galilée lui-même ne rejetait pas abfolument l'explication de l'ancienne phyfique. Celle-ci, en effet, prétendait que « la nature, éprife du plein, contraint l'eau de fuivre le pifton, afin de combler le vide qui s'opère entre ce pifton foulevé & le niveau de l'eau cherchée. » L'illuftre philofophe n'eut donc pas la gloire de réfoudre entièrement le problème pofé par les fontainiers du Grand-Duc (1); cette gloire était réfervée à un autre Italien, Torricelli, qui fut fon difciple & fon fucceffeur (2).

Torricelli achevait à Rome fon cours de mathématiques, lorfqu'il eut connaiffance, par un autre difciple de

(1) La réponfe de Galilée offre quelque ambiguïté. Il eft probable que, rendu prudent par le fouvenir des perfécutions qu'il avait effuyées pour fes opinions fur le mouvement diurne de notre globe, il n'ofa pas livrer fa penfée tout entière. (V. Bailly, *Manuel de phyfique*, p. 149, 4ᵉ édition).

(2) Torricelli (Evangelifta), né en 1608 à Faenza, mort en 1647 à Florence, remplaça dans fa chaire de mathématiques Galilée, auquel il ferma les yeux. Il fit connaître, vers 1630, quelques-unes des propriétés de la cycloïde, & publia, dans le court efpace de temps compris entre cette date & celle de fa mort, les découvertes qui honoreront à jamais fa mémoire. Ses œuvres ont été réunies fous le titre d'*Opera geometrica*, Firenze, 1644.

Galilée, Caftelli, de la réponfe faite aux fontainiers de
Florence. Ce tout jeune étudiant (il entrait dans fa dix-
huitième année), vivement impreffionné par la communication de fon ami, fe mit à réfléchir profondément.
Les raifons fur lefquelles s'appuyait le célèbre phyficien
tofcan ne fatisfaifaient point fon efprit déjà familiarifé
avec les queftions ardues de la fcience ; il en chercha de
plus plaufibles. Ses méditations l'amenèrent à conjecturer que l'atmofphère, exerçant une preffion fur la furface
du liquide foumis à l'action de la pompe, le forçait de
s'élever dans le tuyau. Entre les mains de ce génie actif,
ce qui ne femblait qu'une hypothèfe devint bientôt une
vérité. Afin d'éclaircir fes doutes, il réfolut d'expérimenter un liquide d'une denfité différente de l'eau, le mercure, par exemple, près de quatorze fois plus denfe. Il
était évident que fi l'afcenfion de l'eau dans le corps de
pompe était bien le réfultat de la preffion atmofphérique,
le mercure, par l'effet de cette même preffion, ne devait
atteindre qu'une hauteur quatorze fois moindre. Il prit
donc un tube de verre fermé à une extrémité & long
de 3 pieds (0ᵐ97), le fit remplir de mercure & plonger,
après l'avoir retourné verticalement, dans une cuvette
pleine du même métal. Dès que fon expérimentateur eut
enlevé le doigt, le mercure du tube defcendit, ofcilla un
inftant, puis fe maintint à 28 pouces (0ᵐ76) au-deffus du
niveau de la cuvette. L'expérience avait confirmé les prévifions de Torricelli. Mais les vieux partifans du plein

univerfel refufèrent d'admettre les conféquences que le jeune favant déduifait de fon ingénieux effai. La plupart, trouvant fa démonftration équivoque, foutenaient que l'efpace libre exiftant entre l'extrémité du tube & celle de la colonne de mercure était rempli des efprits dégagés de ce fluide. « La nature, difaient-ils, trouvant ainfi moyen de fe foulager, ne s'écartait point des règles reçues dans l'école ; » &, par dérifion, ils donnaient à ce vide apparent le nom de *vide de Torricelli*, qui, au furplus, lui eft refté.

L'expérience eut dans le monde favant un retentiffement immenfe. En France, où le Père Merfenne la fit connaître (1), les objections ne furent pas moins vives qu'en Italie. Heureufement, Pafcal, ce beau génie qui devait, comme le difciple précoce de Galilée, remplir de travaux prodigieux une brève carrière, Pafcal s'avifa de reprendre l'œuvre commencée. Son efprit, néanmoins, n'était point encore complètement dégagé des préjugés de la vieille fcolaftique ; il écrivait, au milieu même de fes laborieufes expérimentations : « *Tous les effets...* qui s'expliquent fi naturellement par la feule preffion & pefanteur de l'air, *peuvent encore être expliqués affez probablement par l'horreur du vuide ; je me tiens dans cette ancienne maxime*, réfolu néanmoins de chercher l'éclair-

(1) Voyez la *Lettre de Pafcal à M. Ribeyre*, dans les *OEuvres complètes*, à la page 202. La Haye, Detune, 1779.

ciſſement entier de cette difficulté par une expérience décifive (1). »

Mais le cours de ſes idées ne tarda pas à ſe modifier. Les eſſais, à meſure qu'il les multipliait, accroiſſaient la force & le nombre des démonſtrations, & l'heure vint où le doute ne fut plus permis. A ſes yeux, comme aux yeux de tous les hommes qui ne ſe laiſſaient point aveugler par la prévention, il demeura prouvé que l'air dont l'océan diaphane nous enveloppe pèſe ſur tous les corps placés à la ſurface du globe, & que le dogme, «la nature a horreur du vide, » n'eſt qu'une erreur ſpéculative démentie par les faits.

Entre les expériences qui contribuèrent à ces remarquables réſultats, il en eſt deux que nous allons faire connaître, parce qu'elles ont le mérite, en raiſon de leur ſimplicité, de rendre ſenſibles, au regard non moins qu'à l'intelligence, les effets de la preſſion atmoſphérique.

La première eut pour but de réduire au ſilence ceux des contradicteurs de Torricelli pour qui l'intervalle libre, laiſſé par la colonne de mercure à l'extrémité ouverte du tube, n'était qu'un vide apparent, rempli de la maſſe des eſprits inviſibles du fluide employé. Voici comme il opéra : Par ſes ordres, deux tubes de verre, longs de 40 pieds ($12^m,893$), l'un contenant du vin & l'autre de l'eau, furent attachés à un mât. Les eſprits étant plus

---

(1) *Lettre à M. Périer,* dans les *OEuvres complètes,* pages 349 à 350.

abondants dans le vin que dans l'eau, l'expérience italienne faite avec les deux liqueurs devait, donnant lieu à
des conféquences différentes, offrir un plus grand efpace
entre le vin & l'extrémité du tube, qu'entre l'eau & cette
même extrémité. C'eft précifément ce qui arriva. Les
deux tubes, plongés dans leurs liqueurs refpectives, four-
nirent: celui du vin 33 pieds 3 pouces ($10^m,801$) d'é-
lévation, & celui de l'eau 31 pieds 1 pouce 4 lignes
($10^m,108$) feulement. Dès lors, la condenfation des efprits dans l'efpace libre à l'extrémité du tube non clos
ceffait d'être foutenable (1).

La feconde expérience eft plus célèbre encore & plus
décifive. Ecoutons Pafcal lui-même :

« ... J'en ai imaginé une [expérience] qui pourra feule
fuffire pour nous donner la lumière que nous cherchons,
fi elle peut être exécutée avec jufteffe. C'eft de faire
l'expérience ordinaire du vuide plufieurs fois le même
jour, dans un même tuyau, avec le même vif-argent,
tantôt au bas & tantôt au fommet d'une montagne, élevée pour le moins de 5 ou 600 toifes, pour éprouver fi
la hauteur du vif-argent fufpendu dans le tuyau fe trouve
pareille ou différente dans ces deux fituations. Vous
voyez déjà, fans doute, que cette expérience eft décifive fur la queftion, & que s'il arrive que la hauteur du
vif-argent foit moindre au haut qu'au bas de la monta-

____

(1) *Nouv. expér. touchant le vuide*, part. II, prop. vi.

gne (comme j'ai beaucoup de raifons pour le croire, quoique tous ceux qui ont médité fur cette matière foient contraires à ce fentiment), il s'enfuivra néceffairement que la pefanteur & preffion de l'air eft la feule caufe de cette fufpenfion du vif-argent, & non pas l'horreur du vuide, puifqu'il eft bien certain qu'il y a beaucoup plus d'air qui pèfe fur le pied de la montagne que non pas fur le fommet; au lieu que l'on ne fauroit dire que la nature abhorre le vuide au pied de la montagne plus que fur le fommet (1). »

L'expérience eut lieu à des heures différentes & dans ces conditions fi exactement déduites, fur la cime du Puy-de-Dôme & à fa bafe. Périer la dirigea, & ce beau-frère de Pafcal y convia la plupart des notabilités fcientifiques de Clermont. L'appareil confulté donna toujours les réfultats prévus dans la lettre. Non content de cette démonftration, à laquelle il n'affiftait que par la penfée, l'immortel promoteur de l'épreuve la répéta lui-même à Paris, au pied & au fommet de la tour Saint-Jacques-de-la-Boucherie, & les conféquences de l'obfervation furent, toute proportion gardée, conftamment les mêmes. Sur la cime du Puy-de-Dôme, élevée de 752 toifes (1465 mètres), le mercure, atteignant dans le tube 23 pouces 2 lignes (0^m627), à la bafe 26 pouces 3 lignes $\frac{1}{2}$ (0^m701), produifit une différence de 3 pouces 1 ligne $\frac{1}{2}$ (0^m074). Entre les mefures du pied & du fommet de la

(1) *Lettre à M. Périer*, au lieu cité.

tour Saint-Jacques, cette différence ne fe trouvait être
que de **2** lignes (o^m005).

Ainfi, la preffion atmofphérique & le baromètre qui la
mefure avaient été découverts. Bien que rudimentaire,
l'inftrument n'avait trompé aucune des prévifions de la
fcience. La démonftration était décifive ; pourtant, une
chofe effentielle, le moyen de pefer l'air lui-même, reftait encore à chercher. Dès le premier moment, les deux
illuftres expérimentateurs s'étaient aperçus que ce fluide,
en raifon de l'action qu'il exerce fur tous les corps exté-
rieurs, devait poffécer un poids fpécifique. Il fallait donc
trouver un engin qui fît paffer dans la pratique cette
induction, iffue des nouvelles découvertes. On eût dit
que l'invention était prête, tant elle mit de promptitude
à répondre aux défirs de l'Europe favante. Dès 1650,
Otto de Guéricke, phyficien de Magdebourg, faifait fonctionner en Allemagne la première machine pneumatique. Cette machine, donnant la facilité de vider ou de
raréfier prefque tout l'air d'une capacité clofe, permit à
l'habile inventeur d'évaluer le poids du fluide. Il n'eut
befoin que de pefer le récipient avant & après l'expulfion de l'élément foumis à l'expérience ; & le poids de
cet élément, fi intangible & fi incolore, apparut démontré fans réplique par la diminution de pefanteur que
produifit la feconde opération.

Les expériences d'Otto de Guéricke mirent en lumière
une autre vérité phyfique, vérité plus profitable à l'hu-

manité peut-être. La pratique de fa machine avait conduit Otto à reconnaître que la force réfultant de la preffion de l'air peut, à un moment prévu, donner alternativement des éléments d'impulfion & de réfiftance, ou, en d'autres termes, fournir des mouvements réguliers en fens contraire. Son obfervation s'appuyait fur cette démonftration célèbre : il opérait le vide dans la concavité de deux demi-globes de cuivre, appliqués hermétiquement l'un contre l'autre, &, dès que l'air était auffi raréfié que le permettait l'imperfection de fa machine, les deux demi-fphères, comprimées par le poids de la colonne d'air qui preffait leurs parois extérieures, acquéraient une telle adhérence, que feize chevaux, tirant en fens contraire, ne parvenaient pas à les féparer ; mais, l'air une fois rappelé dans l'intérieur en quantité fuffifante, les deux plaques femi-globulaires cédaient & fe disjoignaient auffitôt.

Dans cette expérience fe tenait en germe la découverte d'un moteur déterminé par l'impulfion des fluides gazeux & des vapeurs artificiellement produites ; auffi l'attention des favants fe tourna-t-elle de ce côté. On fongea d'abord à perfectionner l'inftrument dû à la fagacité d'Otto de Guéricke. Boyle & Hooke y apportèrent les premiers d'utiles modifications. Papin en fit adopter quelques autres, à la fuite d'expériences entreprifes fous la direction de Huggens, fon protecteur. Ce fut le premier pas de notre compatriote vers la folution du problème

dont fe préoccupait le monde de la fcience. Déjà la poffibilité d'une telle découverte s'était pofée devant fa jeune intelligence. Il touchait à l'âge mûr lorfqu'il l'eut dégagée, par de fatigants effais, de l'obfcurité de fes limbes originels. Mais il nous eft permis de fuivre la trace, encore intacte, de tant d'efforts : Dès le principe, fes *Nouvelles expériences du vuide* le familiarifent avec toutes les queftions relatives à la pefanteur de l'air ; fon *Nouveau Digefteur*, enfuite, lui apprend à connaître, à combiner, à gouverner la vapeur de l'eau mife en ébullition ; enfin, le peu de fuccès de fa *Méthode de faire le vuide par la combuftion de la poudre à canon*, le mène à l'emploi de cette même vapeur qu'il n'avait d'abord deftinée qu'à la cuiffon des viandes. Et c'eft ainfi qu'il fonde la théorie d'une force impulfive, indépendante des forces jufque-là mifes au fervices de l'humanité ; ainfi que de l'enfemble des faits acquis de fon temps à cette grande loi de la preffion atmofphérique, fon génie pénétrant déduit le moteur qui donne une forte de vie à la matière.

Maintenant que ces prolégomènes ont éclairé la route qui nous refte à fuivre, nous allons entrer dans le détail des actes & des événements dont fe compofe l'odyffée de l'inventeur ; car, ainfi que le héros d'Homère, ainfi qu'Homère lui-même, il eut pour lot, fa jeuneffe écoulée, l'exil & fon trifte cortége de déplacements & de mifères.

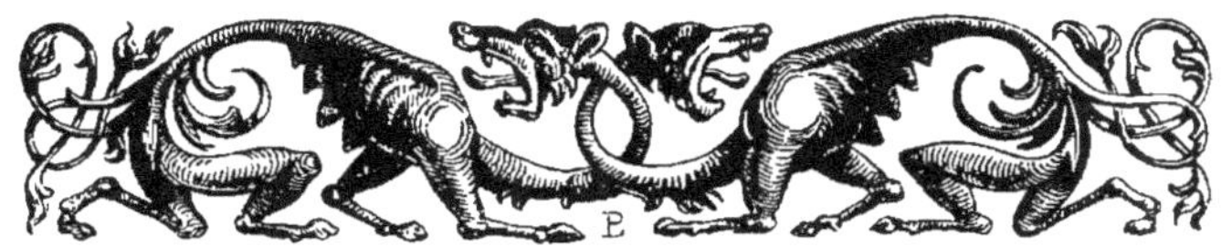

VIE DE PAPIN

I

A famille de Denis Papin, établie à Blois dès le XIVe fiècle, était de cette haute bourgeoifie, honorée dans la vieille France prefque à l'égal de la noblefle. Au commencement du XVIIe, des charges avaient commencé l'anobliffement de fon chef. Dans un acte de baptême où figure Denis Papin, le père de celui-ci eft qualifié du titre de *noble homme*. Denis même, durant fon exil, prend & reçoit la particule nobiliaire. Le cachet de cire, probablement héréditaire, appofé fur fes lettres permet de recompofer fon blafon : « d'argent à un chevron de gueules (?), cafque tourné à droite, avec lambrequins (1). »

(1) *Généalogie de Papin*, au n° 1 des *Pièces juftificatives*, qui forment la Ve & dernière partie de notre publication.

Toutefois, Bernier ne compte Denis ni aucun des Papin dans la lifte des familles nobles vivant en 1682 au comté de Blois ; mais le filence de Bernier ne ferait pas une preuve. Si, en fa qualité de courtifan craintif de l'opinion dominante, il s'abftient de placer dans les rangs de la nobleffe bléfoife les Papin, famille proteftante odieufe au pouvoir, il s'abftient auffi de les admettre parmi ceux des Bléfois qui fe diftinguèrent dans la carrière de la fcience & des lettres. Cependant, Nicolas Papin, qui s'éteignait alors, avait publié divers ouvrages, oubliés aujourd'hui, mais très-remarqués en leur temps (1).

Quoi qu'il en foit, l'exiftence bourgeoife de la famille Papin a laiffé des traces plus longues, plus authentiques & moins conteftables. Sa filiation peut être fuivie prefque fans interruption depuis la fin du XIVe fiècle. En 1397, un Jehan Papin reçoit, avec d'autres manants de la ville de Blois, un pouvoir étendu du lieutenant-général au bailliage (2). En 1398, le même Jehan prend la qualité de procureur de Louis, comte de Blois (3). Vers 1610, un defcendant direct de celui-ci, Jacques Papin, eut de fon mariage avec Jeanne Dufour, entre autres

---

(1) Le plus connu de ces ouvrages eft le traité médical *De pulvere fympatico*. Au nombre des pièces laudatives mifes en tête de ce livre, on remarque celle-ci, qui renferme une double allufion à la campagne de l'auteur en Crète, & au fujet du traité, publié déjà depuis deux ans :

AD AVTHOREM
E Cretico bello reducem.
Puluere de bello confperfus membra decoro,
Tu redis : Heroës fic rediiffe ferunt.
Qualis Olympiaco victrix de *puluere* palma,
Talis palma tibi *puluere* parta tuo.
JOANES ABEY,
Confiliarius inclit. nat. angl.

(2) Procuration fur demi-feuille de parchemin, du 18 octobre 1397, de la collection de M. de la Sauffaye.

(3) Pièce des *Arch. Jourfanvault* Biblioth. de Blois, n° 100 du fupplément.

enfants, Denys, Jacques & Nicolas. Denys, confeiller du roy & receveur général des domaines du comté de Blois, marié à Magdeleine Pineau, fut père de Denis, l'objet de cette biographie. Jacques, le puîné, laiffa, de fon mariage avec Magdeleine Pajon, Ifaac, écrivain proteftant, converti par Boffuet, & Marie, qui époufa en fecondes noces, à Marbourg, notre Denis, fon coufin germain.

Une généalogie complète de la famille Papin devant faire partie de nos pièces juftificatives, nous n'entrerons pas ici dans de plus amples détails (1). Dès ce moment, néanmoins, nous ferons remarquer, pour l'intelligence de quelques-uns des faits qui vont fuivre, que Marie Papin, qui devint à Marbourg la femme du célèbre inventeur, était fille de Jacques, & non, comme on l'a cru jufqu'ici, de Nicolas Papin. Ce dernier paraît avoir fini fes jours à la fin du XVIIe fiècle, à Paris, où il était le mandataire du gérant des capucins de Blois. Ayant abjuré le proteftantifme, il n'avait point fuivi les fiens dans l'exil, non plus que fa veuve ; & la mère de Marie, de qui parlent les écrivains allemands & les pièces relatives aux réfugiés de Marbourg, était cette Magdeleine Pajon, que nous favons avoir été mariée à Jacques.

Les Papin avaient embraffé le calvinifme vers le milieu du XVIe fiècle. Nul proteftant, à Blois, ne les furpaffait en dévouement. Ils occupaient, héréditaire-ment pour ainfi dire, les dignités électives de l'Eglife réformée. Ce zèle bien connu, une ferveur commune & de fréquentes unions les avaient liés aux familles pro-teftantes les plus célèbres de la contrée : les Teftard, les

____

(1) *Pièces juftific.*, nᵘ I.

Baignoux, les Pajon (1); mais cette sympathie active, d'un autre côté, leur avait valu les défiances du pouvoir, animé de dispositions peu bienveillantes à l'égard des calvinistes. Leur considération personnelle, toutefois, était des plus grandes & des mieux établies.

Telle était, dans les temps qui précédèrent la révocation de l'édit de Nantes, la famille d'où sortit Denis Papin.

Alors que, dans les jours qui succédèrent à l'année 1650, cette famille vivait toute sur le sol blésois, la ville de Blois était à peu près encore ce que l'avaient faite ses derniers comtes & les Valois, leurs héritiers. Gaston, prince éclairé, magnifique, possesseur d'une fortune royale, en habitait le superbe château. Dans cette résidence, il appelait à son aide, pour se consoler de ses disgrâces politiques, le goût que lui avait inspiré, dès sa jeunesse, l'étude des sciences naturelles & de l'histoire. Il y avait réuni une très-belle bibliothèque, formé comme un riche musée de pierres gravées, de tableaux & d'estampes, &, sur les terrasses environnantes, établi un jardin botanique, destiné à la culture des plantes indigènes, à l'acclimatation des espèces exotiques (2). Afin d'obtenir des herbes de tous les sites, des végétaux de tous les climats, plusieurs machines faisaient monter l'eau sur ces collines élevées (3). Des chevaux y mettaient en mou-

----

(1) Le plus connu, Claude Pajon, sieur de la Dure, de la branche des Pajon de Romorantin, pasteur de la religion réformée, eut avec le ministre Jurieu, de Mer, de longs démêlés sur la Grâce, qui troublèrent l'Église calviniste.

(2) Cf. L. de la Saussaye, *Hist. du château de Blois*, VI⁰ édit., pp. 351 & suiv.

(3) « Ex horto superiore in inferiorem duplex est descensus, & istic duplex cisterna : fons etiam scaturientis aquæ ligneo tecto artificiose

vement un moulin dont le mécanifme était montré aux vifiteurs étrangers comme un miracle de l'induftrie humaine (1). On attribuait l'invention de ces appareils divers, qui ont précédé les merveilles de Verfailles, à Léonard de Vinci, auffi habile ingénieur que grand peintre (2). Quelques-uns venaient peut-être de Salomon de Caus, le grand décorateur des jardins au temps de Louis XIII.

De même que les fciences naturelles & phyfiques, la médecine, les arts d'agrément, les métiers de luxe étaient à cette époque en grand honneur à Blois.

La carrière médicale attirait un nombre fi confidérable de jeunes Bléfois, qu'un profeffeur de Montpellier, faifant allufion à une terre de notre pays, femblable à la fameufe terre figillée de l'île de Lemnos, & très-réputée alors, s'écriait dès l'année 1648 : *Terram Blefenfem, terram medicam atque medicorum* (3)! Plufieurs de ces praticiens font arrivés à la fortune & à la gloire.

L'horlogerie bléfoife, furtout, jouiffait d'une réputation immenfe. Julien, entre autres, le célèbre fabricateur de l'horloge de Saint-Gatien, obtenait une renommée

---

fabricato obtectus. » (Jodoci Sinceri *Itinerarium Galliæ*, Lugduni, 1616, p. 105.

(1) « Vifitur in arce moletrina equis agitata. » (Id., 101.)

(2) Attiré en France par les offres généreufes de François 1er, Léonard de Vinci entreprit un grand nombre de travaux mécaniques pour ce prince. (E. Cartier, *Effais hiftoriques fur la ville d'Amboife & fon château*, p. 15.)

(3) « Terram medicam, atque medicorum. Medicam quam occulto Vulcanus afflatu Lemniaca viribus æmulam excitavit; medicorum autem quippe quæ viros excellentes magnatibus litteratorum Synedriis aulæque fubminiftrat. » (Simeon Curtaudus, *Oratione habita Monfpelii pro J. B. Blefenfi doctorando*.)

européenne dans cet art ingénieux & l'un des plus utiles qu'ait enfantés l'induftrie humaine (1).

L'étude était facile. Outre la bibliothèque du château, Blois poffédait de nombreufes collections de livres, créées par les communautés & par les particuliers riches. Suivant une louable coutume des XVIe & XVIIe fiècles, les poffeffeurs fe faifaient un devoir de rendre acceffibles au public ftudieux les tréfors de leurs *librairies*.

Les établiffements d'inftruction ne manquaient pas. Le principal, le collége, alors aux mains des Jéfuites, était fréquenté par les enfants mêmes des familles proteftantes (2). On y enfeignait les belles-lettres & déjà les fciences phyfiques & mathématiques (3). Dans cette dernière branche des connaiffances humaines, les études devaient être fortes & férieufes : c'était le temps où la fociété de Jéfus formait pour fes miffions de la Chine de grands mathématiciens, d'excellents aftronomes : les Parennin, les Verbieft, les Amyot, &c.

Les mœurs du peuple bléfois étaient fimples ; fes habitudes avaient retenu, comme fon langage, quelque chofe de l'élégance apportée par la cour fur les bords de la Loire. Mais, depuis l'introduction du calvinifme, la vieille gaîté gauloife & la manfuétude inhérente au caractère bléfois avaient perdu de leur charme primitif. Des diffenfions, produites par la différence des cultes, troublaient l'intérieur de beaucoup de familles.

---

(1) « Artificia infigniora funt aurifabrorum, quorum imprimis horologia commendantur. » (Jodoc. Sincer., ouvr. cit., p. 103. — Bernier, *Hift. de Blois*, p. 74. — Marteau, *Paradis délicieux de la Touraine*, 2e parterre, p. 7. — L. de la Sauffaye, *Hiftoire de la ville de Blois*, aux pages 261, 262 & 263.)

(2) S. Bannifter, *Notice fur la vie & les écrits de D. Papin*, p. 8.

(3) Id., ibid.

Les proteſtants, néanmoins, n'étaient pas en très-grand nombre. Appartenant pour la plupart à la bourgeoiſie & aux claſſes ouvrières, ils formaient une population induſtrieuſe, poſſédant des capitaux immenſes, & placée à la téte de tous les arts mécaniques (1).

Ce fut dans cette cité princière, dans ce milieu intellectuel, dans cette atmoſphère tourmentée par les paſſions religieuſes, que naquit Denis Papin.

L'acte de naiſſance de ce grand homme, retrouvé ſur les regiſtres de l'état civil des proteſtants de Blois, atteſte qu'il reçut le jour le 22 août 1647. Il fut baptiſé par M. Teſtard, paſteur, & préſenté au baptéme par Iſaac Papin, l'un de ſes grands parents, & dame Fidèle Turmeau (2). Son origine & ſa filiation ſont donc déſormais à l'abri de toute controverſe. Plus heureux que les ſept villes grecques qui ſe diſputaient le berceau d'Homère, Blois n'a pas à craindre que la naiſſance de Denis Papin lui ſoit jamais conteſtée par l'érudition future ou par quelqu'une des cités du voiſinage.

II

Enfance & jeuneſſe de Papin. — Ses grades à l'Univerſité d'Angers.
Son arrivée à Paris. — Huggens.
La machine du vide. — Départ pour l'Angleterre. — Robert Boyle.

On ne ſait rien de l'enfance de Denis Papin. Elle dut s'écouler parmi les ſiens, dans la ſévère & traditionnelle

(1) Id., p. 24. — Bergevin & Dupré, Hiſt. de Blois, t. I, pp. 147 & 148.

(2) V. la Généalogie, aux *Pièces juſtificatives*, n° 1.

fimplicité qui régnait aux foyers domeftiques de la vieille bourgeoifie bléfoife. Les liens d'un attachement patriarcal uniffaient entre eux les membres de fa famille (1). Le travail occupait leur femaine, &, le dimanche, les devoirs envers Dieu remplis, tous, fuivant une coutume qui n'eft pas encore complètement difparue, s'envolaient vers la campagne. Les Papin poffédaient une cloferie à Chouzy, dans un des plus beaux fites de la Loire, à peu de diftance de la ville. Ils l'habitaient durant la faifon des vendanges, & plufieurs des frères & fœurs de Denis y reçurent le jour à cette époque (2).

Malheureufement, les influences extérieures exerçaient une action funefte fur l'humble atmofphère où vivait ce groupe bourgeois, en apparence fi paifible. On vient de le voir : le père, les oncles, tous les proches de Papin faifaient partie du calvinifme militant. Dès l'éveil des premières fenfations, fa jeune intelligence fut affaillie par le bruit des difcuffions religieufes où fe complaifait fa famille, fut troublée par l'écho des plaintes & des colères de fon entourage intime, journellement en butte aux vexations de l'autorité (3). Ainfi, en fe développant, fon âme, comme un vafe infenfiblement imbibé, fe pénétra de toute la rigide auftérité des dogmes de Cal-

---

(1) L'exil refferra cette affection. On peut voir, par leur correfpondance, avec quelle attention ils fe groupent dans une même ville, Londres ou Marbourg ; avec quelle follicitude ils fe protégent les uns les autres. (V. plus loin les détails de leur réunion dans la Heffe, &, aux *Pièces juftific.*, n° II, l'extrait d'une lettre de Denis, du 29 août 1688, & d'une lettre d'Ifaac, fon coufin germain, du 6 octobre 1695.)

(2) V. la Généalogie, *Pièces juftificatives*, n° I.

(3) Sur les perfécutions exercées contre les proteftants des bords de la Loire, v. M. Dumont, *Hift. de l'Académie de Saumur*, notamment pp. 96, 97 & 98.

vin, & fon caractère, à la longue, contracta ce je ne
fais quoi d'âpre & d'abfolu qu'il apporta, furtout en
vieilliffant, dans les relations de la vie. Les querelles du
Pajonifme, cette fecte de famille (1), contribuèrent encore
à exalter le fentiment religieux dans fon efprit naturellement porté à la méditation.

Cependant, à la même époque, d'autres impreffions,
dont il fubiffait à fon infu l'influence parallèle, favori-
faient l'effor de fes tendances innées. L'afpect quotidien
des machines fonctionnant aux jardins de Gafton &
des procédés d'une horlogerie déjà perfectionnée, pouffait inftinctivement fes facultés naiffantes à des études
de phyfique, à des effais de mécanique expérimentale.
Ainfi éclofait en lui le germe des grandes chofes, dépofé
par la Providence. On ne peut ifoler un grand homme
du milieu dans lequel il eft né, ni des premières impreffions qu'il a reçues. Corrége fe fentit peintre devant un
tableau de Raphaël; Thémiftocle fait pour commander
en préfence des exploits de Miltiade.

Qui, par exemple, ne reconnaîtrait un fouvenir des
admirations du jeune âge dans ces quelques lignes fi
ingénues fur l'horlogerie ?

« C'eft une chofe fort ordinaire aux horlogeurs d'affermir des roues dentées fur des arbres ou aiffieux, en telle

(1) « Rejetant tout concours immédiat de Dieu dans nos actions, Pajon
(Claude) n'admettait que fes lois générales & fes décrets éternels, remplis par la créature, fans de nouveaux
fecours particuliers. L'efficacité de la
grâce, felon lui, ne confiftait que
dans l'effet des grâces extérieures &
de providence, fans qu'il fût befoin
d'une opération particulière du Saint-
Efprit. Il croyait que l'entendement,
fuffifamment éclairé par les fecours
externes & la réflexion, déterminait
la volonté à faire le bien. » (L'abbé
Bordas, *Hift. du comté de Dunois*, art.
Lenfant, pp. 361 & fuiv., *en note*.)

forte qu'eftant pouffées vers un côté, elles font néceffairement tourner l'aiffieu avec elles (1). »

Cet éloge de l'hydraulique, fa fcience de prédilection (2), n'offre-t-il pas également des traces d'un retour
vers le paffé plus reconnaiffables encore ?

« Les utilités de l'hydrolique font auffi trop connues
pour être ignorées de qui que ce foit : *c'eft elle qui fournit
l'eau aux villes & aux jardins* (3). »

Il aimait à revenir fur ce fujet préféré, témoin ce paffage de fa harangue inaugurale :

« J'ay réfolu, quant à préfent, de vous expliquer l'hydrolique, qui, comme je l'ai déjà dit, eft une fcience très-
utile & qui mérite par plufieurs raifons qu'on fouhaitte
de l'apprendre (4). »

Cette propenfion naturelle du génie de Papin dut
diriger de bonne heure fon attention vers les fciences
exactes. De ce côté, il fut fervi à fouhait. L'étude des
mathématiques était alors, on fe le rappelle, en grande
eftime dans les colléges gouvernés, comme à Blois, par
la fociété de Jéfus (5). Ce ferait donc une erreur de
ranger Denis Papin « au nombre des célèbres phyficiens
qui apprirent la géométrie fans maître. » Cet illuftre
favant appartenait d'ailleurs à une famille éclairée, où
les fciences & les lettres recevaient un culte héréditaire.
Son père, *ancien* du temple de fa ville natale, ne leur
était pas étranger, comme le témoigne un de fes écrits,
publié chez Fr. de la Saugère en 1660 (6). Il eft peu pro-

(1) *Recueil de pièces diverfes.* Caffel,
1695, p. 49.
(2) « L'étude de l'hydraulique lui était
fpéciale. » (Bannifter, *Notice*, p. 24.)

(3) *Recueil de pièces diverfes*, p. 59.
(4) *Recueil de pièces div.*, p. 155.
(5) V. ci-deffus, p. 80.
(6) *France proteft.*, article D. Papin.

bable que ce père ait négligé de joindre à l'inftruction
de fon fils un complément, déjà regardé comme
indifpenfable. Denis fe deftinait à la médecine, carrière
parcourue en ce temps avec éclat par fes alliés mater-
nels, les deux du Four, & par fon oncle Nicolas, dont il
était appelé peut-être à recueillir la clientèle & l'héritage
fcientifique.

En 1661 ou 1662 (il avait alors de feize à dix-fept
ans), il fe rendit à l'Univerfité d'Angers pour y fuivre
les cours de la Faculté de médecine. Il prit tous fes
grades dans cette Univerfité & y fut reçu docteur, ainfi
que le conftate une déclaration de fa main datée du
4 juin 1669. Ce curieux document, dont nous devons la
communication à M. le Dr Dumont, profeffeur diftingué
de l'Ecole préparatoire d'Angers, eft intéreffant à plus
d'un titre. Outre le fait principal qu'il met hors de difcuffion, il établit que, fe trouvant dans l'impoffibilité
d'acquitter la rémunération due aux profeffeurs chargés
de fon examen, le célèbre fignataire, auffi peu fortuné
qu'il le fut par la fuite, prend l'engagement folennel de
les défintéreffer fur les premières fommes qu'il recueillera
de fon exercice médical à Angers, où fon intention eft
de fe fixer : *Immorari & medicinam facere voluero* (1).

Papin exerça-t-il la médecine dans cette ville ? Alla-t-il
s'établir autre part, après avoir reçu de fa famille l'argent néceffaire au paiement de la dette qu'il avait con-
tractée ? On l'ignore. Plufieurs confidérations, néanmoins,
militent en faveur de la première de ces hypothèfes. En

---

(1) V. *Pièces juftificatives*, n° III.
Un extrait de la déclaration de Papin,
infcrite fur un regiftre de la faculté de
médecine d'Angers, fe trouve dans
l'*Hiftoire de l'Académie de Saumur*,
de M. le Dr Dumont, p. 81, *en note*.

1674, fept ans après fon admiffion au doctorat, Papin publiait à Paris fon premier ouvrage ; mais depuis quelque temps, depuis la fin de 1671 très-probablement, il habitait cette capitale, où le célèbre Huggens, revenu d'un voyage en Hollande, entrepris en 1670, fe l'était affocié. De 1669 à 1671, fa vie offre donc un intervalle de deux années qui n'eft point rempli. Denis Papin, il eft vrai, figne comme parrain fur les regiftres de baptême des proteftants de Blois (1), à la date du 27 feptembre 1670. Malheureufement, cette fignature n'apprend pas fi la préfence de notre compatriote dans fa ville natale eft l'effet d'une réfidence permanente ou la conféquence d'un voyage entrepris pour la cérémonie du baptême.

Ses études, fon féjour dans la capitale de l'Anjou eurent fur fa deftinée une influence confidérable : elles lui valurent la connaiffance de Huggens. Le favant auteur de la Dioptrique avait fuivi, lui auffi, les cours de l'Univerfité d'Angers (2). La différence d'âge ne permet pas de fuppofer qu'il fut le compagnon d'études de celui dont il fit plus tard fon difciple ; mais il avait dû, fuivant les vénérables ufages de ce temps, refter en relation fuivie avec les hommes de favoir chargés de l'enfeignement fur les rives de la Maine, & revenir plus d'une fois dans cet afile de fa jeuneffe, lorfque, parvenu au fommet de la gloire, il fut appelé en France par Louis XIV.

Ce fut vraifemblablement dans une de ces vifites que,

---

(1) *Pièces juftificatives*, n° IV.

(2) M. A. Parrot, *Note fur l'Ecole épifcopale & l'Univerfité d'Angers*, dans les *Mémoires lus à la Sorbonne*, les 19, 20 & 21 du mois d'avril 1865, p. 914.

frappé des aptitudes ſcientifiques du jeune doĉteur, ou mis en rapport avec lui par l'Univerſité, à laquelle il demandait un aide, Huggens eut occaſion de connaître le premier organiſateur des forces mécaniques de l'eau vaporiſée. Ainſi commença la durable liaiſon de ces deux beaux génies. Ainſi, & ſeulement ainſi, peut s'expliquer leur ſoudaine réunion à Paris, en 1671, réunion dont la plupart des biographes font honneur à l'épouſe du grand Colbert (1).

Quoi qu'il en ſoit, la poſition même de Papin à Paris prouve que l'étude & l'exercice de la médecine n'abſorbèrent pas tous ſes inſtants à Angers. Il faut néceſſairement admettre qu'il en conſacra, là comme à Blois, une grande partie aux ſciences phyſiques : une ſimple recommandation, de quelque amitié qu'elle fût émanée, n'aurait pas ſuffi à lui obtenir la confiance de Huggens, en des choſes ſurtout qui exigent une préparation laborieuſe & toute ſpéciale. Nous avons montré plus haut quelles premières impreſſions reçues avaient pu déterminer ſa vocation pour la mécanique. Un fait mentionné par ſa correſpondance, & qui doit remonter à l'une des années 1669 ou 1670, nous apprend que cette vocation, dès ce moment, le portait à ſuivre le progrès des découvertes effeĉtuées dans le champ illimité des ſciences appliquées. A Tours, lors de ſes voyages de Blois à Angers ſans doute, il avait fait du mécaniſme des calandres, machines nouvellement employées par la

---

(1) Madame Colbert était originaire du Bléſois ; femme d'un grand mérite, elle avait contribué à l'élévation & à la fortune d'une infinité de gens de ſon pays. (V. Bernier, *Hiſt. de Blois*, 1682, *epiſt. dedic.*)

fabrique des foieries, un examen dont il s’aida, près de quarante ans plus tard, dans fes difcuffions avec Leibniz (1).

Mais revenons à notre récit. De 1671 à 1674, Papin vécut conftamment auprès de Huggens, dans les bâtiments de la Bibliothèque du roi. « Je crois devoir en prévenir mes lecteurs, dit-il, j’avais à cette époque l’honneur de vivre avec le très-célèbre M. Huggens, à la Bibliothèque du roi ; je coopérais à fes grands travaux, & ce fut moi qui fis, devant M. Colbert, l’épreuve de la machine du vide (2). »

Bien que Papin, à quinze ans d’intervalle, fe plaife à rappeler ces circonftances flatteufes pour fon amour-propre, on ne voit cependant nulle part que la démonf-tration, qui mit fa capacité en évidence aux yeux de Colbert, lui ait été de quelque utilité auprès de ce grand miniftre. Il n’en reçut de faveur d’aucune efpèce. Les avantages réels qu’il retira de fa pofition à Paris tiennent à deux caufes : l’intelligent emploi des loifirs que lui faifait Huggens, & la connaiffance de plufieurs des favants appelés à jeter fur leur fiècle l’éclat de la gloire. De ce nombre était Leibniz. Dès 1672, l’auteur de la Théodicée habitait Paris avec le fils du baron de Boine-bourg, dont il dirigeait l’éducation. Il y demeura jufqu’à l’année 1676, &, dans ce laps de temps, des études communes le lièrent avec le noble Hollandais. Il venait fréquemment à la Bibliothèque royale. Entre les nombreufes occafions qui lui furent offertes de voir Papin,

---

(1) *Correfpónd. de Papin*, lettre de Caffel, du 31 décembre 1705.

(2) « Lectores igitur monendos... *Ipfe ego experimentum coram domino Colberto inftitui.* » *Act. Erud.*, p. 501, ann. 1688.

il faut compter les expériences que celui-ci dirigeait fous
le regard de Huggens. Des rapports intimes s'établirent
entre lui & le jeune Bléfois; puis une amitié fe forma,
une de ces amitiés qui ne s'interrompent & ne ceffent
qu'à l'heure où tout s'interrompt & ceffe. Ce fut là une
des meilleures chances de la vie de Papin, car l'affeétion
de Leibniz devint pour le calvinifte réfugié comme une
feconde Providence.

Ainfi, tandis que le contaét journalier des favants de
l'époque lui permettait d'élargir le cercle de fes relations
privées, il ne négligeait aucune des facilités d'apprendre
mifes à fa difpofition par la nature de fon emploi. Il
avait auffi cette bonne fortune, que le théâtre élevé où
il fe trouvait tranfporté donnait du relief à fon rôle d'expérimentateur, fi modefte en apparence. L'étendue de
fes facultés trouvait là, à toute heure, comme une confécration officielle. Le concours de tant de circonftances
heureufes l'encouragea. Il réfolut de voler de fes propres
ailes, &, dans l'année 1674, la vingt-feptième de fon
âge, il fit paraître le premier de fes ouvrages. Ce travail,
intitulé : *Nouvelles expériences du vuide, avec la defcription des machines qui fervent à les faire*, répondait au
mouvement fcientifique du moment. Les belles expériences de Torricelli, de Pafcal & d'Otto de Guericke
fur le vide étaient reprifes avec ferveur en Angleterre
& fur le Continent. En mettant au jour un ouvrage où
font abordés quelques-uns des phénomènes produits par
les propriétés de l'air atmofphérique, Papin était fûr d'attirer fur lui les regards des amis de la fcience. En effet,
fon livre fut accueilli avec faveur. M. Hubin, célèbre
émailleur du roi & l'ami de Papin, le mit, dès fon appa-

rition, fous les yeux de l'Académie des fciences (1) ; &
le *Journal des Savants*, prefque à la même époque, le
mentionna deux fois avec de grands éloges (2).

Moins d'une année après cette première publication,
au printemps de 1675, notre jeune docteur partit inopinément pour l'Angleterre. Quel fubit & myftérieux
changement s'était donc opéré dans fa fituation ? L'homme
éminent qui l'avait produit à Paris lui continuait fa bienveillance. Aucun doute n'eft permis fur la loyale perfiftance des bons offices de Huggens, en préfence d'une
lettre écrite de Londres, par fon ancien coopérateur,
le 10 août 1675. Cette pièce, en effet, nous fait voir le
penfionnaire du grand roi chargeant Papin de la double
miffion de furveiller la marche des montres à balancier
de fon invention, qu'on expérimente à Londres, & de
l'inftruire des nouveautés fcientifiques qui fe fuccèdent
journellement dans cette capitale. « J'ay veu, dit le docteur, la montre de Mil. Brounker... ; il vous prie fimplement de luy en envoyer une de la manière que vous
jugez la meilleure, & vous affeure que le rapport qu'il en
fera fera fort équitable. Je n'ay point encore eu l'honneur
de le voir *depuis celle que vous m'avez fait l'honneur de
m'écrire...* Je ne manqueray pas, à la première veue, de
m'acquitter de ce que vous m'avez ordonné... Je m'informe-
ray, le mieux qu'il me fera poffible, de tout ce qui fe
fera icy de nouveau, *pour vous en faire part, comme vous
me l'ordonnez* (3). »

---

(1) V. l'*Avis* de M. Comiers, prévôt de Ternant, édit. de 1688, *Amfterdam*, p. 121.

(2) On peut lire ces deux articles
dans le *Journal des Savants*, année
1675.

(3) V. Correfpondance de Hollande, lettre du 10 août 1675.

Un autre fait, & plus concluant, fe dégage de cette lettre. Huggens avait recommandé fon condifciple d'Angers à quelques-uns des membres influents de la Société royale de Londres : Oldembourg, alors fecrétaire de cette fociété, Boyle, fon fondateur, & le célèbre Hooke. Déjà même, à la date du 10 août 1675, Boyle utilifait les talents de Papin, mais ce n'était qu'à titre provifoire; car notre compatriote mande à fon affectueux protecteur qu'il eft fur le point d'entrer, en qualité de précepteur, chez un riche & favant gentleman :

« *Je n'ai pas non plus veu M. Hook*, & quand j'ay demandé des nouvelles de fa montre à M. Oldembourg, il m'a dit... qu'elle ne paroiftroit point... *J'exerce mon Anglois à traduire le livre de M. Boyle* touchant la poffibilité de la réfurrection... *Mais je croy que je pourray avoir bientoft d'autres occupations* auprès d'un jeune gentilhomme *dont M. Oldembourg m'a parlé*, à qui il faut un précepteur & dont le père a de l'inclination pour les expériences (1). »

Ces détails font précis : ni promeffe, ni perfpective affurée de fonctions n'attirent Papin à Londres ; aucun nuage non plus ne trouble la férénité de fes relations avec Huggens. Même, comme nous le verrons plus loin, il laiffe entières derrière lui & fa réputation & les nombreufes fympathies qu'il infpire. Toutefois, les recommandations dont il eft nanti, fon emploi provifoire chez Boyle, la place de précepteur ménagée par Oldembourg, toutes ces circonftances indiquent un homme mis dans la dure néceffité de chercher une pofition. Il fut donc

______

(1) Même correfpondance & même lettre.

pris à l'improvifte & forcé de s'expatrier, au moins momentanément. Faut-il croire qu'une imprudence des fiens ou de fes coreligionnaires, dont il fut la victime, le complice peut-être, le réduifit à cette extrémité? De toutes les conjectures qui fe préfentent à l'efprit, celle-ci femblerait la plus vraifemblable. La révocation de l'édit de Nantes n'était pas encore décrétée ; mais les paffions religieufes, qui devaient amener cette fatale mefure, devenaient de plus en plus exaltées, de plus en plus exigeantes (1).

En définitive, Papin n'eut qu'à fe féliciter de fon arrivée à Londres ; les chofes prirent une autre face, & fa fituation, de précaire qu'elle était, devint en peu de temps ftable & régulière. Mais, pour être bien comprife, cette heureufe modification de fa fituation exige que nous revenions un inftant en arrière.

Boyle, plufieurs années avant la venue du docteur bléfois, avait été chargé, par la Société royale de Londres, de reprendre les curieufes découvertes d'Otto de Guericke fur la pefanteur de l'air. Après avoir publié le réfultat de fes premières expériences, il s'était arrêté, efpérant que fa tâche ferait continuée par d'autres. Trompé dans fon attente, il fongeait à fe remettre à l'œuvre, bien qu'il fût alors âgé de cinquante-deux ans & tourmenté par une maladie douloureufe. La vifite de Papin ;

______

(1) « Malgré la furveillance des miniftres , il était impoffible que , parmi cette jeuneffe riche, indépendante, en lutte journalière avec des catholiques, qui regardaient comme facrées des cérémonies que les proteftants traitaient de païennes & d'idolâtres, il n'y eût pas de ces défis auxquels entraîne la fougue d'un âge provocateur & irréfléchi. » (M. Dumont, *Hiftoire de l'Académie de Saumur*, p. 49.)

la converfation de ce jeune Français, qui décelait, fur
les fujets qui lui étaient familiers, de rares connaiffances
& de plus rares aptitudes ; enfin la lecture de fon livre
qu'il lui préfenta firent naître dans l'efprit du docte
Irlandais le défir de fe l'affocier, comme avait fait Huggens, en qualité de collaborateur. Un des ouvrages de
Boyle énumère les divers incidents de cette vifite de Papin
& de l'affociation qu'elle amena. Ce récit, cet éloge plutôt, a d'autant plus de prix, qu'il eft à peu près, à l'heure
où nous fommes, le feul document que nous poffédions
fur une phafe inconnue de la jeuneffe de Denis. De
plus, il émane d'un favant étranger, juge très-compé-
tent du genre de mérite qui diftinguait le docteur (1).
C'eft le témoignage d'une amitié, d'une admiration qui
ne peuvent être fufpectées.

(1) Robert Boyle, né à Lifmore,
en Irlande, dans l'année 1626, de
Richard, comte de Cork, l'un des
grands perfonnages du règne d'Elifabeth, hérita de fon père, dont il
était le feptième fils, une fortune
immenfe. Plein d'inclination pour les
fciences naturelles, il leur confacra fa
vie & fes richeffes, & vécut non moins
étranger aux factions qui troublaient
fon pays qu'indifférent aux honneurs
que lui promettait fa haute naiffance.
Sa belle terre de Stuldbridge devint
fa réfidence lorfque, revenu d'un
long voyage fur le continent, il réfolut de ne plus quitter l'Angleterre.
De cet inftant date cette longue fucceffion de travaux qui honorent fa
mémoire. Boyle, comme Newton,
joignit à l'étude de la nature l'étude

des queftions religieufes. Son tefta-
ment inftitua même une lecture annuelle en faveur des vérités de la
religion, qui valut à l'Angleterre,
entre autres ouvrages, le Traité célèbre de Clarke. De fon vivant, dans
le feul intérêt de la fcience, l'illuftre
teftateur avait fondé le *Collége philofophique*, conftitué depuis par Charles II fous le titre, devenu fi célèbre,
de *Société royale des fciences*. Les
œuvres de Boyle, auffi variées que
nombreufes, forment 6 vol. gr. in-4°
dans l'édition de Londres 1772. Ce
favant, remarquable à tant de titres,
mourut dans le cours de l'année 1691,
laiffant au panthéon des hommes éminents de la vieille Angleterre un de
fes noms les plus glorieux & les plus

« Il arriva heureusement, raconte Boyle, qu'un certain traité en français, petit de volume, mais très-ingénieux, contenant plusieurs expériences sur la conservation des fruits & quelques autres points de diverse nature, me fut remis par M. Papin, qui avait joint ses efforts à ceux de l'éminent M. Christian Huggens pour faire les dites expériences... *J'appris qu'il n'était arrivé de France en Angleterre que depuis peu de temps, dans l'espoir d'y trouver un lieu qui fût convenable à l'exercice de son talent, & qu'en attendant il voulait consacrer ses soins à quelques expériences physiques. Sur ce, j'eus l'intention de satisfaire à mes frais sa curiosité & la mienne en même temps. M'étant aperçu que la pompe pneumatique dont il se servait était de son invention & son propre ouvrage, & qu'il la manœuvrait plus aisément que la mienne, je lui laissai la liberté de l'employer de préférence, parce qu'il savait très-bien la faire jouer & qu'il n'avait besoin de personne pour la réparer s'il survenait un dérangement par suite de la rupture de quelques-unes de ses pièces, ou de quelque autre accident... Ma confiance en lui fut justifiée par son habileté & son activité, car certaines de nos expériences sortirent de son imagination seule. Plusieurs des machines dont nous faisions usage, particulièrement la double-pompe & le fusil à vent, étaient aussi de son invention & en partie fabriqués de sa main (1). »

Les expériences nées de cette glorieuse collaboration remplissent une période de près de trois années : commencées le 11 juillet 1676, elles ne finirent que le 17

---

(1) *The works of the Hon. R. Boyle.* London, 1682, t. I, pp. 505 & suiv.

février 1679. Le laboratoire de Boyle en fut l'ordinaire
théâtre. Papin rédigeait les procès-verbaux dans fa langue
maternelle, puis, pour les foumettre à la Société royale,
un fecrétaire anglais les traduifait; c'eft ce que notre
compatriote appelle *exercer fon Anglois*.

La part importante qu'il prenait à tant de travaux ne
pouvait manquer d'attirer fur lui la bienveillance d'une
réunion qui devait à Boyle fon exiftence. Cet excellent
homme voulut préfenter lui-même fon collaborateur, &,
le 16 décembre 1680, l'auteur des *Nouvelles expériences*
fut reçu en qualité de titulaire (1).

Papin ne fe montra pas ingrat envers la Société royale.
Dès 1681, il foumit à fon examen & lui dédia un nouvel
ouvrage, le *Digefteur*. La première édition de ce livre,
celle de 1681, parut à Londres, en anglais, avec ce titre :
*A new Digefter or Engine for fofining bones, containing the
defcription of its make and ufe in thefe particulars*, &c.; mais
l'édition françaife, imprimée à Amfterdam en 1688, avec
continuation, lui donne celui-ci : *La Manière d'amolir les
os & de faire cuire toutes fortes de viandes en fort peu de
temps & à peu de frais; avec une defcription de la Machine
dont il fe faut fervir pour cet effet*, &c. L'hommage à la
Société royale, traduit en français dans l'édition d'Amfterdam, n'eft qu'une reproduction de la dédicace de
l'édition de Paris de 1682, édition très-rare & dont
nous n'avons jufqu'ici trouvé que deux exemplaires (2).
« Meffieurs de la Société royale, leur dit le célèbre in-

(1) Rench, *Hifloire de la Société*
royale, à l'année 1680.

(2) Paris, chez Eftienne Michallet,
1682, in-12, avec fig. La Société

royale, la Bibliothèque du *British Mufeum* & celle de Hanovre poffèdent
auffi chacune un exemplaire de ce
livre.

venteur, le favorable accueil que vous faites à tous ceux qui, fuivant les Statuts & les deffeins de votre illuftre Société, travaillent à augmenter les commoditez de la vie & à perfectionner la Science Naturelle, me fait prendre la liberté de vous offrir ces expériences. J'avouë qu'il leur manque bien des chofes, & qu'elles ne font pas dignes de paroître devant une compagnie auffi éclairée & auffi confidérable que la vôtre... » En 1681, en débarquant à Anvers, il écrivait auffi au docteur Croune, de Londres, *d'offrir à la Société fes fervices, en quelque endroit qu'il fût* (1).

Le Digefteur, dont il a été & dont il fera queftion plus d'une fois encore, eft cette machine depuis longtemps en ufage dans les familles & les laboratoires, fous les noms de *marmite à Papin*, *d'autoclave*, de *machine à préparer la viande, à réduire les os en gelée*, &c. Son annonce fit fenfation dans le public, à la cour & dans le monde favant. Charles II, roi d'Angleterre, en voulut avoir un pour fon laboratoire de Whitehall (2). Leibniz, dans un de fes traités, fe rendait en ces termes l'écho de l'émerveillement univerfel : « Un de mes amis me mande avoir mangé un pâté de pigeonneaux, préparé de la forte par le Digefteur, & qui s'eft trouvé excellent (3). » Cet émerveillement fut tel, que, bien des années après, un phyficien de Florence s'appuyait « fur la célèbre machine, le Digefteur, inventée par Papin,

---

(1) Rench., *Hift. de la Société royale*, à l'année 1681.

(2) « Sa Majefté le Roy Charles fecond, de glorieufe mémoire, me commanda de luy en faire un pour fon laboratoire de Whitehall. » (*Continuation du Digefteur*, p. 1.)

(3) *Opera*, t. I, page 165, édit. in-4°, 1768.

pour expliquer la caufe des volcans & des tremblements
de terre, débattue depuis des milliers d'années par les
Babyloniens, les Grecs, les Romains & tous les philofophes anciens & modernes (1). »

III

Examen des Nouvelles experiences du vuide & du Digefteur.

Nous venons de voir Papin mettant au jour deux
livres : les *Nouvelles expériences du vuide*, & le *Digefteur ou manière d'amollir les os*. Avant de reprendre la
férie des faits qui le concernent, nous allons analyfer
fucceffivement l'un & l'autre de ces mémoires. C'eft
feulement fur les premières éditions que portera notre
examen : les analyfes fubféquentes viendront chacune en
fon lieu ; de cette manière, l'époque des découvertes &

(1) Bannifter, ouvr. cité, p. 13.

(2) La théorie des tremblements
de terre, telle qu'elle eft enfeignée par
M. Cordier (*Effai fur la température
de l'intér. de la terre*), s'accorde très-
bien avec celle du favant florentin.
La chaleur du feu central, par les
gaz fujets à dilatation qu'elle dégage,
exerce fur l'écorce du globe une très-
grande preffion ; l'écorce du globe, à
fon tour, inégale en épaiffeur, & for-
cée à des mouvements d'ondulation,
pèfe fur la maffe en fufion de l'intérieur. De cette action réciproque réfultent les tremblements de terre &,
lorfque des fiffures fe préfentent, les
éruptions volcaniques. Tel eft le phe-
nomène qu'offrent le *Digefteur* & fon
perfectionnement, l'autoclave. La vapeur d'eau, non moins élaftique, non
moins expanfible que les gaz du feu
central, exerce une forte preffion fur
le couvercle de la machine ; le poids
de celui-ci, pareillement, pèfe fur la
vapeur d'eau. C'eft du danger qui
peut réfulter de cette double preffion
que vient la néceffité d'employer dans
l'autoclave & dans la chaudière à
vapeur la foupape de fûreté, inventée
par Papin, & les métaux fufibles à de
faibles températures, imaginés par le
célèbre Darcet.

leur influence fur le milieu contemporain recevront la confécration de dates authentiques.

Les *Nouvelles expériences du vuide* (1) ne font pas l'œuvre exclufive de Papin. Lui-même, dans une dédicace pleine de modeftie, a foin de précifer la part qui revient à fon protecteur : « Monfieur, dit-il à Huggens, ces expériences font à vous, puifque je les ay prefque toutes faites par voftre ordre & fuivant les directions que vous m'y avez données. »

Nonobftant cet hommage du difciple au maître, le mémoire veut être divifé en deux parties : la première, commune aux deux grands phyficiens, la feconde, perfonnelle à l'auteur.

Nous aurons d'ailleurs peu de chofes à dire de la première. L'explication de ces expériences, qui enthoufiafmèrent les favants & les curieux alors qu'elles étaient nouvelles, cette explication n'apprendrait à la plupart de nos lecteurs rien qu'ils ne fachent ou n'aient vu maintes fois. Qui, par exemple, n'a pas affifté, dans un cabinet de phyfique, à la mort & à la réfurrection d'êtres vivants placés fous la cloche de verre d'une machine pneumatique ? Toutefois, la 9e obfervation du chapitre VII, *Poudre à canon dans le vuide*, mérite d'être fignalée à caufe des expreffions qui la terminent. Le vague de ces termes & leur forme dubitative montrent quelle incertitude planait encore fur la caufe des phénomènes qui réfultent des propriétés diverfes de la matière. Telle eft cette conclufion :

(1) Paris, Jean Cuffon fils, in-4°, 1674. — La vignette de notre titre eft empruntée à cette première publication de Papin.

« Je n'aurois donc pas de peine à croire que tout l'effet de la poudre à canon ne vient que de l'air qui y eft comprimé, & particulièrement dans le falpêtre ; car je n'ay pas remarqué que le fouphre donne de l'air. Peut-eftre auffi qu'on trouvera, avec le temps, que toutes les autres fulminations, ébullitions & fermentations qui font des mouvements fi furprenans, ne font rien autre chofe que de l'air comprimé qui fe dilate (1). »

La feconde partie du mémoire commence au châpitre VIII : *Defcription d'une nouvelle machine du vuide.* Comme fon titre l'indique, ce chapitre final préfente la defcription d'une machine pneumatique autre que celles qui étaient ufitées jufque-là. L'engin utilifé pour les expériences de la première partie avait été fait fur les indications de Huggens, &, fauf quelques modifications, d'après la machine de Hooke dont Boyle s'était fervi. La nouvelle eft l'œuvre particulière de Papin ; les changements qu'elle apporte font à peine prévoir la perfection obtenue de nos jours ; ils conftituent pourtant une amélioration réelle, en rendant l'épuifement de l'air à la fois moins incomplet & plus facile. Malgré cette amélioration, l'appareil de Papin n'offre aujourd'hui qu'un mince intérêt. Mais fes effais de fubftitution du mercure à l'eau dans les tuyaux & d'effet de la poudre dans le vide feront toujours dignes d'admiration ; nul avant lui n'avai eu l'idée d'expériences pareilles. Ce qui conftitue le progrès relatif de la machine de Papin, c'eft le moyen qu'elle donne de conftater avec certitude l'évacuation de l'air. Chez Huggens, le réfultat eft, en quelque forte,

---

(1) V. notre feconde partie, *Mémoires réimprimés.*

conjectural. Lorfqu'on a fait fortir l'air paffé du gobelet V dans le cylindre, *en ôtant le doigt du petit trou du fond*, il faut recommencer jufqu'à ce qu'il ne refte plus d'air dans le gobelet, ou *fi peu que rien*.

Dans le procédé de Papin, on fait qu'il n'y a plus d'air dans le récipient, « parce que le pifton remonte de luy mefme jufques au haut de la fyringue [cylindre]; & quand on veut le pouffer plus haut avec le pied, on n'entend point d'air boüillonner à travers l'eau de la boëtte F (1). »

Ce n'eft point dans la dédicace à la Société royale, placée en tête de la double édition princeps du *Digef-teur* (2), mais dans la préface qui la fuit, que fe doit chercher l'idée mère de la feconde publication de Papin. Là, fidèle à cet efprit d'équité qui lui faifait reporter à Huggens le mérite de fes *Nouvelles expériences du vuide*, il fait remonter jufqu'à Boyle, fon autre protecteur, la penfée première de la marmite viffée. « On a déjà veu, ainfi s'exprime le jeune auteur, quelques expériences de bain-marie fermé à vis, dans le livre de l'illuftre M. Boyle, des Expériences phyfico méchaniques, qui a paru l'an 1680; mais comme ce livre-là eft latin & qu'il ne donne ny la defcription de notre machine ny la manière de s'en fervir feurement, j'ay creu qu'il feroit à propos d'en faire un petit Traité à part pour l'ufage des pères de famille & des artifans. »

Ce qui eft vraiment propre à Papin, c'eft la foupape

---

(1) *Mém. réimpr.*, pl. I.

(2) 1° Londres, 1681, in-4°, H. Bonwicke, fous ce titre: *A new Digefter or Engine for foftning bones*; 2° Paris, 1682, in-12, Michallet, fous ce titre: *La Manière d'amolir les os.*

de fûreté introduite dans l'économie de la machine. En cherchant à rendre pratique l'expérience du bain-marie fermé à vis, le collaborateur de Boyle fe propofait uniquement de perfectionner un vulgaire uftenfile de cuifine, la marmite. Mais il lui arriva, ce qui arrive à beaucoup d'inventeurs, de trouver plus qu'il ne cherchait. Le fecret de maîtrifer la vapeur fe découvrit à fon génie. On peut fuivre pas à pas toutes les phafes de la lutte de ce grand homme contre cette force alors indifciplinée. A l'exemple de Corneille dans fes préfaces, il aime à fe mettre en fcène dans le récit de fes expériences.

Son Digefteur de 1681 fe compofait d'un cylindre creux de verre ou de métal, couvert juftement, fixé à vis dans un châffis, puis logé en deux autres cylindres métalliques & maintenus bout à bout par une barre de fer, auffi viffée, & de manière que le fupérieur fervît de couvercle. Après avoir rempli d'eau les deux cylindres, & des objets deftinés à la cuiffon le cylindre intérieur, Papin plaça tout l'appareil fur le feu. Le liquide dont il l'avait rempli ne tarda pas à fe réduire en vapeurs. Il ne pouvait échapper à ce pénétrant efprit que, fous la preffion des hautes températures développées dans cet efpace à parois réfiftantes, une explofion était imminente, s'il ne trouvait le moyen de la conjurer. Cette épée de Damoclès, fufpendue fur fa machine, rendait la direction de celle-ci très-dangereufe. S'il l'ouvrait, la vapeur, en fe diffipant, compromettait le fuccès de l'opération ; s'il la laiffait clofe, un déchirement terrible mettait en péril, pour un moment donné, les jours de celui qui veillerait à ce pot-au-feu d'un nouveau genre. Là était le défaut capital ; l'inventeur le fent & l'avoue. « Cette machine

eft fans doute incommode en ce qu'on ne regarde pas
dedans auffi aifément que dans le pot ordinaire. »

On ne faurait le nier, la néceffité d'apprécier l'état
des fubftances qui cuifent à même le cylindre intérieur entre pour quelque chofe dans l'idée de la foupape de fûreté; mais une caufe fortuïte, une circonf-
tance irrélative, intervient à l'origine de prefque toutes
les grandes découvertes. La chute d'une pomme dans
le jardin de Newton nous a valu le fyftème de l'attraction univerfelle. Or, pour obvier à l'inconvénient de fa
machine, inconvénient qui tenait aux appétits les plus
communs de la vie, Papin trouve le fecret de donner à
l'énergie de l'eau, mife en ébullition, des rênes tellement fûres, tellement préfervatrices du péril, que la
pratique ni la fcience n'en ont pas encore trouvé de
meilleures (1).

(1) Une feule foupape, malgré fon bon état & fa bonne conftruction, peut quelquefois ne pas fuffire, mais par des caufes indépendantes d'elle-même : lorfque, par exemple, fon ouverture n'a pas été affez largement calculée, ou que la plaque mobile eft furchargée pour accélérer le travail. Afin de parer à ces caufes de perturbation, un règlement d'adminiftration, de 1843, encore en vigueur, exige que chaque chaudière foit munie de deux foupapes, dont l'une, hors de la difpofition du mécanicien, doit être tenue fous clé.

La plaque fufible eft une rondelle en alliage de bifmuth, de plomb & d'étain, qui ferme un orifice pratiqué fur un point fupérieur de la chau-dière. Dès que la vapeur dépaffe la preffion normale affignée à la machine, la température, s'accroiffant d'une manière correfpondante, détermine la fufion de l'alliage obturateur & ouvre une iffue préfervatrice de l'exploffion. Mais cet alliage a de réels inconvénients : avant de fondre, le métal s'amollit & cède à la preffion, fans attendre que la température dépaffe la limite prévue; fouvent, bien que placé au fommet de la chaudière, il s'encroûte de fubftances carbonatées que dégage l'ébullition; enfin, auffitôt qu'il entre en fufion, il ouvre une fi large fortie à la vapeur, que celle-ci, s'échappant toute, laiffe la machine fans mouvement. Ces incon-vénients, dont la foupape de Papin

Comment parvient-il à les découvrir ? En obfervant que fon fyftème de cuiffon « fait plus ou moins d'effet felon que l'eau... fe trouve plus ou moins preffée, & auffi felon que la chaleur eft plus ou moins grande. » Et cette remarque le porte à la recherche « de moyens pour connoître & la quantité de preffion qui eft dans la machine, & le degré de chaleur. »

La folution de ce problème embraffe les paragraphes I & **2** ; c'eft là qu'il nous faut étudier l'enfantement de fa découverte, là qu'il nous faut faifir au vol, pour ainfi parler, fon idée d'introduire dans la pratique de fa marmite un élément préventif des cataftrophes.

Dans le paragraphe : « *Pour connoiftre la quantité de preffion*, notre auteur fe montre ajuftant fur le couvercle une verge de fer munie d'un poids gliffant par un anneau & portant fur une foupape garnie de papier, qu'il a mife en communication par un étroit orifice avec le cylindre d'enveloppe. Avec cet appareil, il pouvait, en temps utile & fans crainte d'une explofion, calculer la force de la preffion intérieure, car cette preffion doit s'évaluer felon que le poids, par l'effet du foulèvement

eft exempte, ont fait abandonner prefque partout, depuis quelques années, l'ufage de la plaque ou rondelle de métal fufible.

Quant au manomètre, c'eft moins un appareil de fûreté qu'un indicateur de la quantité de preffion obtenue à l'intérieur. Le *Manomètre à fpirale de cuivre*, de M. Bourdon, employé aujourd'hui, confifte en cette fpirale mince, creufe, à feftion ellipfoïdale, mife intérieurement en communication avec la vapeur, qui tend à la redreffer d'une quantité proportionnelle à la preffion fixée. A l'extrémité extérieure de cette fpirale, une aiguille parcourt un cadran où elle marque le degré d'allongement ou de redreffement. Ainfi, chaque fois qu'il en a befoin, le mécanicien peut favoir où en eft la preffion ; mais le bon état & la fenfibilité de cet appareil veulent être fouvent obfervés & contrôlés.

de la foupape, s'avance vers l'extrémité de la verge ; de même qu'une fomme de pefanteur demandée fe connaît à la progreffion du poids fur la tige d'une romaine. Au moyen de ce fimple ajuftement, l'engin de précaution cherché, la foupape était trouvée.

Quant à la quantité même de la preffion, Papin la détermine très-approximativement. Une fuite de calculs, bafée fur une autre expérience de Boyle, lui a démontré qu'un poids d'une livre pefait fur la foupape autant qu'un poids de douze pèfe fur cette même foupape, & que, pour la foulever, la preffion du liquide devait dépaffer fix fois la preffion normale atmofphérique. Mais, comme cette romaine avait, de fon côté, une force de réfiftance égale à 2, la preffion intérieure ne pouvait exercer d'action fur la foupape, à moins d'acquérir une force huit fois plus grande que l'extérieure. Pour peu donc que la foupape, quand le poids était placé, laiffât échapper de vapeur & d'eau, la preffion arrivait à ce dernier nombre de fois.

L'autre paragraphe, maintenant, va nous inftruire du procédé thermométrique que Papin mit en œuvre.

« Pour connoiftre le degré de chaleur.

« J'aurois fort fouhaité, écrit-il, pouvoir faire une forte de thermomètre marqué comme il faut pour faire connoître précifément de combien la chaleur s'augmente ou fe diminue…, mais, manquant de loifir & des commoditez néceffaires pour ce deffein, je me fuis, au lieu de cela, fervi d'un moyen fort fimple : Je fufpends, proche de la Machine, un poids à un fil d'environ trois pieds de long, afin que chaque vibration ou mouvement ſe faſſe dans le temps d'une ſeconde ou environ ; je mets ce pendule en mouvement, & je laiſſe tomber une goutte d'eau ſur le couvercle de la Machine, afin d'obſerver en combien de temps cette goutte d'eau s'évaporera : car je ſuis aſſeuré que plus la Machine eſt chaude, & moins le poids ſuſpendu fait de tours & retours avant que la goutte d'eau ſoit évaporée (1)...

» Ayant ainſi moyen de meſurer les différens degrez de chaleur & de preſſion qui ſont dans la Machine, il eſt bien aiſé de ſe régler pour ne faire que l'effet qu'on veut, pourveu qu'on ayt une fois éprouvé avec quelle force la Machine agit. »

Tel eſt le Digeſteur. La Société royale en ordonna l'épreuve & chargea du rapport le docteur Ed. King. Les concluſions de ce ſavant furent des plus favorables (2) ; mais, conçue au point de vue purement alimentaire, cette curieuſe appréciation laiſſe dans l'oubli la découverte principale, la ſoupape : tant les claſſes ſavantes elles-mêmes ſoupçonnaient peu alors l'importance de cet humble engin qui rendait poſſible l'emploi d'une puiſſance motrice immenſe ! Avec le Digeſteur, cette machine ſi modeſte en elle-même, Papin a rendu de très-grands ſervices à l'humanité. Il a, le premier, appris à fabriquer à peu de frais du bouillon avec les parties rejetées de la viande des animaux de boucherie &

(1) Dans la *Continuation du Digeſteur*, expérience X L, p. 76, Papin ſubſtitua un thermomètre moins primitif à cette première méthode. Mais ces expreſſions : « Je ſuſpendis un thermomètre dans l'eau, » ſemblent indiquer que cet inſtrument n'était pas de ſon invention.

(2) Voir aux *Pièces juſtificatives*, n° V.

de baffe-cour, fait connaitre les propriétés de la géla-
tine, & produit les tablettes de bouillon dont on fe fert
dans les hofpices & à bord des navires. Au moment de
fa découverte, l'inventeur propofa au gouvernement de
Charles II d'utilifer fa marmite dans les hôpitaux d'Angleterre, mais la cour tourna la machine & fes produits
en ridicule (1). Il en fut ainfi dans notre patrie. Devenu
un inftant à la mode, le Digefteur y fut promptement
oublié. Il reprit faveur au XVIIIe fiècle. Alors, amené
à l'état d'uftenfile, il fonctionnait, pendant les difettes,
dans plufieurs grandes villes de France, principalement.
De fimples ecclefiaftiques même fourniffaient de bouillon, avec le pot-au-feu de cet homme, mort de mifère
en quelque hôpital étranger, toute la population indi-
gente d'une paroiffe (2).

Rien, au furplus, n'a manqué à la gloire du Digefteur, nonobftant la modeftie de fes prétentions. Il fut le
premier guide du célèbre Watt dans fon fublime appren-
tiffage de la vapeur. « En 1761 ou 1762, je fis, raconte
ce grand homme, quelques effais fur la force de la vapeur avec un Digefteur de Papin, & je façonnai une
efpèce de machine à vapeur en attachant fur fa *fyringue*
un troifième cylindre d'un pouce de diamètre (3). »

(1) Bouillet, *Dictionn. des fciences,
des lettres & des arts*, article *Géla-
tine*.

(2) *Mém. fur l'ufage œconomique
du Digefteur de Papin, donné au public
par la Société des belles-lettr., fc. &
arts de Clermont-Ferrand*, 1761.

(3) « In 1761 or 1762, I made
fome experiments on the force of
fteam in a Papin's digefter, and for-
med a fpecies of the fteam engine, by
fixing upon it a fyringe one third of
an inch in diameter. » (V. R. Stuart,
A Defcript. hiftor., p. 97.)

IV

Académie de Venife. — Paffage à Paris. — Séjour à Venife. — Retour en
Angleterre. — Rentrée à la Société Royale. — Ouvrages divers.

Dans le temps qu'il dirigeait le cabinet de phyfique
de Boyle, Papin fit chez ce favant la connaiffance de
Sarotti, fecrétaire (chargé d'affaires) du fénat de Venife
à la cour d'Angleterre. Ce diplomate, ami des fciences,
propofa au jeune docteur de l'emmener avec lui à Venife, en qualité de membre d'une académie qu'il fe propofait d'établir dans la ville des Doges fur les bafes de la
Société royale de Londres. La direction des expériences
lui fut offerte, ainfi que le droit « de tirer copie de ce
qu'il auroit trouvé conforme à fon génie dans les travaux
de la future affemblée, afin de rendre fervice au public (1). » Les avantages attachés à ces fonctions parurent fans doute fuffifants au nouvel académicien, puifqu'il accepta.

Cette académie de Venife n'était pas une académie
dans le fens que nous attachons à ce mot. C'était une
fimple affociation d'amis de la fcience, formée librement avec l'autorifation du Sénat. Sarotti poffédait à
Venife une magnifique bibliothèque qu'il ouvrait à des
favants trois jours de la femaine : les lundi, mercredi &
vendredi. Le lundi, dans l'après-dîner, ces favants s'y
réuniffaient en féance académique. Cette réunion, qui
était publique, s'occupait fpécialement de phyfique

---

(1) *Continuation du Digefteur*, fect. III, pp. 164 & 165.

expérimentale & de mathématiques (1). Néanmoins, la
féance d'inauguration eut lieu avec un certain éclat.
Papin nous a donné une traduction du difcours prononcé, à cette occafion, par Ambrofio Sarotti, fils du
fondateur, &, ce qui vaut mieux, le procès-verbal des
expériences dont les féances furent remplies pendant
deux années (2). Il ferait difficile de trouver plus de renfeignements fur cette académie. Ses papiers, s'il en
exifte, font fans doute partie des archives de la famille
Sarotti. Leur perte ne faurait fe réparer. Rendus à la
lumière, ils nous auraient probablement révélé beaucoup
de circonftances ignorées de la vie & des découvertes de
Papin en Italie (3).

Le navire que montait notre docteur quitta l'Angleterre le 1ᵉʳ mars 1681 & vint mouiller au port d'Anvers.
Papin profita de cette relâche pour venir à Paris. Admiration pour fon talent, fympathie pour fa perfonne, tels
furent les fentiments qu'il rencontra. Une fincère impreffion de cette opinion favorable fe reflète dans l'appréciation de M. Comiers, prévôt de Ternant & profeffeur de
mathématiques à Paris, inférée fous forme d'*Advis* à la fin
de la première édition françaife du Digefteur, & confervée par Papin dans fon édition de Hollande. En voici un

---

(1) *Anɀi che nelli lunedi, il doppo
pranfo, vi fogliono tener accademia
publica di fcienɀe filofofiche e mate-
matiche.* (Dom. Martinelli, *Ritratt. di
Veneɀia*, Herz, 1684.)

(2) *La Manière d'amolir les os*,
fection III, page 164, Amfterdam,
1688.

(3) Nous n'avons rien négligé pour
retrouver ces documents hiftoriques.
Notre jeune compatriote & ami, M. Ar-
mand Bafchet, auteur d'excellents travaux, puifés dans les Archives de la
Séréniffime République, & de qui
nous tenons le peu de renfeignements
qu'on vient de lire, s'eft laborieufe-
ment, mais vainement employé à
cette recherche.

extrait : « M. Papin…, ce docte médecin, François de naiffance, expérimenté philofophe cofmopolite, que l'Académie nouvellement établie à Venife, pour perfectionner les arts & les fciences, a tiré d'Angleterre… (1). »

Le philofophe cofmopolite, foit qu'il n'eût obtenu qu'un temps très-limité, foit qu'il craignît d'être inquiété par le gouvernement, ne refta que peu de jours à Paris, uniquement occupé du foin de vifiter fes amis. Quant à fon féjour à Venife, il ne fe prolongea pas beaucoup au-delà de deux années, car il était de retour à Londres au commencement de 1684 ; mais jamais temps ne fut mieux employé pour la fcience. Les expériences de la jeune académie eurent pour but, principalement, de continuer les découvertes fur la pefanteur de l'air dues aux plus célèbres phyficiens du temps, & l'application du Digefteur à de nouveaux ufages (2).

La nouveauté, l'heureux réfultat de ces expériences, dont Papin était l'âme, doivent avoir eu du retentiffement en Italie. Il paraît certain que, dans cette terre claffique des fciences & des lettres, une grande autorité fcientifique s'attacha dès cet inftant à fon nom. Nous citions naguères un phyficien de Florence qui cherchait dans la force élaftique de la vapeur d'eau, produite par l'autoclave, une explication des tremblements de terre (3); nous ajouterons, avec un biographe de Papin, « que la mention feule de fon oppofition aux idées du refpectable

---

(1) P. 120 de l'éd. d'Amft.

(2) V., dans le *Journal des Savants*, mars 1864, un rapport du docteur

bléfois & la *Continuation du Digefteur*, au lieu cité.

(3) V. ci-deffus, p. 101.

Guglielmini, fur une queftion de l'hydraulique, faifait peur à ce favant (1). »

A fon retour, la Société Royale lui rendit le titre de membre titulaire que fa réfidence en Italie lui avait fait perdre. Ce nouveau témoignage d'intérêt fut accompagné d'un traitement annuel (2), qui, évalué à cent quatre-vingt-dix de nos livres environ par trimeftre, peut repréfenter, en tenant compte de la différence de valeur du marc d'argent, une fomme d'à peu près 16 à 1700 francs : c'eft là ce que, dans la modération de fes défirs, notre compatriote appelait « fon loifir » (3).

Il fallait que la nature l'eût doué d'une bien grande activité d'efprit; il fallait furtout qu'il poffédât à un haut degré la prodigieufe faculté de travail qui diftingue les efprits fupérieurs. Dans le même temps qu'il reprenait, pour le compte de la Société Royale, le cours laborieux de fes expériences fur la phyfique, la chimie, la mécanique, il ne ceffait de mettre au jour traités, mémoires, découvertes. Plufieurs de ces travaux particuliers avaient trait aux queftions fcientifiques dont la folution occupait l'Europe favante. Nous allons en donner ici une énumération &, autant que poffible, une analyfe fuffifante.

1685-1686. — *Propofition d'une arme de jet, fur le principe de la raréfaction de l'air.* Sans avoir par lui-même

<hr>

(1) Sax Bannifter, *Denis Papin, Notice fur fa vie & fes écrits*, p. 13.

(2) Rench, *Hiftoire de la Société Royale*, féance du 23 juin 1684.

(3) « C'eft à cette fçavante Compagnie où vous préfidez avec tant d'applaudiffement, que je dois le loifir que j'ay eu de m'attacher à cette étude. » (*Epître dédicatoire* au comte de Carbury, préfident de la Société Royale, dans la *Continuation du Digefleur.*)

une grande importance, ce petit écrit, édité pour la première fois en 1686, t. XVI, p. 21 des *Tranſaƈtions philoſophiques*, montre avec quelle perſévérance l'auteur s'attachait à une idée, dès qu'il l'avait jugée ſuſceptible de paſſer à l'état pratique. Ainſi, les armes dont le jet s'effeƈtue par la compreſſion ou la raréfaƈtion de l'air ſervirent, aux diverſes époques de ſa vie, de thème à ſes méditations. Dans le nombre des inventions dont il fit part à Boyle figure déjà, on ſe le rappelle, un fuſil à vent fabriqué de ſa main. Plus tard, nous le verrons demander à la pneumatique un moyen de lancer des grenades. L'arme qui fait l'objet de cet article a pour but de préciſer avec exaƈtitude la puiſſance jaculatoire d'un engin baliſtique à air raréfié, décrit dans les *Experimenta pneumatica* d'Otto de Guericke. L'eſſai eut lieu à Londres, en préſence de la Société Royale ; le réſultat fit connaître qu'une balle de deux onces, chaſſée par la preſſion de l'air extérieur dans un canon où le vide est fait, acquérait la force des balles que lançaient les engins alors connus, dont le propulſeur était l'air comprimé, *ac in bombardis pneumaticis per compreſſionem eſſe ſolet.*

Le titre, dans les *Tranſaƈtions Philoſophiques*, eſt : *An account of an experiment... of ſhooting by the rarefaƈtion of the air ;* dans les *Aƈtes de Leipʒig,* 1686, p. 500 : *Experimentum... concernens jaculationem mediante aeris rarefactione efficiendam.*

1685-1687. — Une *machine à tranſporter au loin la force des rivières,* &c. Cette belle invention a cela de particulier qu'elle contenait en germe le principe d'où eſt ſortie, de notre temps, la conception du *chemin atmoſ-*

phérique. Deux immenses corps de pompe, recevant l'impulsion d'une roue mue par un cours d'eau, opéraient le vide dans l'intérieur d'un long tuyau métallique. Là, un piston violemment poussé par le poids de la colonne atmosphérique, délivrée de l'obstacle résultant de la présence de l'air intérieur, entraînait une corde attachée à l'extrémité de sa tige ; & cette corde transmettait la force considérable soudainement produite par l'effort de l'atmosphère. Cette idée, en avance de deux siècles, démontre l'étonnante sagacité de l'inventeur ; mais elle ne pouvait donner que des résultats incomplets, dans l'état d'imperfection où se trouvait alors la construction des mécanismes. L'expérience faite en présence de la Société Royale, au commencement de 1687, ne fut pas satisfaisante. La difficulté de maintenir uniformément le vide dans toute la longueur du tube de métal empêchait le mouvement de se communiquer avec l'accélération constante nécessaire au piston chargé de l'utiliser ; mais on remarqua l'emploi, nouveau alors, du robinet à quatre voies.

Papin a reproduit la description de cette machine dans les *Acta eruditorum Lipsiæ*, décembre 1688, p. 644, sous ce titre : *De usu tuborum prægrandium ad propagandam in longinquum vim motricem fluviorum*, &c.; & dans son *Recueil de pièces diverses*, Cassel, 1695, p. 36, sous cet autre titre français : *Lettres touchant quelques nouvelles inventions pour tirer l'eau des mines*, &c. Nous reviendrons, à l'occasion, sur les perfectionnements apportés dans cette deuxième édition.

1686. — *Mémoire sur la vitesse de l'air qui entre dans*

le vide. Publié pour la première fois dans les *Tranfac-tions philofophiques* du mois d'octobre 1686, n° 184, ce travail fut réédité par fon auteur dans les *Acta erudito-rum* de 1688, pp. 156 à 159. C'eft la *Demonftratio velo-citatis qua cum aer irruit intra exhauftum recipiens.* Papin s'y propofe de compléter une expérience de l'Académie des Sciences, & de la rendre plus applicable aux ufages de l'hydraulique, & les conclufions en furent immédia-tement foumifes à la Société Royale.

Le point de départ eft cet axiôme, *que les liquides tendent, par leur propre poids, à s'élever auffi haut que leur fource.* Pour arriver à la démonftration, il croit que l'ef-fentiel eft de déterminer la viteffe refpective de l'air & des liquides. Or, de deux liquides différents, également comprimés, le plus léger s'élèvera le plus haut, car la fomme de hauteur atteinte par chacun d'eux eft en rai-fon de la fomme de pefanteur fpécifique que l'un & l'autre poffèdent. Pareillement, de ces mêmes liquides, foumis à une preffion identique, le plus léger acquerra la viteffe la plus grande, parce que la différence de viteffe refpective eft proportionnée à la racine carrée de la pe-fanteur. La viteffe de l'air, à tous les degrés de preffion, doit donc fe déduire de la viteffe de l'eau preffée dans les mêmes proportions graduées, l'air tenant de la na-ture une plus grande impondérabilité que l'eau. Ainfi, étant donnée la racine carrée de la pefanteur des deux fluides, autant de fois le carré de la pefanteur fpécifique de l'eau excédera le carré de la pefanteur fpécifique de l'air, autant de fois la viteffe de celui-ci excédera la viteffe de l'eau. Tout calcul fait, la proportion entre les deux fluides eft comme de 840 à 1; & c'eft, lorfqu'il s'agit d'établir des appareils hydrauliques, de ces principes qu'il faut partir.

1686-1687 ? — Mémoire infcrit 1136, E, 27, à la bibliothèque du British Mufeum, fous le nom de *Denys Papin*, & publié à Paris fous ce titre : *Machine nouvelle pour la conduite des eaux, pour les bâtimens, pour la navigation & pour la plufpart des autres arts* (1). Ce mémoire, très-bref, concerne le *Niveau d'air* ou *à bulle d'air*, dont l'invention avait été jufqu'ici attribuée à Thévenot. L'auteur, en effet, en fit une première communication à l'affemblée pour l'avancement des arts, qui fe réuniffait chez ce favant; puis il la fit connaître fucceffivement à l'Académie *del Cimento* de Tofcane & à la Société Royale de Londres (2).

Cet inftrument, toujours ufité, fe compofe d'un tube de verre légèrement circulaire, à courbure intérieurement concave, également épais, fcellé par les deux bouts à la lampe d'émailleur & rempli d'efprit-de-vin, ou d'une liqueur non fujette à geler, mais laiffant à l'air un léger intervalle. On connaît qu'il eft parallèle à l'horizon, lorfque cet air fe fixe exactement au milieu; il eft, par conféquent, propre à déterminer le point de niveau, à une diftance éloignée (3).

1686. — *Continuation du Digefteur.* Nous donnons à

(1) Paris, Sébaftien Mabre-Cramoify, fans date ni nom d'auteur.

(2) Cette double communication, faite en Italie & en Angleterre, fixe la date de la publication après le retour de Venife, c'eft-à-dire de 1686 à 1687; il n'eft pas fûr, toutefois, que Papin en fût l'auteur.

(3) Cette invention a reçu divers perfectionnements, furtout au fiècle dernier, de M. de Chézy, directeur des ponts & chauffées.

cette continuation la date de 1686, bien qu'elle forme la feconde partie d'un volume publié en 1688, nous autorifant de ce paffage : « Il y a environ douze ans que je fis imprimer une nouvelle machine du Vuide. » Ecrite en 1686, cette phrafe ne parut qu'en 1688 ; c'eft ce qui explique les mots : *douze ans ;* il y en aurait *quatorze* de 1674 à 1688 (1).

La continuation du Digefteur eft un perfectionnement du premier appareil. Outre l'avantage de n'avoir pas au couvercle d'orifice dont l'ouverture accidentelle puiffe compromettre l'opération, ce perfectionnement ne fouffre pas que le pot, ou vaiffeau intérieur, reçoive quelque parcelle de l'eau où fa bafe plonge, l'ouverture étant pratiquée très-haut au-deffus du niveau du liquide; & ceci donne lieu de diminuer la force du vaiffeau & d'économifer fur le prix de revient.

Cette continuation pare à d'autres inconvénients : 1° Le pot où cuit la viande eft muni, du côté du feu, d'une plaque d'étain ronde, portée fur un trépied environné d'eau dans toute fon élévation, afin d'ifoler du feu les viandes qu'on expérimente ; 2° d'un appareil fupplémentaire ou cylindre creux doublé d'étain, ainfi que fon couvercle ; appareil qui difpenfe, pour les fubftances autres que les viandes, du pot à cuire, & qui, moins coûteux que ce pot, eft conçu de manière à s'adapter dans un châffis.

Par ce nouveau fyftème, la foupape de fûreté du précédent ne fubit qu'une modification infignifiante.

---

(1) *Continuation du Digefteur ou machine à cuire les os,* fection II, p. 84. Amfterdam, Henri Desbordes, 1688, in-12.

1685-1688. — Machine proposée à Paris pour le mouvement perpétuel. Papin a publié dans les volumes XV & XVI des *Transactions philosophiques* & dans le volume de 1688 des *Actes des savants de Leipzig* quatre notices sur cette question scabreuse du mouvement perpétuel. Toute cette polémique se trouve reproduite, à ses dates, dans la série de ses œuvres (1). Un an après, ce sujet revenait sous sa plume, à propos de deux critiques de Bernouilli, intitulées : *Gemina Appendix*. Ce cinquième opuscule se trouve aux *Acta Eruditorum* de 1689, pp. 322 à 324, sous ce titre : *In J. B. appendicem III^am ad perpetuum mobile, A. 1688, p. 592, sqq. insertam, Observationes D. P.* L'impossibilité pour le génie de l'homme de trouver un mouvement qui ne discontinue point, sans user à la longue ou obliger à réparer les engins employés, nous dispense d'analyser ces écrits d'une minime importance. Dans l'un d'eux, au surplus, Papin finit par adopter, sans restriction aucune, une opinion émise par Bernouilli sur la position de l'axe du mouvement prétendu & sur le rôle qu'y jouerait le mercure (2).

Quelques autres travaux ont marqué le séjour de Papin en Angleterre. Un très-petit nombre, de peu d'importance, fait partie des Mémoires réimprimés. Le reste, relatif à ses disputes avec Leibniz & Guglielmini, se trouve sommairement analysé au Catalogue de ses œuvres, ainsi que tous les écrits concernant ces curieuses discussions.

---

(1) Voir la IIe partie de notre publication.

(2) « Superest ut addam, verissimam esse clarissimi Bernoullii observationem, quod si axis motus inter centrum gravitatis & dimidiam machinæ altitudinem applicetur, poterit vasculum ita collocari, ut motus perpetuus inde sequuturus foret, si sola mercurii altitudo spectaretur. »

V

Révocation de l'Edit de Nantes.
Changement que cette mesure apporte dans les relations de Papin.
Journal des Savants. — Académie des Sciences.
Départ pour l'Allemagne.

Au milieu de ses travaux, de tristes événements, qu'il voyait venir sans doute, s'étaient accomplis. Toute communication entre la France & lui allait cesser déformais. Jusqu'en 1686, ses relations avec sa patrie furent constamment ce qu'elles auraient dû toujours être. A Paris, ses découvertes étaient revendiquées comme une gloire française, & ses qualités personnelles trouvaient plus d'un panégyriste autorisé. Nulle aussi des sympathies dont il était l'objet ne se faisait faute d'éclater, & le Journal des Savants ne laissait passer aucun de ses écrits, aucune de ses découvertes, sans les insérer ou sans en rendre un compte exempt d'hostilité. Voici les extraits de ces comptes-rendus :

1685, p. 9. — *Expérience singulière d'Angleterre, envoyée à M. Mesmin, D.-M., par M. Papin, D.-M., l'un des membres de la Société Royale de Londres.*

« Monsieur Edmond Wilde ayant invité quelques personnes à dîner chez lui, il sema, en leur présence, avant que de se mettre à table, de la graine de laitue dans une tasse qu'il dit avoir été deux années de temps à préparer; & l'on trouva, après le dîner, en moins de deux heures, que la laitue avait poussé d'environ la longueur d'un poulce en comptant la racine. Il dit qu'il est prêt de gager dix contre un que la chose lui réussira toujours de même;

mais qu'il faudra encore deux ans pour préparer la nouvelle terre. Cette expérience eſt, dit-il, la clef de toute
l'agriculture. Il la publiera quand il aura fait quelque
choſe encore plus conſidérable qu'il a deſſein de joindre
à celle-ci. S'il faut, à chaque ſemaille, préparer la terre
pendant deux ans, il trouvera peu de gens qui n'aiment
mieux s'en tenir à l'agriculture ordinaire. »

1685, p. 111. — « M. Papin, Doct. en méd. & l'un
des membres de la même Société [la Société Royale],
prétend faire un baromètre qui ne ſera ſujet ni au froid
ni au chaud, & ce en épurant d'air le vif-argent qu'il y
veut employer. Il aſſure que l'ambre dans le vide ne perd
point ſa vertu attractive. »

1686, p. 95. — *Extrait du journal d'Angleterre* (1686,
*n° 95). Objection de M. Papin, de la Société Royale, contre
la machine proposée à Paris pour le mouvement perpétuel.*

« Nous avons parlé, dans le premier Journal de cette
année, d'une machine propoſée pour le mouvement
perpétuel, & l'auteur nous a fait voir les expériences ſur
leſquelles elle eſt établie. Le journal d'Angleterre la rapporte auſſi avec quelques difficultés du *célèbre M. Papin,*
que le public ſera ſans doute bien aiſe de voir. Pour les
mieux entendre, il faut rappeler en deux mots toute la
ſuppoſition, &c. »

Mais, à partir de ces mentions, nulle autre ne ſera
faite de Papin dans ce journal, d'ordinaire bienveillant.
Ce mutiſme, que rien n'interrompt juſqu'à la mort du
ſavant Bléſois, & malgré le retentiſſement de nouveaux
ouvrages, s'explique naturellement.

Le temps était venu de la révocation de l'Edit de

Nantes. Cette impolitique & funeste mesure entrait dans la phase de son exécution implacable. Papin dut être considéré, sinon comme le chef, du moins comme le principal personnage d'une famille notée entre toutes pour son dévouement fanatique à la religion réformée. S'occuper de lui c'était compromettre sa liberté, sa sûreté, le repos des siens ; c'était, en quelque sorte, ce qui semblait grave alors, prendre parti pour l'hérésie. Qui eût osé faire l'éloge d'un proscrit, alors que la foi inspirait au convaincu La Bruyère, & la crainte au prudent Fontenelle, un éloge de l'édit de révocation (1)? Sous Louis XIV, d'ailleurs, les sciences & les lettres ne vivaient que des bienfaits du prince, & la liberté de la presse, institution toute moderne, n'avait pas même un nom. Il ne faut donc pas trop s'étonner du silence que gardèrent, sur le compte du célèbre réfugié, le Journal des Savants & tous ceux qui participaient en France au mouvement scientifique ; il faudrait plutôt s'étonner du contraire.

Constatons néanmoins, pour l'honneur de l'esprit humain, qu'il existe des exceptions à ce long ostracisme littéraire né du malheur des circonstances.

Dans l'Académie des Sciences, où la sérénité des occupations donnait plus d'indépendance & laissait moins d'attention au bruit des passions du dehors, l'oubli n'atteignit complètement ni Papin ni ses œuvres. Les Mémoires de l'illustre Compagnie mentionnent ses expériences à plusieurs reprises. Même, cette Société lui décerna, au fort de la proscription, la seule récompense qu'il ait jamais reçue de son pays dans le cours de sa

____

(1) Walckenaër, *Mém. de l'Acad. des Insc. & Belles-Lett.*, t. XVI, p. 303.

laborieufe exiftence ; elle le nomma fon Correfpondant. L'analyfe fuivante des mentions qui lui font confacrées à partir de 1686, dans la collection dite académique, car c'eft là qu'il faut les chercher, cette analyfe démontre avec quelle attention parfois l'Académie, fille de Colbert, fuivait les découvertes du favant réfugié (1).

1689, 4 mars. — *Nouvelle Table*, t. IV, p. 286, col. 1. — Nomination de Papin au titre de Correfpondant, dévolue à l'élection de l'abbé Gallois. A cette époque, la nomination des correfpondants n'émanait pas directement de la compagnie ; chaque membre, en recevant la qualité de titulaire ou penfionnaire, acquérait le droit de nommer un Correfpondant. Néanmoins, pour que ce choix fût valable, il fallait que l'Académie l'eût fanctionné par un vote.

1689, feptembre. — *Collection académique*, t. VI, p. 466. — Extrait des actes de Leipzig de l'année 1689, *Sur les moyens de conferver la flamme fous l'eau*, par le docteur Papin, extrait comprenant une expofition & trois paragraphes explicatifs de fes expériences.

1690, août. — *Même collection*, t. VI, p. 488. — Autre extrait des actes de Leipzig de l'année 1690,

---

(1) Il eft facile de s'expliquer l'erreur dans laquelle font tombés, relativement à la conduite de l'Académie des Sciences, les deux premiers biographes de Papin, Arago & Sax Bannifter. Ces deux écrivains fe font contenté de compulfer l'*Ancienne Table* des Mémoires de cette compagnie, au lieu de recourir à la *Nouvelle*, que l'abbé Rozier rédigea, comme il l'infinue lui-même, pour obvier aux erreurs & aux omiffions de la première. C'eft cette Table, ainfi complétée par l'abbé Rozier, que nous avons prife pour bafe de nos recherches.

Sur l'ufage de l'élafticité de l'eau réduite en vapeurs, pour faire aller le pifton d'une pompe, par M. le docteur Papin ; extrait formé de deux paragraphes éclaircis par une note fignée Z.

Ces extraits occupent chacun une page, à peu près la moyenne de l'efpace accordé par l'Académie aux extraits des publications fcientifiques de ce temps.

Ainfi, l'Académie des Sciences n'a pas eu, comme on lui en a fait le reproche, l'intention de jeter fur les travaux de Denis Papin le voile obféquieux d'un oubli condamnable. Sa nomination de Correfpondant eft due, il eft vrai, à la fimple initiative d'un membre de la compagnie ; mais la fanction obligatoire du corps entier donne un caractère collectif au choix d'abord perfonnel de ce titulaire. Choifir un proteftant, cinq années après la révocation de l'Edit de Nantes, était affurément, de la part d'un eccléfiaftique, un acte de tolérance & de courage ; cet acte honore la mémoire de l'abbé Gallois. En nommant Papin, le digne abbé femble s'être rappelé une ancienne confraternité d'études, formée à Paris fous les aufpices du vénérable Huggens ; & ce fouvenir d'un ami, d'un affocié des jours meilleurs, ne fut peut-être pas ce qui toucha le moins le malheureux banni, lorfque, dans fa retraite de Marbourg, il reçut la nouvelle de fa promotion académique (1).

(1) Jean Gallois, abbé de Saint-Martin-de-Corer, fut nommé penfionnaire & titulaire de la première place de géométrie à l'Académie des Sciences. Savant auffi diftingué que recommandable eccléfiaftique, l'abbé Gallois poffédait toute l'eftime de Colbert, qui lui donnait un logement dans fon hôtel. Bien qu'il ne fût pas riche, il donna, pour fe livrer plus librement à fes études fcientifiques, fa démiffion de fon abbaye, ne fe réfervant qu'une rente viagère de 600 livres. (L'abbé Rozier, *Nouvelle*

Vers la fin de 1687, la profcription amena le frère de
Denis à Londres. La confidération dont jouiffait celui-ci
valut à ce frère d'être employé par la Société Royale.
Mais Papin ne foulait plus le fol hofpitalier de la Grande-
Bretagne, lorfqu'il fut inftruit de cet autre témoignage de
l'affectueufe bienveillance de fes collègues (1): il s'éta-
bliffait à Marbourg. Aucun document ne fait connaître
pofitivement les motifs de ce nouveau changement de
réfidence. Pourtant, il femble peu probable que de vains
caprices ou des vues intéreffées aient influencé fa détermination. Il menait en Angleterre une vie honorée. L'indemnité annuelle qu'il y touchait, fans être élevée,
fuffifait à la modération de fes défirs, accrue qu'elle
était, de temps à autre, par le bénéfice réfultant de la
vente de fes œuvres & du débit de fon Digefteur (2).
Pour qui fe fait une loi de pénétrer jufqu'au fond des
chofes, il eft évident que des confidérations d'un ordre
fupérieur pouvaient feules le décider à quitter une pofition fi affurée, fi tranquille, fi digne. Ces confidérations
feront développées dans le paragraphe qui va fuivre.

VI

Etabliffement de Papin à Marbourg. — Sa famille. — Ses émoluments
& profits divers. — Charles, landgrave de Heffe.

Tous les biographes de Denis Papin, fans exception,
attribuent fon départ d'Angleterre à l'offre d'une chaire

Table des articles, &c., t. IV, p.
153, col. 1.)
(1) V. la partie de la Correfpondance de Papin citée p. 86, note 1.

(2) « A Londres, on me donnoit
quatre écus par feuille & bon nombre d'exemplaires. » (*Lett. à Leibniz,*
du 24 juin 1706.)

de mathématiques à l'Univerſité de Marbourg, qui lui fut faite par le landgrave Charles de Heſſe dans les commencements de l'année 1688. Les avantages divers attachés à cette chaire l'emportaient ſur la rétribution accordée par la Société Royale. Au point de vue matériel, c'était certainement une amélioration. Mais, nous le répétons, il faut ſe placer dans un ordre d'idées plus élevé, ſi l'on veut connaître les véritables motifs de la déciſion dont les conſéquences ont ſi lourdement peſé ſur la vie du docteur bléſois.

Son Alteſſe Séréniſſimc Charles, landgrave de Heſſe, était le ſouverain de l'Allemagne proteſtante qui, avec l'électeur de Brandebourg, montrait aux réfugiés français le plus d'intérêt & de bienveillance. Immédiatement après la révocation de l'Edit de Nantes, ce prince avait fait ſavoir en Europe qu'il accorderait de nombreux priviléges à tous les réfugiés qui fonderaient dans ſes Etats des manufactures ou y exerceraient des arts utiles. Le reſcrit qui ſpécifie ces priviléges porte la date du 12 décembre 1685. Il fut répandu à profuſion, en même temps qu'une deſcription ſommaire des reſſources que préſentait le landgraviat, dans tous les pays voiſins de la France où affluaient les familles proſcrites (1). Un grand nombre de ces familles s'empreſſèrent de profiter des avantages qui leur étaient ménagés par la tolérance éclairée du landgrave. Dès la fin de 1685, elles avaient organiſé, dans ſes Etats, des Egliſes de leur communion, entièrement françaiſes. Celle de Marbourg, entre autres, rivaliſait avec l'Egliſe du Werder, de Berlin ; mais ce

(1) *Pièces juſtificatives,* n° VI.

qui diftinguait l'émigration heffoife, c'était la grande quantité des réfugiés de la province d'Orléans, province à laquelle appartenait Papin (1). Une partie même de la famille de ce grand homme avait planté la tente de l'exil au milieu de la généreufe population de Marbourg. Cette fraction des fiens, amenés là par la tourmente religieufe, fe compofait de :

1° Magdeleine Pajon, veuve de Jacques Papin, oncle de Denis. Cette dame figure comme marraine dans beaucoup d'actes de baptême de l'Eglife françaife réformée de Marbourg ;

2° Jacques de Maliverne ou Malinverne, de Saumur, profeffeur à l'Univerfité, époux de Marie Papin, fille de la dite dame Jacques Papin ;

3° Paul Papin, qualifié de frère de Madame de Mali-

(1) Dans le nombre on diftinguait :

1° VAILLANT, Hildever, & Ifabeau FAURE, fa femme, de Vendôme ; ils exerçaient la profeffion de gantier ;

2° LANDRÉ, Daniel. Né en 1629 à Gien-fur-Loire, venu le 24 octobre 1685 à Caffel, avec une famille nombreufe, s'y établit comme négociant, banquier & manufacturier, & y mourut riche & honoré, à l'âge de 103 ans. Sa famille fubfifte encore dans la Heffe par les femmes ; feu M. Schroeder, l'un des archiviftes de Caffel, & le guide bienveillant de nos recherches dans cette ville, était l'un des defcendants de Daniel Landré ;

3° LENFANT (Les), originaires du comté de Dunois, favoir : *Paul*, le premier prédicateur, avec Beauguéret & Joly, de la nouvelle commune inftallée à Caffel, mort l'année fuivante à Marbourg ; — *Abraham*, dont le nom figure fur le regiftre de l'Eglife de Caffel ; — *Jacques*, prédicateur non moins célèbre que Paul, & paffé de l'Eglife de Caffel à l'Eglife de Berlin, où il mourut en 1700 ;

4° ROBERT, Jean, né à Henrichemont (Cher), non loin d'Orléans, réfugié à Caffel dès 1685, membre de la chancellerie & commiffaire de la colonie françaife près le confeil du landgrave. (*Pièces Juftificatives : Act. de l'Egl. franç. de Marbourg. — Zeitfchrift des Vereins für heffifche Gefchichte & Landeskunde*, t. VII, cahier 1, pp. 121, 132, 137, 138. — L'abbé Bordas, *Hift. du Comté de Dunois*, pp. 365 & fuivantes.)

verne dans ces mêmes actes de Marbourg, mais manquant dans la généalogie de la famille ;

4° Madame de Maliverne, Marie Papin ;

5° Charlotte-Marie de Maliverne, née en mars 1687 du mariage de cette dame avec Jacques de Maliverne ;

6° Jeanne & Marie Papin, filles d'Isaac Papin. Mais ces deux sœurs vivaient le plus souvent à Berlin, où les retenait la charge de Jeanne, attachée à la maison du grand écuyer de l'Electeur de Brandebourg (1).

L'inventeur de la machine à vapeur dut plus d'une fois tourner ses regards vers l'asile de tant de réfugiés, ses parents & ses concitoyens, &, songeant à son isolement sur la terre étrangère, se prendre à souhaiter de finir ses jours parmi ces familles qu'une persécution commune chassait des rives de la Loire, sa patrie. Avec sa colonie française, presque toute de la France moyenne, Marbourg, comme un aimant invincible, l'attirait sans cesse dans ses murs. Il fit dans cette ville, avant de s'y fixer, plusieurs voyages, &, répétées à d'assez proches intervalles, ces visites ont donné lieu à quelques historiens de faire remonter à l'année 1685 son arrivée & son établissement dans la Hesse Electorale (2).

Ce fut seulement au commencement de 1687 que, cédant à son affection nostalgique, le proscrit transporta ses pénates en Allemagne. Il s'arrêta d'abord à Cassel. Dès lors, il approcha du landgrave qu'enthousiasmait son esprit inventif (3). Les obstacles apportés à la nomi-

---

(1) V. la *Généalogie de Papin* aux *Pièces Justificatives*, n° I.

(2) De Rommel, *Zur Geschichte der französischen Colonien in Hessen-*

Cassel. (*Zeitschrift des Vereins für hessische Geschichte*, t. VII, pp. 83.)

(3) « Propositio itaque, in *Novellis Batavis*, mense maio 1687, in hunc

nation qu'il follicitait exigeaient fa préfence dans la capitale de la Heffe; le Sénat académique de Marbourg, peu charmé fans doute de voir un étranger lui ravir une pofition qu'il regardait comme fienne, ne mettait pas un très-grand empreffement à réalifer les défirs de notre docteur. Un refcrit du landgrave, ordonnant l'inftallation immédiate de Papin dans fa chaire, coupa court à toutes les difficultés, &, dans les premiers jours de 1688, l'heureux titulaire fe rendit à Marbourg afin de s'y fixer. On a de ce dernier fait deux preuves : le refcrit lui-même, puis une lettre du 29 août de la même année, écrite au fecrétaire de la Société Royale. Voici un extrait de ces deux documents :

« *Maintenant* que le profeffeur docteur Brand eft inftallé dans fa chaire de métaphyfique & de logique, à la place du profeffeur Berthold, décédé, nous ordonnons que Denis Papin, *de préfent en cette ville,* foit de même inftallé, comme profeffeur de mathématiques & de tout ce qui dépend de cette fcience, au lieu & place de Brand, fufnommé. De plus, nous vous prévenons que nous avons fixé fon traitement annuel à 150 florins, non compris le bénéfice éventuel en argent touché par les autres profeffeurs de philofophie (1). »

« Très-honoré Monfieur,

» Je n'ay pas encore eu l'honneur de vous efcrire convenablement, faulte d'un fujet dont je peuffe vous

---

finem edita, non potuit quin Serenif-fimo Principi Haffiæ Landgravio plu-rimum arrideret : adeo ut dignata fuerit Celfitudo fua, dum Caffellis nuper commorarer, de hoc argu-mento mecum differere. » (*De novo pulveris pyrii ufu,* ad initium.)

(1) V. *Pièces juftificatives,* n° VII. *Extrait des Actes allemands de l'Univerfité de Marbourg,* &c., année 1688.

entretenir. Les commencements d'un établiffement font toujours accompagnez de beaucoup d'affaires, & en oultre, eftant obligé de faire un cours quatre fois par femaine, ce qui eft beaucoup pour un homme qui n'eft pas accouftumé à une telle occupation, je n'ay peu faire que très peu de chofe pour mes nouvelles expériences depuis que je fuis icy.... (1). »

Le refcrit conftate que Papin attendait à Caffel l'ordonnance d'inftallation. La perfpective d'un mariage, qui venait de fe pofer tout-à-coup dans fa penfée, lui faifait embraffer avec plus d'ardeur que jamais fon projet de fe fixer en Allemagne ; huit jours avant l'ordonnance du prince, la mort avait furpris M. de Maliverne (2) : cet événement rendait libre la main de Marie Papin, fa coufine germaine & probablement l'amie d'enfance de l'exilé. Cette union fatisfaifait aux plus chers intérêts de tous ; elle affurait à la deftinée errante de Papin le calme bonheur de la vie conjugale, à trois de fes parentes, fans appui loin de leur patrie, un protecteur naturel. Ses vues ne pouvaient qu'être partagées ; auffi le furent-elles, &, le 1er janvier 1691, deux années de deuil s'étant écoulées, il menait à l'autel la veuve de M. de Maliverne.

Dans fa harangue inaugurale, Papin s'efforce d'attribuer fon déplacement à l'initiative fpontanée du fouverain. Charles de Heffe, fans doute, fe tenait trop au courant des progrès de la fcience pour ignorer le nom & le mérite d'un favant auffi connu que l'était déjà l'au-

---

(1) Voir la *Correfpondance d'Angleterre* (IV° partie).

(2) M. de Maliverne décéda dans la nuit du 8 au 9 février 1688. (Voir *Pièces juftific., Act. de l'Egl. franç. de Marbourg*, n° VIII.)

teur des *Nouvelles expériences;* mais cette connaissance de l'état des choses intellectuelles de son époque ne peut faire supposer que ce prince ait eu l'idée d'arracher le docteur à l'Angleterre, afin de le placer sur un théâtre moins élevé, s'il n'eût été prévenu, à l'avance, de ses secrets désirs (1). Dans cette situation, la harangue à laquelle nous faisons allusion ne pouvait dire que ce qu'elle dit. Sous la pompe de son vêtement oratoire, perce, en effet, avec le dessein d'amener un élan de reconnaissance vers un auguste bienfaiteur, l'obligation d'expliquer les motifs d'un nouvel abandon de l'Angleterre, qui avait pu être mal interprété. La position de Papin vis-à-vis de ses nouveaux collègues & la reconnaissance qu'il devait à la Société Royale lui faisaient une loi de cette explication. Nos lecteurs pourront en juger à la lecture de sa harangue (2).

A toutes les causes déterminantes de la résolution de Papin, peut-être convient-il d'en ajouter une dernière qui a bien son importance. Marbourg, la simple & modeste ville universitaire, est en même temps une résidence charmante. L'exposition en est agréable, l'air salubre, le climat tempéré, malgré sa situation avancée dans le nord, & tout l'alentour fertile, calme & plein de douceur. Son aspect, à l'inverse de tant de localités trop vantées, ne fait rien rabattre des éloges que ses enfants, depuis trois siècles, se plaisent à tracer d'elle (3).

(1) On lui fit même, à ce qu'il semble, entrevoir des avantages qui ne se réalisèrent point. « En me rapprochant de vous, écrit-il à Huggens, je me consolerai avec plaisir du malheur que j'ay eu de venir icy sur de mauvaises informations. » (*Lett. du 8 juin 1690.*)

(2) V. *Recueil de diverses pièces,* 11e partie de notre publication.

(3) « Hæc nostra superioris Hassiæ principatus metropolis ad Lanum flu-

Cette ville devait plaire furtout à ceux des exilés qui avaient reçu le jour à Blois, ou dans le beau pays qui l'avoifine, car elle a d'étonnantes reffemblances avec l'ancienne capitale des Valois. « Au milieu du baffin qu'arrofe le cours finueux de la Lahn, une éminence, dit M. de Montalembert (2), fe détache en s'avançant de la chaîne des hauteurs qui l'entourent. L'ancien château, conftruit par le petit-fils d'Elifabeth, en couronne le fommet; les maifons & les jardins de la ville & de l'Univerfité fe groupent en terraffe fur fes flancs & à fes pieds; les deux fveltes tours & les hautes nefs de l'églife de Sainte-Elifabeth s'élèvent entre la racine du mont & les bords de la rivière, qui s'arrondit pour enlacer l'enceinte de la ville. Hors de fes portes, de vertes prairies, de charmants jardins, de longues & belles allées attirent le voyageur & le conduifent jufques fous les vieux ombrages qui couvrent les collines environnantes… De quelque côté qu'on fe dirige dans les environs de Marbourg, en tournant les yeux vers la ville, on retrouve toujours la même beauté fous des afpects infiniment variés : le caractère fuave & pur des bords de la Lahn, les admirables proportions de la cathédrale, fon éléva-

---

vium inter montes & nemora pofita vario quidem fitu, parte in vertice montis prominente, parte in monti adhærente, parte in augufta difpofita planitie, fed loco tamen amœno & commodo fatis : ubi tot profpectus jucundi, tot hortorum decora, ubi tot antiquorum ædificiorum & fimulacrum ftructuræ venerandæ… refplendent… ubi denique magna aeris falubritas & rara peftis aut acutus alius morbus. Cujus caufa poterit evidens effe placida cœli temperies, & fereni totius machinæ cœleftis afpectus, quibus mafpurgenfem æternus ille pater fingulari quadam clementia dignatus eft civitatem. » (Wilh. Dilich., *Indic. lection. Acad. Marburg.*, &c., p. VII.)

(2) *Vie de fainte Elifabeth*, t. I, pp. 341, 342, 343, IXᵉ édit.

tion majeftueufe au-deffus de tout ce qui l'avoifine, la difpofition gracieufe & pittorefque de toutes les vieilles maifons, ainfi que des tours du vieux château, tout féduit & enchaîne la vue. »

En lifant ces lignes fi belles, fi fobres de vains détails, quel habitant des bords de la Loire n'a reconnu les principaux traits du tableau que déroule à la vue du voyageur le riche amphithéâtre où s'étend la cité bléfoife? La fimilitude ferait complète, fi les tours & les nefs de Sainte-Elifabeth de Marbourg occupaient dans la perfpective la place que tiennent les hauts clochers de Saint-Laumer de Blois. Mais, en 1685, lorfque la cité des Valois n'avait rien perdu de fa fière beauté féodale, & que la végétation de fes alentours gardait fa pompe centenaire, cette légère différence était plus que rachetée. Marbourg, alors, dut offrir aux regards des réfugiés bléfois de bien chères reffemblances avec leur patrie. Quel étonnement, en effet, était le leur, quand fe dévoilait devant leurs pas, aux coteaux d'une vallée étrangère, cette autre ville, cet autre château de Louis XII, & ces toits étagés, &

> . . . . cet efcalier de rues
> Que n'inonde jamais la Loire au temps des crues (1) !

Comme Enée débarqué fur les hauts promontoires de l'Epire, ces infortunés retrouvaient, dans cette cité de l'exil, une image de la patrie abfente : *Effigiem Xanthi Trojamque videbant* (2).

Ainfi donc, Denis Papin était entré dans une ère nouvelle. Cette ère s'ouvrait fous des aufpices affez heureux

______

(1) V. Hugo, *Feuilles d'Automne,* II.   (2) Virg., *AEn.,* III.

pour lui faire efpérer une exiftence exempte de viciffitudes. Examinons fa pofition.

A fa chaire était attaché un double traitement annuel :
un fixe, un autre éventuel ; celui-là de 150 florins ou
200 écus d'Allemagne, celui-ci de pareille fomme peut-
être (1) ; les deux formant environ 16 à 1,700 de nos
livres.

Après fon mariage, cette fomme s'accrut de deux
autres rétributions annuelles : un fecours en argent,
variable fuivant les revenus de l'Académie de Marbourg,
& payé bénévolement à la famille Papin (2) ; une penfion
accordée à mademoifelle de Maliverne, dont Denis, par
fuite de fon mariage, avait été nommé le curateur, *cura-
tor* (3).

Plus tard, il lui fut permis de cumuler cet enfemble
de revenus avec les honoraires de confeiller & de médecin du landgrave, en réfidence à Caffel (4) ; il eut
même à Marbourg, durant plufieurs années, la jouif-
fance gratuite d'un logis dans les bâtiments affectés à
la Bibliothèque de l'Univerfité (5).

(1) Refcrit du landgrave, en date du 14 février 1688.

(2) « Quoniam abducturus fum pauperem familiam quæ ante meum matrimonium annua penfione ab Academia gratiofiffime fuftentaba-tur, cuique etiamnum fingulis annis non nihil fuppeditatur. » (*Lett. de Papin*, du 26 août 1694, extraite du Protocole de l'Académie de Marbourg. *Pièces juftificatives*, n° IX.)

(3) « Annis fuperioribus penfio defuncti dni. de Maliverne filiolæ gratiofiffimæ conceffa maturius fem-per foluta fuit quam hac anni tem-peftate. » (*Id., ibid.*)

(4) V. *Pièces juftificat.*, n° IX.

(5) Il ne refte plus à Marbourg que des fouvenirs légendaires fur le logement de Papin dans les bâtiments de l'Univerfité, ces bâtiments ayant été complètement renouvelés. C'était un couvent de Francifcains d'où l'on avait délogé les moines pour faire place aux profeffeurs. Papin y habi-tait le *collegium Pomœurii*, fur les affifes duquel eft bâtie la Bibliothè-que de l'Univerfité. (V. Mérian, *To-*

Enfin, des bienfaits qu'il reconnaît avoir reçus à plufieurs reprifes de quelques grands perfonnages, le comte de Seyn-Witgenftein entre autres (1), venaient de temps en temps jeter leur douceur au milieu de cette modefte mais réelle aifance.

La vie, dans la vieille cité de Marbourg, était à bien meilleur marché qu'à Londres, métropole déjà vafte & populeufe. En fe mariant, Papin, il eft vrai, avait quadruplé fes charges; fon intérieur, alors, fe compofait de fa belle-mère, de fa femme, de fa belle-fille, & peut-être d'enfants iffus de fon mariage (2). Toutefois, il réalifait des économies, puifque, de fon aveu, il avait une épargne dépofée à la caiffe tontinière de Marbourg, caiffe dite des veuves (3).

Le cours de mathématiques dont il était chargé ne laiffa pas que de lui prendre d'abord une bonne part de fon temps. Il était tenu de monter dans fa chaire quatre fois par femaine, & chacune de fes leçons exigeait, ainfi qu'il le dit lui-même, un affez long travail préparatoire;

pographia *Haffiæ*, vue de Marbourg, p. 100.) On montrait encore, en mars 1863, au fond d'une forte de niche pratiquée dans un vieux mur, deux efpèces de difques que la tradition dit avoir fervi à l'illuftre réfugié pour certaines expériences. Avant la reconftruction, ils fe voyaient fur un fourneau placé à gauche de l'entrée du corridor, en face de la grande porte de la bibliothèque. C'eft probablement l'un d'eux qui fe trouve repréfenté fur la figure I du Mémoire de la *Machine du vuide*.

(1) *Lettre touchant de nouveaux moyens d'épargner les alimens du feu*, dans le *Recueil de diverf. pièc.*, p. 17. (V. auffi la 11ᵉ partie.)

(2) Papin, dans fa volumineufe correfpondance, parle fréquemment de fa pauvre famille; on peut, d'après ces termes, induire finon prouver qu'il eut des enfants de fon mariage.

(3) « Quoniam poft meum obitum non poterit mea familia fieri particeps *ærarii viduarum*. » (*Lett. de Papin* du 26 août 1694, dans les *Protocoles de l'Acad. de Marbourg*.)

mais, une fois inftallé, il retourna, plus ardemment que jamais, à fes études de prédilection. Il leur confacra fes rares moments de loifir, formellement encouragé par le fouverain; car, dans la fituation où fa propre volonté le plaçait, il eut ce bonheur, affurément confidérable, que fa paffion favorite lui était commune avec fon nouveau maître. Charles, en effet, était un des princes les plus habiles de fon fiècle. Né avec un génie pratique, il joignait à une généreufe ardeur pour les fciences une aptitude marquée pour les arts mécaniques. Des fouvenirs, des monuments même de cette royale aptitude fe font confervés jufqu'à nos jours dans l'électorat de Heffe. On y cite encore cette anecdote : Paffant un jour devant l'ancien mufée, près de l'atelier du landgrave, un payfan voit le prince occupé à des ouvrages de tourneur; il entre & commande au fouverain une pomme neuve pour fa canne. Le foi-difant tourneur exécute la commande fans fe faire prier. Au bout de quelques heures le payfan reparaît. Le travail réuniffant les deux conditions ftipulées, la beauté & la folidité, il en acquitte joyeufement le prix débattu dans la matinée. Charles voulut que cette fomme reftât dans le mufée, comme un monument du falaire gagné par un artifan couronné (1).

Cet artifan couronné, comme il s'appelait, dota fon pays d'une foule d'établiffements utiles. Dans le cours de fon règne, un des plus longs que mentionne l'hiftoire, un bel obfervatoire, un riche cabinet, un théâtre anatomique furent élevés à Caffel. Humain & tolérant, il

___

(1) «Furftlicher hand.» (Zeitfchrift und Landefkunde, t. V, liv. 1, pp. des Vereins für heffifche Gefchichte 41-45.)

accueillit à Marbourg le célèbre Wolff, expulfé de Halle, en même temps qu'il ouvrait fes Etats aux proteftants bannis par Louis XIV (1); mais il était, à ce qu'il femble, d'un caractère mobile, ou, fuivant une expreffion de Leibniz, chancelant dans fes réfolutions.

VII

Le livre *De novo pulveris pyrii ufu*. — L'abbé de Hautefeuille. — Huggens. Appareil de Papin. — Coup-d'œil fur fon caractère & fon génie.

Papin ne pouvait trouver un règne plus favorable à fes travaux. Le premier qui fe préfente, en fuivant l'ordre de priorité, eft fa *Machine à faire le vuide par le moyen de la poudre à canon*. Il le fit paraître en latin, dans les *Acta eruditorum* du mois de feptembre 1688, fous ce titre : *De novo pulveris pyrii ufu* (2).

Sa machine précédente, *Moyen de tranfmettre à de longues diftances la force des cours d'eau*, avait, comme puiffance d'impulfion, effayé du vide opéré par une double pompe pneumatique & de la preffion de l'atmof-phère agiffant tour à tour fur un pifton. Nous avons expofé les caufes qui empêchèrent de réuffir cette com-binaifon féconde, reprife avec fuccès de nos jours. Loin de décourager l'inventeur, cet échec lui fuggéra l'idée, beaucoup moins heureufe, d'employer une autre force motrice, celle de la poudre de guerre.

(1) *Hiftoire généalogique de la Maifon de Heffe*, in-8°, t. II, Strafbourg, 1820. — *Sammlung fürftlich-heffifcher Landes-Ordnungen und auf-chreiben*, &c., in-fol°, t. III, p. 303, Caffel, 1777.

(2) V. la IIe partie de notre publi-cation.

Cette conception avait déjà ceffé d'être neuve ; elle était paffée par les mains de deux phyficiens du temps : le célèbre Huggens & l'abbé Jean de Hautefeuille. Tous ceux qui, en ce temps, fe préoccupaient de mécanique fpéculative demandaient le fecret d'un mouvement propulfif au reffort de l'air que de concluantes expériences mettaient de jour en jour en évidence. L'étude de la vapeur était à peu près abandonnée. Les nobles tentatives de Salomon de Caus avaient eu le malheur de fe produire dans une époque où la puiffance d'élafticité des gaz était encore à l'état de problème : il femblait que l'ingénieur normand eût dit le dernier mot fur cette queftion pour laquelle s'étaient paffionnés les favants de l'âge antérieur.

Ce qui principalement pouffait à la recherche d'une force motrice extraordinaire les phyficiens de la feconde moitié du XVIIe fiècle, c'était la gigantefque conftruction de Verfailles. Le grand Roi, dont un caprice faifait furgir ce palais & ce parc d'Alcine, voulait obliger la nature à leur fournir l'élément fluvial dont elle avait déshérité le fol d'alentour. Dans la penfée de ce prince, l'eau de la Seine, élevée au niveau de Verfailles, devait fuppléer celle que réclamait cette faftueufe réfidence. Un immenfe défir de plaire à l'homme fous qui fléchiffait l'Europe entière fit éclore des projets fans nombre. Entraîné par le même défir, l'abbé de Hautefeuille eut l'idée de fe fervir pour moteur de la poudre à canon. Nos lecteurs ne feront pas fâchés de favoir à la fuite de quelles déductions fon efprit en vint à concevoir cette idée. Lui-même nous l'apprend dans un mémoire qui n'eft pas fans mérite : « Un fi grand nombre d'inventions, dit-il, qui ont été propofées pour élever des eaux à Verfailles m'engagea à méditer fur les moyens de le faire avec facilité. Je fis d'abord réflexion que pour élever des corps pezans il falloit confidérer la force, l'efpace & le tems; que la méchanique étoit bornée & reduite à la néceffité de recompenfer la difproportion qui eft entre la force & la refiftance, le tems, la viteffe & l'efpace; de forte que fi la quantité d'eau que l'on veut élever eft grande, & la force petite, le tems & l'efpace par lefquels la force mouvante doit agir feront grands, pour faire faire à l'eau peu de chemin en beaucoup de tems : & il y a une telle néceffité de l'un à l'autre, qu'il eft impoffible de gagner la force & l'efpace tout enfemble; car fi le mouvement eft rapide, il faudra beaucoup de force ; & s'il eft lent, une petite force fuffira.

» Mais outre cette compenfation inévitable de la force, de la viteffe & du tems, je confideray encore qu'il falloit avoir égard au frotement & à la perte du mouvement qui fe fait par l'interruption des différentes parties d'une même machine : de manière que pour furmonter un degré de réfiftance il faut trois degrez de force : & tout ce que les machiniftes ont recherché, a été d'empêcher ce frotement, & de faire en forte qu'un degré de réfiftance puft être furmonté par un ou par deux degrez de force, à quoy ils ont peu réuffi. Ce qui me fit croire que comme on ne peut gagner la force & le tems tout enfemble, il étoit pareillement impoffible d'empêcher le frotement & la perte qui fe fait de la force dans la communication de plufieurs parties ; & qu'il falloit plutoft rechercher des forces dans la nature, femblables foit à celles des rivières & des courans d'eaux qui ne fe

rencontrent pas en tous lieux & manquent ordinairement
dans ceux où l'on veut élever des eaux, foit à celles du
vent; qui ne foufle pas toujours également; ce qui fait
que les moulins à vent font fujets à beaucoup d'inconveniens.

» Repaffant ainfi dans mon imagination toutes les
forces qui pouvoient être dans la nature, il s'en préfenta
à mon efprit une qui eft infiniment plus grande que
celle du vent, du courant des rivières & des torrents ; &
la plus violente qui ait jamais été. Cette force eft la
poudre à canon, que l'on n'a point encore employée à
l'élévation des eaux, & dont il y a deux manières. »

Voyez la vignette page 142.

» La première confifte à avoir un vaiffeau A B, de
telle grandeur que l'on voudra, d'un muid ou deux, &
davantage, lequel fera élevé à 30 pieds de la furface de
l'eau & affez fort pour réfifter à la compreffion de l'air.
C D E F eft un tuyau qui trempe dans l'eau en F, & G G
font des foupapes. H eft une couliffe en manière de
baffinet pour mettre la poudre à canon; I eft le robinet
pour vuider l'eau lorfque le vaiffeau A B fera plein.

» Il eft vifible que la poudre à canon ayant été enflammée, elle rarefiera l'air enfermé dans le vaiffeau
A B, & le fera fortir par l'ouverture des foupapes G G,
lefquelles fe fermeront auffitôt, & ne pouvant rentrer,
l'air qui peze fur la furface de l'eau en F, la doit pouffer
par le tuyau F E D C jufques dans le grand vaiffeau A B,
que l'on vuidera par le robinet I dans un refervoir. On
mettra, fi l'on veut, dans ce refervoir un pareil tuyau
pour elever l'eau à 60 pieds, & un autre pout l'elever à
1 5 toifes.

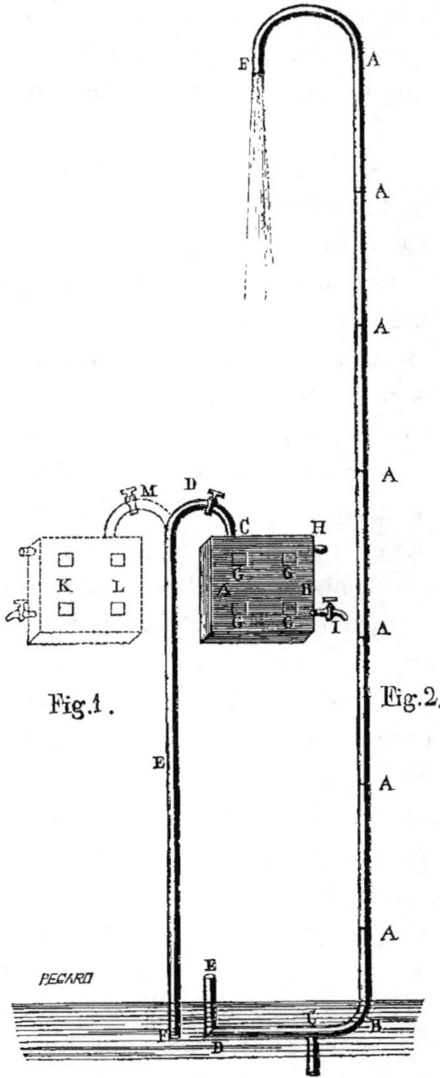
M
D
C
H
K   L
G   G
A   B
G   G
I
E
E
A
A
A
A
A
A
A
B
C
D
F
E
PECARD
Fig.1.
Fig.2.

» On peut ajouter un autre vaiffeau à côté de celuy-cy, lequel eft ponctué & marque K L, avec deux robinets M D, pour faire couler l'eau continuellement. Mais parce que cette maniere ne peut elever l'eau qu'à 30 pieds, de même que les pompes afpirantes, on peut auffi fe fervir de cette invention pour faire les pompes foulantes.

» E D C B A F, dans la figure 2, eft un tuyau continu. La partie B C D trempe dans l'eau, laquelle peut entrer dans ce tuyau par l'ouverture C, & n'en peut pas fortir à caufe d'une foupape qui bouche le trou C.

» B A F fera de telle hauteur & de telle diftance que l'on voudra, avec des foupapes A A A d'efpace en efpace. On mettra en E la quantité de poudre qui fera néceffaire, & peu après, felon quelqu'unes de ces manieres fi feures & fi fimples dont fe fert depuis quelques années un de nos amis pour charger par la culaffe les différentes armes à feu de fon invention.

» La poudre ayant pris feu, il faudra ou que l'eau forte par l'ouverture A dans le réfervoir F, à quelque hauteur qu'il foit élevé; ou que les tuyaux crevent, ce qui ne peut arriver puifqu'on les fuppofe de cuivre, de fer ou de fonte, & fi épais qu'ils pourront refifter à la force de la poudre à canon (1). »

La propofition de l'abbé de Hautefeuille attira l'attention des mécaniciens. L'invention était originale & paraiffait offrir un moyen affuré de faire le vide. Mais, bien qu'il ne manquât ni d'imagination ni de fcience (2),

(1) *Pendule perpétuelle avec un nouveau balancier, & la manière d'élever l'eau par le moyen de la poudre à canon,* &c. Paris, 1678, in-4°, pp. 14 à 16.

— *Réflexions fur quelques machines à élever les eaux,* Paris, 1682, in-4°, pp. 8 à 9.

(2) L'abbé de Hautefeuille, né à

l'abbé n'avait réfolu qu'en partie l'extrême difficulté que cette invention entraînait dans la pratique. L'homme chargé d'enflammer la poudre courait le rifque, s'il agif-fait avec trop de lenteur ou trop de preftefle, d'être atteint par l'explofion; d'autre part, le peu de précaution ap-porté à *l'échappement de la flamme* permettait l'introduc-tion d'une mafle d'air extérieur dans l'efpace vide, immé-diatement après la détonation, ce qui reftreignait l'afcenfion du liquide à travers le tube immergé. Néan-moins, comme l'idée fondamentale femblait, pour deve-nir utile, n'attendre qu'une coordination meilleure, Hug-gens entreprit de la faire pafler dans l'application ufuelle.

L'appareil qu'il imagina confiftait dans le cylindre mé-tallique A B, le pifton mobile F, tenant à la corde de poulie E, qui fupporte les objets qu'on fe propofe d'en-lever; les deux foupapes de cuir C C, élaftiques & tubu-laires, attachées à des tuyaux métalliques figurés D D; la capfe K, où fe pofe la poudre avec une longueur fuf-fifante de mèche d'Allemagne enflammée.

Orléans en 1647, y mourut en 1724. « Doué, dit un de fes biographes, d'un efprit inventif & d'une imagi-nation très-active, l'abbé de Haute-feuille s'occupa continuellement de mécanique & de phyfique. Il avait un goût particulier pour l'horlogerie. C'eft à lui que l'on doit, du moins en France, le fecret de modérer les vi-brations du balancier des montres par le moyen d'un petit reffort fpi-ral d'acier. Homme fans ambition & plus attentif à cultiver les fciences que la fortune, fes inventions n'ont pas été couronnées de fuccès, parce qu'il avait le défaut de s'arrêter trop promptement à une première idée, que la fougue de fon imagination lui faifait bientôt abandonner pour courir après une autre. Malgré quel-ques heureufes idées en mécanique, il ne put jamais entrer à l'Académie des Sciences. L'abbé de Hautefeuille a laiffé foixante-un mémoires, traités & differtations, tant imprimés que manufcrits. » (Voir *Les Hommes il-luftres de l'Orléanais*, tome I, pages 284 & 285.)

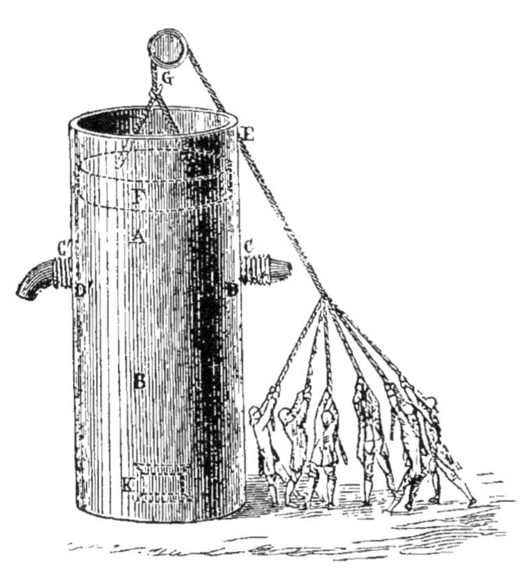

Dès que, la capfe étant ferrée par le moyen d'une vis adaptée à cet effet, la poudre eft enflammée, les gaz provenant de l'inflammation, portés à une température très-élevée, fe dilatent énormément & fortent par les foupapes CC, en entraînant, plus ou moins complète- ment, l'air intérieur du cylindre : « De forte, fait obferver Huggens, que le cylindre demeure vuide d'air, ou du moins pour la plus grande partie. Enfuite le pifton eft forcé, par la preffion de l'air qui pèfe deffus, & il tire ainfi la corde, & ce à quoy on l'a voulu attacher. La quantité de cette preffion eft connue & déterminée par la pefanteur de l'air & par la grandeur du diamètre du pifton, qui, étant d'un pied, fera preffé autant que s'il portoit le poids d'environ mille huit cents livres, fuppofé que le cylindre fût tout-à-fait vuide d'air. »

La machine de Huggens fut expérimentée, à la fin de 1681, en préfence de l'Académie des fciences. L'abbé de Hautefeuille, dans un écrit de quelques pages, où il réclame la priorité de l'invention, nous apprend qu'avec un gros de poudre, le câble enroulé fur la poulie enleva une fois une charge de 5 à 600 kilogrammes, une autre fois, huit laquais cramponnés à fon extrémité (1).

Bien que conçu avec plus d'intelligence que l'appareil de l'abbé, celui du favant hollandais laiffait encore beaucoup à défirer, ou, plutôt, il rendait déjà fenfible l'impoffibilité d'employer avec fuccès, pour la production paifible & régulière du vide, une fubftance auffi indifciplinable que la poudre de guerre. Durant fon féjour à la bibliothèque du roi, Papin avait été à même de voir fonctionner l'appareil de fon protecteur : il en reconnut les défauts, mais ne devina pas d'abord le vice capital de l'agent découvert par l'abbé de Hautefeuille. La machine attira feule fon attention. En corriger les parties défectueufes lui parut poffible, & c'eft cette illufion qui le pouffa à fe heurter à fon tour au procédé inapplicable de fes deux devanciers.

Le mémoire *De novo pulveris pyrii ufu* nous fait connaître en détail les inconvénients dont avait été frappé le regard clairvoyant du docteur. En dépit de fa haute pénétration, Huggens n'avait pu éviter complètement

(1) Voyez Hautefeuille, *Réflexions fur quelques machines à élever les eaux*, in-4°, Paris, 1682, pages 8, 9 & 10.

le danger qui réfultait de l'incendie de la poudre pour l'homme chargé de la manœuvre de l'appareil. Ses deux gaînes de cuir CC, nonobftant leurs foupapes promptement refermées par l'air du dehors, laiffaient, prefque en même temps qu'elles donnaient iffue à l'air interne & aux produits de l'inflammation, pénétrer dans le cylindre AB des parcelles d'air atmofphérique (1). Cet afflux de l'extérieur, s'emparant d'une partie du vide opéré, affaibliffait l'action du pifton mobile B.

Papin crut avoir remédié à ces défauts par le jeu d'une foupape unique mieux appropriée à la fonction que Huggens avait affignée aux deux fiennes (2). Il réuffit à faire difparaître la crainte du danger, fans pouvoir cependant empêcher une portion d'air intérieur de refter dans le cylindre & une certaine quantité d'air ambiant de s'y introduire.

Ce réfultat fatal tenait à deux motifs dont on fe rend aifément compte :

1° La quantité de poudre calculée pour chaque mouvement, cette quantité qui ne pouvait être dépaffée fans péril, procurait bien une explofion capable de pouffer

---

(1) Ce cylindre, marqué **AA**, fig. 1, dans le Mémoire de Papin (v. IIe partie de notre livre), répond au cylindre AB de Huggens.

(2) « Machinæ meæ valva citiffime atque exactiffime occluditur : adeo ut omnis ingreffuro aeri ex hac parte aditus intercludi debeat ; in machina autem domino Colberto exhibita, flamma pulveris aerem expellebat, per duos tubos lateribus magni tubi verfus fummitatem adferruminatos, atque hifce tubis ex metallo conflatis illigati erant duo tubi coreacei madefacti, qui erumpente aere extendebantur, ftatimque extincta flamma iterum concidebant, & tuborum metallicorum orificia obturabant : id autem neque tam cito neque tam exacte fieri poterat, ac per valvam noftram perficitur. » (*De novo pulveris pyrii ufu*, ad calc.)

hors de l'orifice d'échappement une certaine partie de l'air contenu dans le tube, mais l'expulsion, évidemment, ne pouvait pas être complète;

2° Quelque habilement agencée qu'elle fût, la soupape donnait encore, bien qu'en médiocre quantité, accès à l'air atmosphérique.

Ainsi, lorsque le piston B arrivait au haut de sa course, le vide était loin d'être fait au-dessous de lui. Papin évalue la masse d'air restant au $\frac{1}{5}$ de la masse contenue dans le cylindre avant l'explosion, ce qui suffisait, sinon pour annuler le travail du piston, du moins pour l'affaiblir au point d'empêcher de l'utiliser.

Avec cette opiniâtreté qui faisait le fond de son caractère, l'éminent physicien se remit à l'ouvrage. Son idée de faire le vide dans le tube même, tout ingénieuse qu'elle était (1), ne constitua, mise à exécution, qu'un perfectionnement à peine sensible. Enfin, des expériences réitérées, à Marbourg & à Londres, le convainquirent de la stérilité de la poudre de guerre comme agent mécanique. Il s'en est expliqué lui-même avec une certaine candeur dans l'écrit que nous extrayons plus loin.

Nous venons de voir que la persistance formait le trait distinctif du caractère de Papin; nous l'avons vu, sans que sa volonté ni sa patience fléchissent, passer d'une tentative échouée à une tentative qui doit sombrer. Tant que ne sera pas atteint le but qu'il se propose : cette force mystérieuse douée de plus de puissance que tous les moteurs employés, il ne connaîtra

____

(1) « Still this scheme, although ingenious. » (R. Stuart, *Ouvr. cit.*, p. 27.)

pas le repos. Aucun des moyens pneumatiques analyfés par fes expériences ne lui a réuffi : il fe retourne vers un autre fyftème, & reprend avec une fermeté toujours égale la tâche inachevée de Salomon de Caus. Ainfi, fon obftination aura, non moins que fa pénétration, mis au fervice de l'humanité un mode de locomotion que le vieil Homère eût dit femblable aux chars des Dieux. Mais, eft-ce que la pénétration, cette intuition fubite de l'idée, eft-ce que l'obftination, cette perfiftance dans l'idée préconçue, ne font pas, réunies en un haut degré, la manifeftation lumineufe de l'intelligence que nous appelons génie? Or, Papin eut plus que la dofe moyenne du fouffle divin qui fait les hommes fupérieurs : il en reçut l'éminente part, cette part dont furent gratifiés Colomb, Galilée, Paliffy & tant de fublimes opiniâtres.

VIII

Application de la vapeur, ou Nouvelle maniere de produire a peu de frais des forces mouvantes extrêmement grandes. — Queftion de priorité.

Donc, de l'été de 1688 à l'été de 1690, fon temps fut confacré, dans le filence du laboratoire, à difcipliner les gaz, émanations fugaces de l'eau bouillante. Il les connaiffait de longue main pour les avoir mis à l'œuvre dans fon Digefteur. Il les avait domptés, &, leur faifant d'un peu de carton une barrière infranchiffable, il leur avait dit : Vous n'irez pas plus loin !

Il fortit de cette retraite en feptembre 1690, armé de fon mémoire à jamais fameux : *Nova methodus ad vires motrices validiffimas levi pretio comparandas* (1). Ce mémoire, fon titre l'indique, eft écrit en latin. Plufieurs biographes du docteur bléfois ont cru devoir le traduire, M. Ducoux entre autres, de qui l'interprétation eft auffi remarquable par la fidélité que par l'élégance. Nous préférons néanmoins tranfcrire ici un extrait de la traduction due à l'auteur lui-même (2), perfuadés que nos lecteurs ne fuivront pas fans intérêt le développement de l'invention à travers les naïvetés du ftyle, le ftyle des rives de la Loire au XVIIe fiècle.

« Dans la machine pour le nouvel vfage de la poudre à canon qui a efté decritte dans les Actes de l'année 1688, au mois de Septembre : on fouhaittoit principalement que la poudre à canon allumée au bas du tuyau A A, fig. 10, puft fi bien remplir de flame toute la cavité du dit tuyau, que l'air puft en eftre entièrement chaffé & qu'il fe fift vn vuide parfait au-deffous du pifton B B. Mais on a remarqué, au mefme endroit, qu'il a efté impoffible de venir à bout de ce deffeing.....

« ..... J'ay donc tafché d'en venir à bout d'ûne autre manière ; & (comme l'eau a la propriété, eftant par le feu changée en vapeurs, de faire reffort comme l'air ; & enfuitte de fe recondenfer fi bien par le froid, qu'il ne luy refte plus aucune apparence de cette force de reffort) j'ay cru qu'il ne feroit pas difficile de faire des machines dans lefquelles, par le moien d'ûne chaleur

---

(1) *Acta eruditorum Lipfiæ*, feptembre 1688.

(2) Papin l'a comprife dans fon *Recueil de diverfes pièces* publié à Caffel en 1695. Elle fait l'objet principal de la lettre au comte de Sintzendorff, *touchant quelques nouveaux moiens de tirer l'eau des mines ;* elle commence à la page 51 & finit à la page 60.

mediocre & à peu de frais, l'eau feroit ce vuide parfait
qu'on a inutilement cherché par le moien de la poudre à
canon : & entre plufieurs différentes conftructions qu'on
peut imaginer pour cela, celle-cy m'a paru la meilleure.

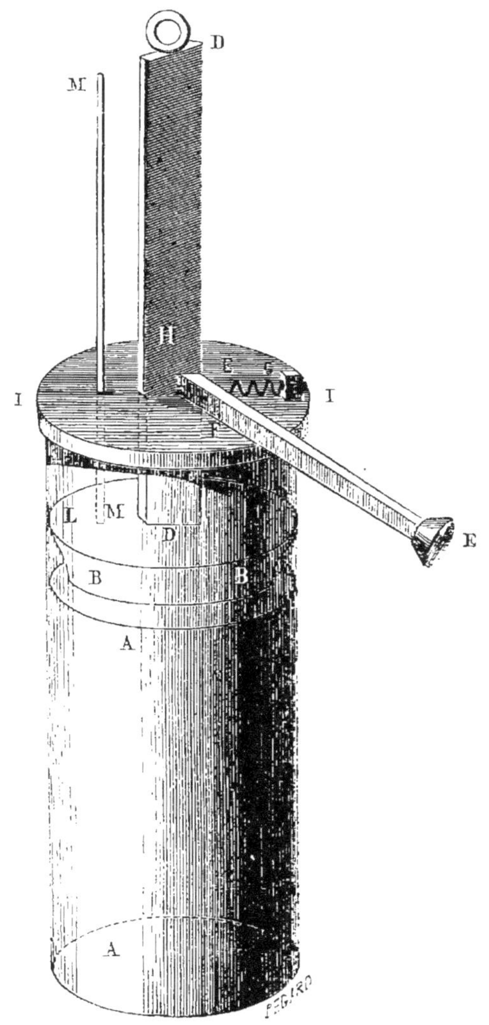

» A A eft un tuyau égal d'un bout à l'autre & bien fermé par en bas : B B eft un pifton ajufté à ce tuyau : D D eft le manche attaché au pifton : E E une verge de fer qui fe peut mouvoir autour d'un axe qui eft en F. G vn reffort qui preffe la verge de fer E E : en forte qu'elle entre dans l'échancrure H, fitoft que le pifton avec fon manche eft élevé affez haut pour que la ditte échancrure H paroiffe au-deffus du couvercle I I. L eft vn petit trou au pifton par où l'air peut fortir du fond du tuyau A A lorfque l'on y enfonce le pifton pour la première fois. Pour fe fervir de cet inftrument on verfe un peu d'eau dans le tuyau A A jufques à la hauteur de trois ou quatre lignes ; on y fait enfuitte entrer le pifton & on le pouffe jufqu'au bas en forte que l'eau qui eft au fonds du tuyau regorge par le trou L. Alors on ferme ledit trou avec la verge M M & on y met le couvercle I I qui a autant de trous qu'il en faut pour entrer fans obftacle : ayant enfuitte mis vn feu mediocre foubs le tuyau A A il s'échauffe fort vifte parce qu'il n'eft fait que d'vne feuille de métal fort mince, & l'eau qui eft dedans fe changeant en vapeurs fait vne preffion fi forte qu'elle furmonte le poids de l'atmofphære & pouffe le pifton B B en haut, jufques à ce que l'échancrure H paroiffe au-deffus du couvercle I I, & que la verge de fer E E y foit pouffée par le reffort G, ce qui ne fe fait pas fans bruit. Alors il faut incontinent éloigner le feu, & les vapeurs dans ce tuyau leger fe recondenfent bien toft en eau par le froid & laiffent le tuyau abfolument vuide d'air ; alors il n'y a qu'à tourner la verge E E autant qu'il eft néceffaire pour la faire fortir de l'échancrure H & laiffer le pifton en liberté de def-

cendre, & il arrive que le piſton eſt incontinent pouſſé
en bas par tout le poids de l'atmoſphære & produit le
mouvement qu'on veut, avec d'autant plus de force que
le diamètre du tuyau eſt grand. Et il ne faut point douter que l'air n'agiſſe ſur ces tuyaux avec toute la force
dont ſa peſanteur eſt capable : car j'ay vu par expérience
que le piſton ayant eſté élevé par la chaleur juſques au
haut du tuyau A A, eſt enſuitte redeſcendu juſques tout
au fonds ; & cela pluſieurs fois de ſuitte : en ſorte qu'on
ne ſçauroit ſoupçonner qu'il y ait eu aucun air pour le
preſſer au-deſſoubs & reſiſter à ſa deſcente. Or mon
tuyau qui n'a que deux pouces & demi de diamètre eſt
pourtant capable d'élever ſoixante livres à toute la hauteur dont le piſton deſcend : & le corps du tuyau ne
pèſe pas cinq onces. Je ne doute donc pas qu'on ne
puſt faire des tuyaux qui ne peſeroient pas quarante
livres & qui pourtant pourroient élever deux mille livres,
à chaque opération, juſques à la hauteur de quatre pieds.
J'ay éprouvé auſſi que le temps d'vne minute ſuffit pour
faire qu'un feu mediocre chaſſe le piſton juſques au haut
de mon tuyau : & comme le feu doibt eſtre proportionné à la grandeur des tuyaux on pourroit echauffer
les gros à peu près auſſi promptement que les petits :
ainſi l'on voit combien cette machine qui eſt ſi ſimple
pourroit fournir de prodigieuſes forces & à bon marché.
Car on ſçait qu'une colonne d'air qui s'appuye ſur vn
tuyau d'un pied de diamètre peſe preſque deux mille
livres ; mais ſi le diamètre eſtoit de deux pieds, la peſanteur ſeroit de près de huict mille livres : & qu'ainſi la
preſſion s'augmente tousjours en raiſon doublée des dia-
mètres : d'où il s'enſuit que le feu dans vn fourneau dont

le diamètre feroit d'un peu plus de deux pieds, fuffiroit
pour élever toutes les minutes huiɛt mille livres à la hauteur de quatre pieds, fi on faifoit les tuyaux de cette
hauteur : car, le feu eftant dans vn fourneau de placques
de fer peu epaiffes, on pourroit facilement le pouffer
d'un tuyau à vn autre : & ainfi ce mefme feu feroit
continuellement dans quelque tuyau, ce vuide qui pourroit enfuite produire de fi grands effets. A prefent fi on
confidere la grandeur des forces que l'on produira de
cette maniere & le peu que pourra couter le bois qu'il
faudra pour cela, on avouera affeurement que cette
methode eft de beaucoup preferable à l'ufage de la poudre à canon, dont j'ay parlé cy-deffus : vu principalement que de cette maniere on fait vn vuide parfait, &
qu'ainfi on remedie aux inconveniens que j'ay marquez.

» Il feroit trop long de rapporter icy de quelle maniere cette invention fe pourroit appliquer à tirer l'eau
des mines, jetter des bombes, *ramer contre le vent*, &
à plufieurs autres vfages de cette forte : mais il faut que
chacun felon les befoings qu'il en aura imagine les
conftruɛtions les plus propres pour fes deffeings. Je ne
puis pourtant m'empefcher de remarquer icy en paffant
combien cette force feroit preferable à celle des galeriens
pour aller vifte en mer : car premierement les galeriens
par leur poids chargent beaucoup la galere & la rendent plus difficile à movoir : deuxiemement ils occupent beaucoup de place & embarraffent beaucoup le
vaiffeau : troifiemement on ne peut pas tousjours trouver autant de galeriens comme on en auroit bien affaire :
& enfin en quatriefme lieu il faut tousjours nourrir les
galeriens foit qu'ils travaillent en mer foit qu'ils fe

repofent dans les ports : ce qui n'augmente pas peu la defpenfe. Mais nos tuyaux ne peferoient que fort peu, comme j'ay desjà dit, ils ne tiendroient auffi que fort peu de place : & on en pourroit aifement avoir autant qu'on voudroit pourvu qu'on euft vne fois vne manufacture pour les faire : & enfin ces tuyaux ne confumeroient de bois que dans le temps de l'operation, mais dans les ports ils ne feroient aucune defpenfe. Or parce que ces tuyaux ne pourroient pas commodement faire jouer des rames ordinaires il faudroit emploier des rames tournantes comme j'en ay vu autres fois à vne machine que S. A. S. Monfeigneur le Prince Palatin Robert avoit fait faire à Londres & que des chevaux faifoient avancer par le moien de rames attachées aux deux bouts d'un aiffieu : ce qui réuffiffoit fi bien que la barque du Roy où il y avoit feize rameurs, demeuroit pourtant bien loing derriere cette machine. Il feroit donc auffi facile de faire tourner par nos tuyaux des aiffieux aux bouts defquels il y auroit des rames attachées : car il faudroit feulement que les manches des piftons fuffent dentez pour tourner de petites roues dentées & affermies fur les aiffieux des rames : & pourvu qu'il y eut trois ou quatre tuyaux appliquez à vn mefme aiffieu ils pourroient luy donner vn mouvement continuel & fans interruption : car lorfque quelcun des piftons viendroit au bas de fon tuyau enforte qu'il ne fuft plus en eftat de faire tourner l'aiffieu jufques à ce que la force des vapeurs le fift remonter au haut de fon tuyau : alors on pourroit promptement lafcher vn autre pifton qui en defcendant continueroit le mouvement à l'aiffieu : & ainfi de fuitte on lafcheroit encor vn autre pifton qui imprimeroit auffi fa force à

l'aiſſieu : cependant que les piſtons qui feroient les premiers deſcendus feroient repouſſez au haut de leurs
tuyaux par la force de la chaleur & qu'ainſi ils acquer-
roient une nouvelle force pour tourner l'aiſſieu de la
maniere qui a eſté cy deſſus decritte : & pour faire ainſi
remonter tous ces piſtons les vns apres les autres on
n'auroit beſoing que d'vn ſeul fourneau avec vn feu
mediocre. Mais on m'objeſtera peut eſtre que les dents
des manches des piſtons, eſtants engagées dans les dents
des roues, devroient, en montant & en deſcendant,
donner à l'aiſſieu des mouvements oppoſez : & qu'ainſi
les piſtons montants empeſcheroient le mouvement de
ceux qui deſcendroient, ou ceux qui deſcendroient
empeſcheroient le mouvement de ceux qui devroient
monter. Mais cette objeſtion eſt facile à reſoudre : car
c'eſt vne choſe fort ordinaire aux horlogeurs d'affermir
des roues dentées ſur des arbres ou aiſſieux en telle ſorte
que eſtant pouſſées vers un coſté elles font néceſſairement
tourner l'aiſſieu avec elles : mais vers le coſté oppoſé elles
peuvent tourner librement ſans donner aucun mouvement
à l'aiſſieu qui peut ainſi avoir vn mouvement tout oppoſé
à celuy des dittes roues. Toute la plus grande difficulté
ne conſiſte donc qu'à eriger vne manufaſture pour faire
avec facilité des tuyaux legers, gros & égaux d'un bout à
l'autre, comme il a eſté dit plus au long dans les Aſtes
de Lipſik, an. 1688 au mois de ſeptembre : & cette
nouvelle machine doibt bien encourager à entreprendre
vne telle manufaſture : puiſque elle fait voir, plus manifeſtement que jamais, que ces ſortes de gros tuyaux
pourroient s'emploier fort commodement à pluſieurs vſa-
ges de tres grande importance. »

Arrêtons-nous : nous voici en préfence de la plus importante des inventions de notre compatriote. Une analyfe impartiale & férieufe nous paraît d’autant plus néceffaire, que cette découverte n’a trouvé, de l’autre côté du détroit, qu’une perfiftante dénégation fyftématique.

Scrutons d’abord la queftion de priorité.

En feptembre 1690, publication dans les *Acta eruditorum Lipfiæ* du *Nova methodus ad vires motrices validiffimas levi pretio comparandas*.

En 1695, dans le *Recueil de diverfes pièces*, de Caffel, traduction françaife fous le titre : *Nouvelle manière de produire à peu de frais des forces mouvantes extrêmement grandes*.

Ainfi, en 1695, après cinq années, Papin fe croit autorifé à ne rien retrancher de fon titre. Pour lui le *Nova methodus* eft la *Nouvelle manière;* mais cette manière, en 1690 comme en 1695, avait le droit de fe dire nouvelle, car le capitaine Savery, dont le plus grand nombre des auteurs anglais lui oppofent la machine, ne prit fa patente qu’en 1698 (1). Il eft vrai que, pour juftifier Savery du délit de plagiat, M. Stuart affirme que ce capitaine de la marine anglaife commença dès 1696 la defcription des machines deftinées à l’illuftration de fon livre : *The miner’s friend*, « L’ami du mineur. »

Pourtant cette defcription & le dialogue qui en dépend, rédigés pour répondre aux objections des commiffaires délégués par la Société Royale, en 1699 (2), ne virent

(1) « The fact is, Savery obtained his patent in 1698. » (Stuart, p. 34.)

(2) « But, befides this, he had erected feveral of his engines *before* he obtained his patent, & publifhed an account of his engine in 1696, under the title of *The miner’s friend, & a Dialogue*, by way of anfwer to

le jour, comme le furplus de l'ouvrage, qu'en 1702 (1). Or, comptons : de 1690 à 1698, huit ans; de 1695 à 1698, trois ans; de 1690 à 1696, fix ans; & même, de 1695 à 1696, un an ; encore faut-il, pour ces deux derniers termes de comparaifon, accepter fans contrôle l'affertion de M. Stuart touchant la publication divifée de L'ami du mineur de Savery.

L'édition latine de 1690 écartée, l'honneur de l'antériorité refterait donc toujours au phyficien français. Comment fe fouftraire à cette maffe foudroyante de dates? Comment? En niant l'exiftence des publications de 1690 & de 1695, ou, ce qui revient au même, en les paffant fous filence, &, dans la glorieufe Angleterre, des favants, des hommes férieux, pleins de mérite & de bonne foi d'ailleurs, fe font rencontrés qui ont pouffé jufqu'à cette limite extrême le point d'honneur national (2).

Ils eurent longtemps beau jeu. Le nom de Papin & fes découvertes, à l'exception de fa marmite, étaient entièrement inconnus à la génération chez qui fe faifait l'application définitive de la vapeur. L'un des meilleurs mathématiciens de la fin du XVIIIe fiècle, l'abbé Charles Boffut, qui ofa, l'un des premiers, revendiquer les droits du vieux réfugié, ne paraît connaître, en l'an IV de la République (1795), ni le *Nova methodus* ni *La Nouvelle manière*, fa traduction. Il écrivait alors : « Papin

the objections which had been made againft it in 1699. » (ld., ibid.)

(1) « Both were printed in one volume, in 1702. » (Stuart, ibid.)

(2) « The fact is, that Papin's firft publication was in 1707. » (D' Robinfon, *Encyclopæd. britann.*, article *Steam engines*, p. 49, dernière édition commentée par Watt. — Arago cite auffi MM. Millington, Rees & Lardner (V. *Annuaire du bur. des longit.* de 1837, p. 253, en not.)

fit imprimer à Caffel, en 1707, un petit ouvrage intitulé : *Nouvelle manière d'élever l'eau par la force du feu*,
où il rapporte que, *dès l'année* 1698, il avait déjà fait un
grand nombre d'expériences, par ordre du landgrave de
Heffe, pour effayer d'élever l'eau par la force du feu, &
où il donne la defcription d'une machine propre à remplir cet objet (1). »

Aujourd'hui, pareilles erreurs ne font guère poffibles.
Depuis quarante ans, l'inveftigation hiftorique du paffé
de la vapeur a remis en lumière les travaux des fucceffeurs de Héron, & la critique en a fixé l'origine & la
portée. Grâce à ces études rétrofpectives, Papin a repris,
pour ainfi parler, poffeffion du domaine fcientifique où fa
vie s'était ufée. Un hiftorien de la vapeur ne pourrait
plus ignorer, comme Boffut & les phyficiens de fon
époque, les titres réels qui affurent à notre compatriote
fa part dans la découverte des *forces mouvantes* de l'eau
vaporifée. Il eft peu de bibliothèques publiques, en
Europe, qui ne poffedent les Actes de Leipzig où fe
trouve le *Nova methodus*. La collection intitulée *Recueil
de diverfes pièces* eft des plus rares, mais deux célèbres
dépôts bibliographiques de Londres en confervent une
chacun : nous les avons vues, comme celle de Caffel
& celle qui fe garde religieufement à Marbourg. Quelques autres encore exiftent, rendues à la circulation par
la librairie ancienne ; c'eft par cette voie qu'eft venu, à
Londres, dans les mains de l'un de nous l'exemplaire qu'il
eft heureux de pofféder.

(1) *Traité théorique & expérimen-
tal d'Hydrodynamique*, Paris, Laran, an IV, in-8°. *nouvelle édition*, t. II,
p. 475.

IX

Titres de Savery & de Worcefter. — De Salomon de Caus & de Papin.
Récapitulation.

La queftion de priorité, qui nous touche furtout à titre de fait biographique, a, plus longtemps que nous ne le défirions, occupé notre attention. Mais, ici, cette queftion tenait à des confidérations de l'ordre le plus grave : il s'agiffait moins d'une attribution que d'une reftitution de droits paffionnément détournés du chef légitime.

La chofe elle-même, c'eft-à-dire la fubftance de la découverte, follicite maintenant une investigation non moins fcrupuleufe : elle s'eft, pareillement, heurtée chez nos voifins d'outre-Manche à des contradicteurs auffi injuftes qu'opiniâtres.

Afin de fe faire une idée exacte du débat, il nous femble important, au préalable, de faire connaître la machine du compétiteur de Papin, le capitaine Savery. Nous emprunterons le fond & les détails de cet examen à la littérature fcientifique anglaife elle-même.

Rien de vrai comme le proverbe : *Nul n'eft prophète en fon pays.* Savery, dont on veut faire un prophète en France, ne l'eft pas en Angleterre. Dès que parut la defcription de fa machine, il fut accufé d'en avoir puifé l'idée fondamentale dans le livre du marquis de Worcefter. On peut confulter à cet égard Stephen Switzer, qui connut perfonnellement Savery (1); Defaguliers, dont

(1) *Introduct. to a Gener. Syft. of hydroftatics*, &c., 1729.

l'ouvrage parut trente ans après la mort de ce mécanicien (1); & principalement M. Stuart, qui prend à tâche de difculper fa mémoire (2). Il ferait affurément difficile de le nier : l'invention du capitaine offre une relation étroite avec celle qu'énonce en ftyle d'oracle le marquis de Worcefter; auffi les efprits les moins prévenus font-ils divifés fur la queftion de favoir fi l'une n'eft pas pillée de l'autre (3).

Lord Worcefter, on fe le rappelle, prétendait décider l'afcenfion d'une colonne d'eau, à la hauteur de quarante pieds, en réduifant du liquide à l'état de vapeur, dans un double matras alternativement épuifé & rempli. Aucune defcription, figure ou appareil n'ayant fuivi la formule énigmatique du *Century of inventions*, bien que le noble lord, pour obtenir fa patente, eût affirmé la conftruction d'une machine, l'efprit le plus fubtil eft incapable de deviner par quel mécanifme l'eau s'élevait à la hauteur indiquée. En émendant, en corrigeant, en éclairciffant le texte fibyllin des centuries, en introduifant à travers l'exécution des mécanifmes d'un autre âge, de favants anglais, MM. Millington, Brewfter & autres, font parvenus à rendre poffible le réfultat annoncé par le marquis; mais leurs reftitutions font des œuvres du XIXᵉ & non du XVIᵉ fiècle. La queftion à réfoudre était celle-ci : Sa Seigneurie a-t-elle entendu faire entrer dans fon myftérieux engin *deux bouilleurs* (boilers) *& un*

----

(1) Stuart, *Ouvr. cit.*, p. 34.

(2) *Id.*, à partir de la page 32.

(3) « In lord Worcefter's time the machine was not practically introduced, & it was foon forgotten. Savery's engines were conftructed in a manner precifely fimilar, & it is uncertain whether he adopted the marquis of Worcefter's ideas, or reinvented a fimilar machine. » (Dʳ Thomas Young, *Nat. phil.*, tome I, p. 356.)

feul récipient (one receiving veffel), ou *deux récipients & un feul bouilleur*, ou fimplement *deux récipients femblables à celui de de Caus, garnis chacun d'un tube* pour donner cours à l'afcenfion du liquide, au-dehors, & d'*un robinet* pour remplacer fans interruption, au-dedans, l'eau confumée (1)? Dans fon projet de reftitution, M. Stuart s'eft infpiré de cette dernière hypothèfe, afin de fe tenir, déclare-t-il, plus près que M. Millington (*as being nearer*) de la penfée de lord Worcefter (2); encore, il l'avoue, a-t-il été contraint de faire fubir au texte de Sa Seigneurie une modification qui peut paraître rationnelle, quoique le manufcrit confervé au *British Mufeum* la condamne (3).

Entendu de cette façon, le problème dont lord Worcefter mourut fans laiffer la folution reçoit de M. Stuart une explication très-acceptable : Sa Seigneurie, au moyen de deux vafes de liquide chauffé, détermine directement & fans rouage intermédiaire, comme Salomon de Caus à l'aide d'un vafe unique, un jet d'eau que l'un porte à quarante pieds, & l'autre à une hauteur indéterminée. Chez lord Worcefter, le jet eft double, le vafe l'étant. Comparée à la figure du théorème 5 de l'ingénieur français, cette vignette, qui reproduit la reftitution de M. Stuart, achèvera de rendre évidente aux yeux des lecteurs une fimilitude que nous avons d'ailleurs indiquée à l'article de Worcefter (4).

(1) *Whether two boilers* are meant, and *one receiving veffel?... Or only two veffels, like de Caus.....?*

(2) Stuart, *Ouvr. cit.*, p. 19.

(3) « Yet the manufcript in the British Mufeum agrees, in the ufual reading, with the printed copies. » (*Id.*, pp. 18 & 19.)

(4) V. ci-deffus, *Introduction*, pp. 62 & 63.

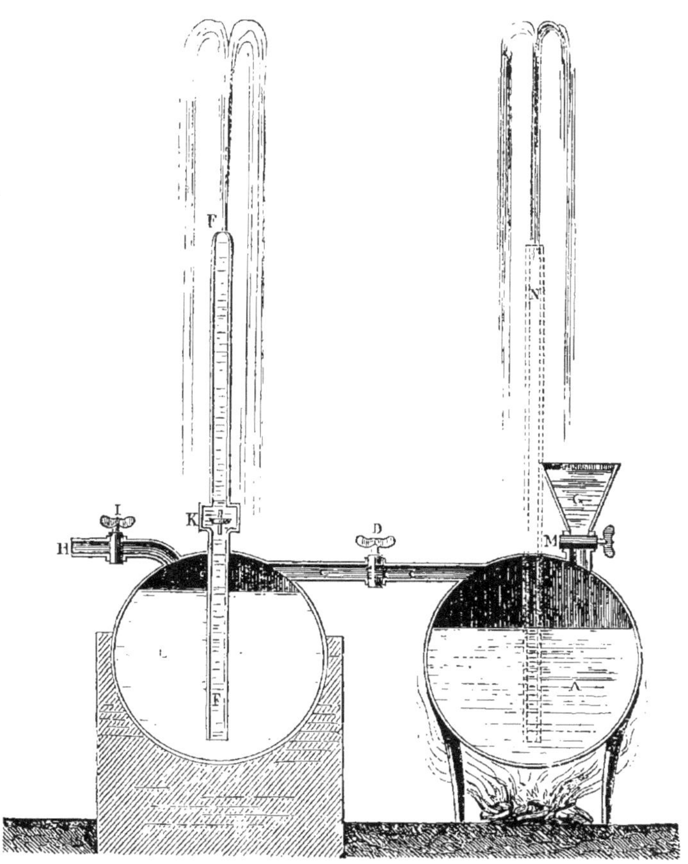

Nous pouvons à préfent parler de l'invention de
Savery. La figure qui va fervir à notre defcription repréfente la mieux proportionnée des machines élévatoires
qu'il ait conftruites, s'il faut en croire Swifter (1). L'in-

(1) « Vho fays it was the beft pro-   Stuart, *A defcript. hiftory of the fteam*
portioned of any he had feen. » (Rob.   *engine*, p. 43.)

venteur l'établit lui-même en 1707, chez M. Ball, à
Cambden-Houfe, dans Kenfington.

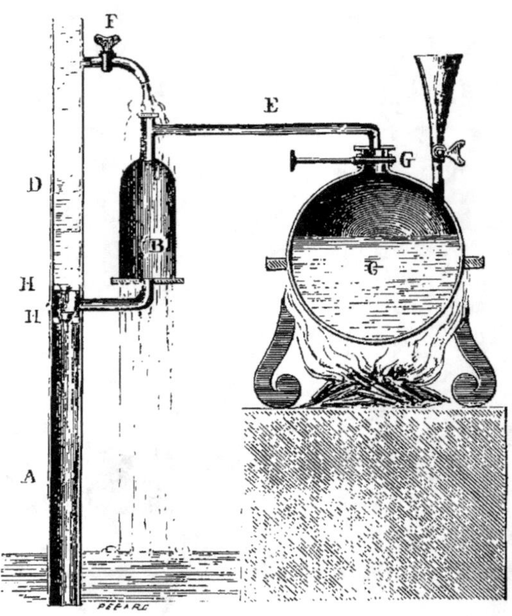

Soit A un tuyau partant du puifard pour aboutir au
récipient B placé au-deffus du niveau de l'eau dans le
puifard, environ à la diftance à laquelle la preffion
atmofphérique peut élever l'eau dans le vide; le baffin
de réception dominant le réfervoir B de 42 pieds, hauteur où la puiffance élaftique de la vapeur foulevait la
colonne d'eau. Soit le tube D de trois pouces de diamètre & le tube C d'un pouce environ, le réfervoir B de la
contenance de 13 gallons & le bouilleur de la contenance de 39 :

La vapeur paffant du bouilleur C dans le récipient B
fe condenfe fous l'afflux de l'eau froide verfée par le
robinet F, l'arrivée de nouvelle vapeur étant interceptée
par la fermeture du robinet G. Le vide fe fait alors dans
le récipient & la preffion atmofphérique élève l'eau du
puifard jufques au fommet du tube A d'où elle paffe par
le tube latéral E, en foulevant la foupape H dans le récipient B. Alors la preffion de la vapeur pouffe l'eau de C
dans le tube D; une foupape H, qui s'ouvre de bas en
haut, empêchant fon retour. Dès que le récipient s'eft
de nouveau rempli de vapeur, on referme le robinet G,
en même temps qu'on livre paffage à l'eau froide en
tournant le robinet F. Celle-ci, venant à condenfer la
vapeur, forme encore le vide, puis la preffion de l'atmofphère recommence à faire monter l'eau dans le
réfervoir, à travers le tuyau A; & l'on peut continuer
en opérant toujours de même.

On aperçoit d'ici que toute l'économie du fyftème de
Savery repofe fur le principe qui a dirigé Salomon de
Caus. L'ingénieur français produit fa force motrice aux
dépens même de l'eau chauffée dans un feul globe métallique. Savery utilife deux récipients : un pour l'eau, un
autre (*the boiler*) pour la vapeur. A l'aide d'un appareil de
tubes & de robinets, l'eau vaporifée paffe du fecond vafe
dans le premier, où, dès que fa preffion a forcé le liquide
à s'élancer par un ajutage, elle revient à fon état naturel, les parois du vafe étant afpergés d'eau froide.

En fomme, Savery n'a rien découvert. Homme du métier, il a combiné la condenfation de la vapeur, pratiquée par Papin en 1688, avec le mode d'emploi de cette
même vapeur, trouvé avant 1620 par Salomon de Caus,

puis amendé par lord Worcefter, fi tant eft que Sa Seigneurie ait amendé quelque chofe en fait de machine à vapeur. Même dans cette combinaifon, il a eu l'art d'utilifer une autre idée de Salomon. L'ingénieur de Louis XIII avait appliqué au principal reffort de fa fontaine folaire une faine idée phyfique : celle de faire afpirer l'eau d'un baffin par le vide opéré dans un récipient fupérieur (1). Aux rayons du foleil, que de Caus chargeait de l'exécution, Savery, mieux fervi par la grande découverte de fon époque, fubftitue l'action de la vapeur, bien autrement décifive. Mais l'ingénieur anglais, & là gît fon mérite, a fu introduire une divifion ingénieufe dans l'économie du théorème V de fon prédéceffeur : deux vafes au lieu d'un. Encore les écrivains anglais font-ils, nous l'avons vu, honneur de cette idée à l'auteur du *Century of inventions.*

L'induftrie fit un affez froid accueil au projet de Savery. Les critiques nombreufes dont ce mécanifme avait été l'objet, jointes aux remaniements qu'il avait dû fubir, lui nuifirent dans l'efprit des capitaliftes. Les centres miniers eux-mêmes, pour qui l'inventeur l'avait conçu, lui accordèrent peu de confiance. Il eut plus de fuccès dans les palais & les châteaux où il fut employé à faire monter l'eau. On s'en fervit auffi comme moyen d'affécher les marais & comme pompe d'épuifement à bord des navires.

La première machine à vapeur dont l'induftrie ait retiré des fervices réels eft une invention différente & qui n'appartient à Savery que pour une part. Sortie d'une

______

(1) V. ci-deffus, *Introduct.*, p. 44.

affociation de celui-ci avec deux autres Anglais, New-comen & Cawley, elle ne commença à fonctionner avec quelque retentiffement que vers 1709 ou 1710. A cette époque, Papin, aux gages de la Société Royale, éparpillait les reftes de fa vie & de fon génie fur de moindres objets, la plupart commandés. Il n'a jamais dit un mot de l'œuvre des trois affociés; mais il femble y faire allufion dans une de fes lettres à Sloane, lorfque, las de voir fes principales découvertes effrontément pillées, il refufe nettement de faire connaître à la Société Royale une machine pneumatique de fon invention (1). En effet, l'idée du pifton obéiffant à la vapeur, apportée dans le mécanifme commun par Newcomen & Cawley, & celle de la condenfation, fournie par Savery, font des emprunts non déguifés faits à la machine atmofphérique de Papin de 1690-1695. L'un des affociés même, Newcomen, avait eu par Hooke une connaiffance raifonnée de l'invention françaife (2).

Quant à Savery, à l'exemple des phyficiens antérieurs, il ne donnait à fon invention perfonnelle que la portée d'une machine à épuifer. Il la croyait cependant fufceptible d'une puiffance illimitée. « Qu'on me procure, s'écriait-il, des récipients dont la réfiftance foit en rapport avec l'élévation de l'eau à 500 ou 1,000 pieds, & je me fais fort de l'élever à cette hauteur. Aujourd'hui, telle qu'elle eft, ma machine fait monter aifément à 60, 70 & même 80 pieds le liquide qui remplit un cylindre (3). »

---

(1) V. la *Correfpondance d'Angleterre*, lettre du 3 janvier 1709.

(2) V. Arago, *Notic. fcientif. fur la vapeur*, 263, 264, en note.

(3) « For, I will raife you water 500 or 1,000 feet high, &c. » (*The Miner's friend*, cité par Rob. Stuart, p. 41.)

La place ainſi faite, la découverte de Papin va ſe préſenter nettement à notre attention.

Notre compatriote ſe propoſait auſſi l'élévation de
l'eau (1). Toutefois, les réſultats du mouvement alternatif d'aller & de retour du piſton dans un corps de
pompe n'échappent point à ſa clairvoyance : ce double
mouvement lui donne auſſitôt l'idée d'un moteur applicable à toutes les opérations manuelles (2). Mais réſu-
mons en quelques lignes le moteur, le mécaniſme qui
le facilite & la marche de tout l'appareil.

Papin part de ce principe : l'eau a la propriété, étant
métamorphoſée en vapeurs, de faire reſſort comme l'air,
puis de ſe recondenſer par le froid, ce qui lui ôte cette
force de reſſort. Sur ce thème, il fonde la théorie d'une
machine où l'eau, par le moyen d'une chaleur modérée,
doit faire le vide parfait inutilement demandé à la poudre
de guerre. C'eſt toujours ſa machine atmoſphérique ;
l'agent change, mais l'idée perſiſte.

Ceci poſé, notre habile phyſicien (vignette page 151)
édifie ſon mécaniſme : un tuyau ou mieux un corps de
pompe de deux pouces & demi de diamètre, peſant cinq
onces, ajuſté d'un piſton & bouché par le bas d'une plaque
métallique, ſeul récipient de l'eau qui doit ſe vaporiſer.

Il mène ainſi cet appareil : il chauffe la plaque ; l'eau
qu'elle porte, réduite en vapeurs, chaſſe le piſton juſqu'en haut du tuyau, réſultat qu'il obtient d'abord en une
minute, enſuite, après réviſion, en quinze ſecondes (3).

(1) « Cette invention ſe pourroit
appliquer à tirer l'eau des mines. »
(*Recueil de diverſes pièces*, page 57.)
(2) « Jetter des bombes, ramer

contre le vent & à pluſieurs autres vſa-
ges de cette ſorte. » (*Id., ibid.*)
(3) « J'ay remarqué que, par
cette nouvelle méthode, on peut vui-

Alors il éloigne le feu de la plaque, qui, se refroidissant avec quelque lenteur, il est vrai, annule ou condense si bien la vapeur, que le piston redescend jusqu'au fond du tuyau, sans laisser d'air pour la presser au-dessous ou résister à sa descente. Malgré sa faiblesse, ce corps de pompe, à chaque oscillation, est capable d'élever 60 livres à toute la hauteur dont le piston descend.

La machine n'est qu'un véritable échantillon ; s'il lui a donné ces proportions restreintes, c'est pour démontrer, sans beaucoup de frais, la valeur de son invention. Sachant qu'elle peut réaliser de plus grands effets, il n'hésite pas à proposer de fabriquer des corps de pompe assez solides, bien que de 40 livres à peine, pour élever 2,000 livres à chaque mouvement de va-&-vient, & jusqu'à la hauteur de 4 pieds. Les pistons de ces tuyaux, montant & s'abaissant en sens opposé, décideraient un mouvement continu de rotation, puisque la nullité de leur action à la fin de la descente serait compensée par une somme d'action résultant de leur réascension répétée.

Entre toutes les applications qui se peuvent faire de ses appareils amenés à de semblables dimensions, Papin se borne à signaler celle dont un navire pourrait se servir. L'essentiel, au lieu de rames ordinaires, d'un emploi très-difficile en ce cas, serait d'avoir des rames tournantes, adaptées à l'extrémité d'essieux recevant l'impulsion des tuyaux, & telles que le prince palatin Robert en avait fait exécuter pour un bateau de son invention, manœuvré par des chevaux sur la Tamise. Seulement, les tiges des pis-tons devraient être dentées, engrenées avec de petites

der ce mesme tuyau en vn quart de   minute. » (*Recueil*, &c., p. 61.)

roues également dentées, & affermies fur les effieux. Pour cela, ajoute le célèbre inventeur, il n'y aurait pas à craindre que les dents des tiges, engagées dans les dents des roues, fiffent dans leur mouvement alternatif, aller l'effieu en fens contraire au leur. N'eft-ce pas chofe ordinaire aux horlogers d'affermir des roues dentées fur des effieux, afin qu'elles puiffent, par un côté, faire tourner l'effieu avec elles, &, par l'autre, tourner librement elles-mêmes fans donner d'impulfion à ce même effieu, maître ainfi d'exécuter un mouvement oppofé (1)? Là n'eft donc pas la difficulté : elle fe trouve, pour la plus grande partie, dans le manque de grandes ufines capables d'exécuter avec facilité les cylindres ou corps de pompe que l'application étendue réclame (2).

Ces moyens de faire avancer les vaiffeaux à l'aide de la vapeur font très-remarquables, quoiqu'ils foient feulement indiqués. C'eft le projet, arrêté déjà dans fon efprit, de ce bateau à roues qu'il doit lancer fur la Fulda durant fon féjour dans la Heffe.

Récapitulons ce qui précède :

Papin, en 1689, nous apprend : 1° A élever un pifton dans un corps de pompe, par le reffort de l'eau vaporifée, puis à l'abaiffer en faifant perdre à cette eau fon reffort par le refroidiffement : double mouvement en fens inverfe dont la répétition fournit un pouvoir d'impulfion docile à la volonté de l'homme ;

2° A faire l'application de ce moteur à toutes les opérations de l'humanité qui exigent l'emploi d'une force mouvante, notamment à la marche des navires.

(1) *Recueil*, &c., p. 59. (2) *Id.*, p. 60.

Qu'y a-t-il de commun entre cette machine à piſton, utiliſant la preſſion atmoſphérique, & la machine à production directe de Savery, ſinon la condenſation de la vapeur, que cet Anglais emprunte à ſon prédéceſſeur & qu'il perfectionne, il faut le dire, en ſubſtituant à l'éloignement du feu, moyen paſſablement primitif, une aſperſion d'eau froide ?

X

Changement dans la ſituation de Papin à Marbourg.
L'Univerſité & ſon Sénat.
Schiſme dans l'Egliſe calviniſte françaiſe. — Excommunication de Papin.
Sa réconciliation avec le paſteur Gautier.

Le rival de Savery n'était pas tellement abſorbé par la conception de ſes machines & les leçons de ſa chaire, qu'il ne vît ſe former dans le ciel hoſpitalier de la Heſſe un orage menaçant pour ſon avenir. Nous avons déjà vu le Sénat académique de Marbourg lui montrer, avant même ſon inſtallation, des diſpoſitions peu bienveillantes. Ce mauvais vouloir, dont nous avons fait preſſentir l'origine, ne ceſſa de grandir, demi-voilé d'abord, maniſeſte & tout à ciel ouvert enſuite.

Les tracaſſeries qui lui étaient ſuſcitées avaient fatigué ſa patience dès le milieu de l'année 1690. Alors il priait ſecrètement Huggens de lui chercher une poſition en Hollande ; il lui mandait :

« L'eſtat de mes affaires où vous temoignez avoir la bonté de prendre encore quelque intereſt, n'eſt pas ſi bon qu'on pourroit ſe l'imaginer. Les princes ont tant de fortes d'occupations, qu'ils ne penſent guère aux ſcien-

ces... Pour ce qui eſt de l'Académie, on peut dire que le
profeſſeur en mathématiques y eſt très peu utile : parce
que le peu d'étudiants qui viennent icy ne le font que
pour ſe mettre en eſtat de gaigner leur vie par la théologie, le droit ou la médecine ; & de la manière que ces
ſciences ſe traittent juſques à préſent, les mathématiques
n'y ſont point néceſſaires ; ainſi cette jeuneſſe ne veut pas
s'en embarraſſer. De plus, les revenus de l'Académie ſont
fort médiocres & la guerre les rend encor plus difficiles
à tirer qu'auparavant ; de ſorte que je crois que ce ſeroit
faire grand plaiſir à ces Meſſieurs de leur préſenter quelque moien honneſte pour ſe defaire de moy, & joindre
cette charge à celle de quelcun des autres profeſſeurs qui
ne recevroit que fort peu d'augmentation de gages pour
cela (1). »

Deux mois après, bien qu'il eût reçu de la Cour un
ſubſide temporaire, il perſiſtait dans l'idée de quitter la
Heſſe. Les défiances que lui inſpire le milieu où il ſe
trouve ſont telles, que, pour empêcher de tomber entre des mains ennemies ſa correſpondance avec Huggens, il choiſit pour ſes intermédiaires : en Hollande,
Jacques Gouſſet, ſon couſin, profeſſeur à Gronin-
gue (2) ; en Heſſe, Haes, ſecrétaire de S. A. S. & ſon
ami (3). Les réponſes de Huggens s'égarèrent. Par quel
ordre furent-elles retrouvées, puis remiſes ? Il nous le
laiſſe ignorer. Toutefois (ſa poſition lui devenait donc
bien odieuſe !), il réitérait auprès de ſon ancien maître, à

---

(1) Lettre de Papin du 18 juin
1690. (V. *Correſp. de Hollande*, IVe
partie de notre publication.)

(2) Lettre du même du 10 août de la
même année ; même correſpondance.

(3) Lettre du même, du 25 octobre 1691. (*Correſp. de Hollande*,
IVe partie de notre publication.)

la fin de l'année 1691, fes follicitations & fes plaintes.

« L'Académie, écrit-il, a agi avec moy d'une manière à faire voir clairement qu'ils voudroient (*fic*) me réduire à dépendre de la miféricorde de mes collègues, ce qui eft bien différent de ce qu'on m'avoit écrit à Londres. J'ay donc eu recours à S. A. S., & je ne fçay pas quelle fatisfaction je pourray obtenir, tant à caufe qu'effectivement je fuis icy fort peu utile, comme je vous l'ay autrefois mandé, que parce que plufieurs de Meffieurs nos profeffeurs ont des proches parents & alliez dans le Confeil. Ainfi je vois grande apparence que cela reuffira à me faire fortir d'icy. Je le feray pourtant de la meilleure grâce qu'il me fera poffible : mais je ne vois point de fi bon moien pour cela que fi j'avois quelque vocation pour une Académie ou pour quelque ville maritime (1). »

L'interruption du commerce épiftolaire de Papin & de Huggens laiffe les chofes en cet état; heureufement, une autre correfpondance, celle de Leibniz, les reprend prefque au moment même où elles s'arrêtent. La folution de continuité n'eft donc pas longue. Mais que s'eft-il paffé dans ce bref intervalle ?

Précédemment, nous avons énuméré les fommes diverfes qui compofaient le revenu de Papin à Marbourg, & montré que, fi cet enfemble ne l'élevait ni les fiens jufqu'à l'opulence, il les mettait du moins dans cet état tolérable qui permet, en retranchant chaque jour au caprice coûteux du défir, de réalifer quelques économies. On ne peut pas dire qu'il fût, comme père de famille, dans la gêne abfolue. C'était autre part qu'il reffentait la détreffe.

____

(1) Lettre du même, du 26 novembre 1690. (*Correfpondance de Hollande*, IVe partie de notre publication.)

A l'exemple de Bernard Paliffy & généralement de tous
ceux qu'obfède la paffion des découvertes, Papin dépen-
fait, à pourfuivre fes inventions, tout ce qu'il pouvait pré-
lever fur fes revenus. Il eût volontiers, comme le vieux
fabricant de figulines, employé, en ces fpéculations
hafardeufes, l'argent & les meubles du ménage. Sans aller
jufqu'à ces extrémités, fa paffion ne laiffait pas que de
jeter, de temps à autre, le trouble dans fes affaires domeftiques. Elle compromettait plus malheureufement encore
fa pofition officielle.

L'Univerfité de Marbourg, à laquelle il s'était attaché,
l'avait accueilli fans enthoufiafme. Ce Français, malgré
fon titre de réfugié, lui infpirait une certaine défiance.
Son genre de vie la gênait : elle rompait inopinément
des habitudes qui lui étaient chères. Tout le profefforat
appartenait à cette claffe bourgeoife, uniforme en fa vie,
patriarcale en fes mœurs, que nous avons déjà rencontrée
à Blois & qui difparut du milieu de nous après 1789. Sor-
tant de familles dont la plupart des membres occupaient
des poftes, en quelque forte réfervés, dans les confeils,
dans l'adminiftration, à l'armée du prince (1), il vivait
fans ambition, accoutumé à une févère économie. Cette
épargne quotidienne lui était d'ailleurs, ainfi que vient
de nous le dire Papin, commandée par la modicité des
revenus univerfitaires (2). Nul orage de difcuffion ne
troublait fa quiétude traditionnelle. Le proteftantifme,
perfécuté & du petit nombre en France, était, dans la

(1) « Plufieurs de Meffieurs nos
profeffeurs ont des proches parens
& alliez dans ce Confeil. » (*Lett. du
26 novembre* 1690.)

(2) « Les revenus de l'Académie
font fort médiocres. » (*Lettre du* 18
juin 1690, *Correfpondance de Hollande*, IVe partie.)

Heſſe, accepté de tous, profeſſé par tous, hors par conféquent de toute controverſe paſſionnée. Le même accord
régnait quant aux choſes de l'inſtruction ; leur pro-
gramme ſe réſumait en trois articles ſacramentels : médecine, jurifprudence, théologie; les ſeules avenues ſco-
laires de la fortune moyenne qui fuſſent fréquentées (1).
Un peu de mathématiques s'y joignait à l'occaſion, à
doſe légère, s'il faut en croire Papin ; mais pas une notion
de mécanique, de ſcience appliquée, tranſcendante ou
artiſtique (2).

Dans cette ſituation, pour les bons univerſitaires de
Marbourg, gens inſtruits, & quelques-uns, comme
l'orientaliſte Otto, au-delà de ce qu'exigeait leur profeſ-
ſion, le principal ſouci conſiſtait à diſtribuer conſciencieu-
ſement à leur jeuneſſe ſcolaire la meſure d'inſtruction
dès longtemps arrêtée. W. Dilich, dans l'écrit que nous

(1) Dans ſa première organiſation,
l'Univerſité de Marbourg comportait ſix profeſſeurs : deux en théologie & un ſeul en jurifprudence, en
médecine, en poéſie & en hébreu.
Leur nombre s'accrut au fur & à meſure de l'augmentation des revenus;
mais, à ce qu'il paraît, uniquement
dans ces facultés, car, parmi les profeſſeurs qui illuſtrèrent l'Univerſité
juſque vers 1630, on ne cite pas un
ſeul mathématicien. (Will. Dilich,
dans les *Indic. lection.*, &c., Mar-
burgi, 1863, p. 12, *en not.*, & 14.)
Ce qui précède confirme donc cette
aſſertion de Papin du 18 juin 1690 :
« Le peu d'étudiants qui viennent icy
ne le font que pour ſe mettre en eſtat
de gaigner leur vie par la théologie,

le droit ou la médecine. » Mais ces
plaintes du réfugié français reçoivent
leur plus grande affirmation de ce
fragment d'une lettre de Leibniz à
Fabricius : « Groningæ quærunt Ber-
noullio ſuccedaneum, *qui non facilis
inventu.* Neſcio quo frigore torpent
Germani, ut raro altius aſſurgant, in
ſtudiis iſtis, excolendiſque inventis,
licet apud iſtos natis ; *negant Mathe-
ſin eſſe de pane lucrando.* (Epiſt. LXX,
Hanov. 9 junii 1705, dans les *OEuvr.
compl. de Leibniz*, t. V, pp. 270 &
271, Genève, de Tournes frères,
1768.)

(2) V. le paſſage de la lettre du 18
juin, où Papin prévoit la poſſibilité de
réunir ſa chaire à celle de quelque
autre profeſſeur, p. 172.

venons de citer, les montre s'acquittant de leur tâche avec une loyale fincérité (1), en pères autant qu'en maîtres (2); fe gardant bien de changer quoi que ce foit aux précédents établis. Ce petit état académique leur était venu, ainfi conftitué, de leurs prédéceffeurs, des parents & des alliés fans doute ; & ils comptaient bien le laiffer, tel qu'ils l'avaient reçu, à leurs fucceffeurs (3).

Grande fut donc leur furprife & grande leur contrariété, lorfque Papin apporta dans leur placide atmofphère l'activité inquiète de fon efprit chercheur. Cette activité, d'abord contenue par les devoirs attachés à fa nouvelle profeffion, eut bientôt le champ libre. Dès avant la fin de la première année fcolaire, la ferveur de mathématiques excitée par la réputation du titulaire avait fait place à l'indifférence accoutumée (4). Le cours de Papin fut peu à peu déferté. Celui-ci profita de cet abandon, qui lui créait de nombreux loifirs, pour donner à fes études favorites une extenfion plus grande. Ses expériences, chofe inouïe dans ce paifible coin de terre, eurent un fuccès prodigieux. La renommée s'en répandit au loin. Le landgrave, d'autres princes, des grands feigneurs firent pour y affifter le voyage de Marbourg, & l'heu

---

(1) « Quam fane ad rem non parum etiam contulit tot tantorumque profefforum gravitas, & non minus doctrinæ, quam vitæ fanctimonia. » (*Indic. lection.*, p. 14.)

(2) « Familiam quafi ducunt. » (*Id., ibid.*)

(3) « Hujus [Rectoris] officium eft *album affervare*, jus dicere, *privilegia tueri.* » (*Ibid.* p. XII.)

(4) Ceci reffort évidemment de la lettre au Dᵣ Sloane, citée page 130, dans laquelle Papin donne pour excufe à fon filence le temps qui lui eft pris par fon cours, & de la lettre du 18 juin 1690 où il fe plaint que, dans fon Univerfité, les leçons de mathématiques ne font ni fuivies ni « néceffaires ». (Voyez plus haut, page 172.)

reux docteur (qui ne l'eût cru heureux alors?) attirant sur lui, avec les regards de tous, l'attention particulière du souverain, devint l'objet d'une admiration universelle (1).

Pendant ce temps, la grave & méthodique Académie, dont les revenus acquittaient cette gloire, au surplus méritée, restait dans l'ombre, exposée à des comparaisons très-déplaisantes.

Il était difficile que tant de causes de division restassent sans influence sur les relations de Papin & de ses collègues. Si, faute d'occasion, une hostilité déclarée ne pesait pas sur ces rapports, rendus fréquents par une mutuelle dépendance, la défiance les rendait de jour en jour moins faciles. Chacun, en secret, souhaitait de sortir au plus vite de cette situation embarrassante : l'Académie pour recouvrer son calme passé, le docteur sa position sous l'aile de Huggens ou de la Société Royale. Il ne s'agissait plus que de trouver ce que Papin appelle un moyen honnête. Ce biais, on le cherchait des deux parts. Les choses allaient donc assez bien pour aboutir à une solution qui satisfît tout le monde. Les événements en disposèrent autrement. Une « augmentation de gages », obtenue à la suite d'une audience du landgrave, mit Papin en position de rester. Ses ennemis, qui avaient compté sur son départ, reprirent le fil de leurs complots, dès qu'ils s'aperçurent que, loin d'être réduit à quitter la Hesse, celui qu'ils poursuivaient s'était élevé d'un échelon dans la faveur du prince. Ils n'oublièrent pas de faire concourir à l'exécution de leurs desseins les mécontentements du pouvoir académique, qui n'étaient, à

____

(1) V. plus loin l'extrait d'une lettre d'Uffenbach, magistrat de Leipzig.

Marbourg, un fecret pour perfonne. Ajoutons, pour être juftes, que celui-ci, quoique mêlé par le fait à leur guerre déloyale, franchit rarement les bornes de la modé-ration, & jamais celles de la légalité.

Les incidents qui précèdent ouvrent l'année 1693. Voici les extraits de la correfpondance avec Leibniz, qui les racontent & les expliquent :

Le 9 octobre 1692, Papin révélait à l'auteur de la Théodicée, après d'affez longues circonlocutions, le plus cruel de fes tourments : la détreffe que fes effais font éprouver à fon ménage :

« Dans l'eftat où je fuis j'ay befoing de penfer avec une très-grande application à mes affaires domeftiques & à faire fubfifter ma famille : & quand je ne doibs pas m'engager plus avant dans des fpéculations qui ne font bonnes que pour des gens qui font bien payez pour cela, ou qui ont du bien d'ailleurs : mais pour moi qui vois a prefent que je ne doibs efperer ni l'un ni l'autre, je m'affeure que vous ne defapprouverez pas que je faffe ma retraite la plus courte & le moins deshonorablement qu'il me fera poffible. »

Il va donc partir ; mais, le 27 du même mois, après ce voyage à la cour de Caffel dont nous venons de parler, il écrit :

« Je tacheray… de faire voir que vous ne vous eftes pas trompé. S. A. S. noftre Prince m'ayant depuis peu accordé, nonobftant les malheurs du temps préfent, quel-que augmentation de gages qui me mettra en effect en eftat de vivre plus commodement & d'avoir plus de loifir de travailler (1). »

____

(1) V. la *Correfpondance*, IVe partie de notre publication.

La reconnaiſſance faiſait au docteur une loi d'abandonner ſon projet de retraite en Hollande ou en Angleterre; il y renonça. Il n'était pas encore remis de cette
première alerte, que la guerre ouverte éclata. Cette guerre
ou plutôt cette bataille, qui ne devait finir qu'avec ſa
ruine complète, avait comme débuté, en organiſant de
vulgaires perſécutions de voiſinage autour de ſon exiſ-
tence intérieure à peine commençante. Peu de temps
après ſon mariage, cet homme, de qui les découvertes
devaient renouveler la face du monde, ſe trouvait réduit
à implorer l'appui des chefs de l'Académie & de ſon Egliſe
contre les vexations indignes dont ſa famille était l'objet.
Sa femme, notamment, avait peine à ſe défendre des
inſultes que lui prodiguaient, en ſon abſence, les ſer-
vantes du propriétaire de ſa maiſon. Ce propriétaire, un
réfugié pourtant, était l'inſtigateur avéré de ces ava-
nies quotidiennes. Soit qu'il eût eu quelque diſcuſſion
d'intérêt avec Papin & madame de Maliverne, ſoit que
des diſſentiments religieux exiſtaſſent entre leur famille
& la ſienne, il ne laiſſait échapper aucune occaſion de
leur manifeſter ſes ſentiments hoſtiles. L'intervention un
peu tiède du Sénat univerſitaire & de la corporation
eccléſiaſtique n'eut juſte que la puiſſance d'arrêter ces
manifeſtations humiliantes, tant le perſécuteur, ſoutenu
probablement en ſecret, mettait d'acharnement à multiplier ſes coups d'épingle (1)!

L'horizon éclairci de ce côté ne tarda pas à ſe noircir
vers un autre, ſous l'influence de ce ſouffle adverſe, ſorte
de compenſation du génie, qui ſe plaît à troubler toute
deſtinée éminente.

(1) V. *Pièces juſtificat.*, n° X.

Dans les communications épiftolaires dont M. le docteur Henke nous honore, ce favant affure avoir lu quelque part qu'un diffentiment grave s'éleva dans le fein de l'Eglife françaife de Marbourg, à propos du mariage de Papin & de madame de Maliverne. Le pafteur Gautier, du pays de Vaud & chef du Presbytérium, fe ferait oppofé à cette union à caufe du degré de parenté exiftant entre les deux fiancés.

Nous connaiffions la querelle dont parle M. Henke; mais, malgré le fouvenir qu'il invoque, le mariage de Papin nous femble fans liaifon aucune avec les caufes qui la produifirent. Ces caufes font demeurées un myftère. On voit, par l'enfemble des pièces (1), que l'origine tenait à des queftions d'un ordre général. Il fe peut que, fe fondant fur une parenté prohibée, à ce qu'il paraît, par l'Eglife calvinifte, le pafteur Gautier ait mis dans le principe oppofition au mariage; mais fon oppofition ne femble pas avoir été bien longue, car on le voit procéder fans réfiftance à la célébration, fur la fimple préfentation des difpenfes délivrées par la chancellerie heffoife. Cette célébration fe fit, on l'a vu, le 1er janvier 1691, & les débats qui portèrent le trouble dans la communauté françaife de Marbourg ne defcendent pas plus bas que le mois de janvier 1694. Ces triftes débats, comment le mariage les eût-il amenés? L'excommunication lancée par le Presbyterium contre Denis Papin atteint auffi fa famille & d'autres membres de l'Eglife françaife, les miniftres Martin & Fontaine entre autres;

______

(1) *Pièces juftificat.*, nᵛ IX.

Papin lui-même eſt traité d'homme de parti (1). Un parti exiſtait donc? Quel était-il?

Le Pajoniſme, éteint ſur les rives de la Loire, reprenait-il la vie aux bords de la Lahn? Il ferait auſſi téméraire de le nier que de l'affirmer. Mais, qu'elle ſoit née à propos d'un dogme, du mariage de Papin, ou de quelque autre queſtion de diſcipline, la querelle, on en jugera par l'extrait ſuivant d'une lettre de 1694, avait acquis toutes les proportions d'un ſchiſme (2).

Voici cet extrait. La lettre eſt adreſſée aux miniſtres du Saint-Evangile Martin & Fontaine :

« *Comme vous aveʒ eu part à noſtre ſuſpenſion de la Ste Cène*, j'eſpère que vous ne trouverez pas mauvais que je vous informe de l'état où eſt à préſent cette affaire, *afin que vous puiſſieʒ mieux juger ſi vous aveʒ quelques meſures à prendre pour remédier à la continuation de ce ſcandale.* Je vous envoye donc, Meſſieurs, la traduction des ordres de S. A. S. & *l'explication que MM. les Commiſſaires ont donnée des dits ordres :* & je vous diray que l'on a vu que nous nous ſoumettons volontiers aux ordres de S. A. S., puiſque, en ayant obtenu copie en bonne forme la veille du jeuſne, nous allaſmes tous le lendemain célébrer cette dévotion à l'égliſe françoiſe *que nous ne fréquentons point depuis près d'un an.* Mais Mrs du Conſiſtoire françois ont encor oſé, deux jours après, nous défendre la communion, *parce que nous ne voulons pas recognoiſtre pour*

---

(1) Cette épithète offenſante lui eſt décernée dans une lettre qu'adreſſe aux membres eccléſiaſtiques Martin & Fontaine une commiſſion extraordinaire du Presbyterium, préſidée par le profeſſeur Gautier.(*France proteſtante*, t. VIII, p. 110, en note.)

(2) Elle décida la rentrée dans le giron de l'Egliſe catholique des deux miniſtres, Martin & Fontaine.

bonne la ditte explication : il eft donc manifefte que c'eft fur eux que doibt tomber le péché de ce fcandale. »

Le refte à l'avenant. Ce qui étonne, ce qui afflige le plus, dans le cours de cette longue polémique, c'eft de voir Papin, ce grand efprit, jeter au vent d'une contro-verfe malencontreufe & fans iffue les meilleurs des courts inftants que la Providencè lui donnait à féconder ici-bas. Il ne reftait pas oifif fans doute ; mais, au temps gafpillé en des conflits fans but, à la méditation concentrée fur des fujets indignes de la retenir, ne faut-il pas attribuer le retard fatal & l'héfitation plus fatale encore apportés en plufieurs de fes hautes inventions, fon bateau à vapeur, par exemple. Voyons, toutefois, à quoi s'occupait fon génie aux heures débarraffées des importunités vulgai-res de la vie. Si les élucubrations, charme & labeur de ces heures calmées, n'ont rien de bien important, elles ont le mérite, du moins, d'en montrer l'auteur attentif au mouvement fcientifique du fiècle, & s'y affociant fans trop d'interruption. De la forte & tour à tour, il va des Nouvelles de la République des lettres aux Tranfactions Philofophiques, & de celles-ci aux Actes des Erudits. Ces derniers, bien qu'ils ne s'exécutent pas toujours avec exactitude dans l'hofpitalité qu'ils accordent aux con-ceptions du Dédale français, contiennent, jufqu'à la publi-cation du *Recueil de diverfes pièces*, la férie à peu près complète de ces opufcules d'ordre fecondaire. Ce font les Actes de Leipzig, par conféquent, que nous allons fuivre.

XI

Autres defcriptions & analyfes de machines & de differtations.
Recueil de diverfes pièces.

1689, février. — *Defcriptio torcularis*. Les Actes, qui mentionnent déjà cet opufcule, ann. 1688, p. 646, le publièrent intégralement, au mois de février de l'année fuivante, p. 96 à 101, fur une communication directe de Papin, en date de Marbourg du 23 décembre 1688.

L'idée de ce preffoir eft affez fimple : un petit corps de pompe met en jeu un pifton agencé dans un cylindre plus volumineux. Au moyen du vide qui fe fait au-deffous, ce pifton, foumis à la preffion atmofphérique, entraîne par un câble le madrier tabulaire portant fur un prifme, lequel, enchâffé dans quatre planches affemblées de manière à laiffer des vides, & fortement fixé lui-même au coffre du preffoir, acquiert une force confidérable. Les fubftances contenues dans l'affemblage en font preffées, & leur jus eft obligé de s'échapper par les jointures au milieu du coffre. La quantité de la preffion & le réfultat qu'elle donne font, on le conçoit, en raifon de la portée du madrier fur le cône prifma-tique, & cette portée eft naturellement en raifon de la longueur du madrier.

1689, pp. 183 à 188. *De gravitatis caufa & proprie-tatibus obfervationes*. — Cet écrit fert comme de préface au mémoire explicatif d'une machine baliftique de Per-rault. L'auteur s'y donne pour but d'approfondir à un

point de vue général le principe fur lequel repofe la gravitation univerfelle. C'était de ce principe qu'il voulait
déduire une opinion d'enfemble fur les propriétés de
l'engin en queftion.

La profondeur des calculs & la folidité des raifonne-
ments mettent fouvent Papin fur la voie de la vérité.
Huggens le félicite de fes arguments & de fes idées
touchant la réfraction de la lumière & quelques-uns des
phénomènes qui touchent aux lois de la pefanteur, mais
il lui reproche de tenir trop grand compte du fyftème
des tourbillons de Defcartes, fyftème, avoue-t-il, complètement déchu dans fon efprit. Les opinions du docteur s'éloignent pourtant fur plufieurs points effentiels
du fentiment de cet homme célèbre. Eut-il connaiffance
de l'immortelle découverte de Newton, qui commençait
à fe répandre? On en douterait en voyant Huggens la lui
citer comme une nouveauté. Il eft plus certain que,
dans fa préoccupation de dégager les conféquences du
fyftème des tourbillons, notre compatriote entrevit la
loi de l'attraction univerfelle. En ce fens, s'il ne fut pas
venu fi tard, il eût, comme Képler & nombre d'autres,
apporté fa part à l'édifice fublime élevé par le philofophe anglais.

Ainfi, le mémoire fur la gravitation univerfelle ajoute
un fleuron à la couronne fcientifique de Papin. Une
explication détaillée ferait ici fuperflue. Nos lecteurs
confulteront avec plus de fruit celle que donne un juge
bien autrement compétent, Huggens (1).

____

(1) Correfpondance de Huggens, *Lettre du 2 feptembre* 1690.

1689, pp. 189 à 195. *Examen machinæ Don Perrault.*
— La diſſertation ſur l'engin baliſtique de Perrault ne fut
pas heureuſe : elle fit revenir ſon auteur à l'idée d'un
engin ſemblable, qu'il avait eue de ſon côté à Paris ; puis
elle renferme des calculs erronés. Papin fut le premier à
s'en accuſer auprès de ſon maître, & celui-ci trouvait les
erreurs tellement graves, qu'il s'étonnait du ſilence gardé
à leur égard par Leibniz & Bernouilli (1).

L'invention de l'architecte de la Colonnade, machine
à projectiles, pareille à celles dont on ſe ſervait avant la
découverte de la poudre, n'a jamais été miſe en uſage.
Il eſt très-probable même qu'elle ne ſera pas tirée de
l'oubli, en ce temps de formidable perfectionnement des
armes meurtrières. Mais déjà, comme aujourd'hui, un
long murmure de réprobation s'élevait de toutes les âmes
chrétiennes à l'apparition d'un nouvel engin deſtructeur.
Auſſi Papin, en terminant ſon travail, cherche-t-il à ſe
juſtifier auprès d'elles d'avoir oſé l'entreprendre. Les
motifs ſur leſquels il s'appuie ſont ſouvent allégués de
nos jours, hélas, & ne font pas ſur les conſciences plus
d'effet qu'en 1689 ! Voici, traduite en français, cette
juſtification curieuſe à tant de titres :

« Je terminerais ici, ſi je n'éprouvais le beſoin de me
juſtifier auprès d'éminents & vénérables perſonnages.
A les entendre, c'eſt ſe rendre auſſi criminel envers la
religion chrétienne qu'envers la ſimple morale que de
préconiſer des inventions ſuſceptibles de répandre la
dévaſtation & la mort parmi les hommes (2). A pre-

_____

(1) Correſpond. de Huggens, *ibid.*

(2) « Quos aſſerere memini, non ſolum contra chriſtianam, ſed & contra moralem probitatem, peccare eos qui, inventa promovent, excidia & necem generi humano inferre apta. »

mière vue, ce reproche paraît fondé; néanmoins, en allant au fond des chofes, on en reconnaît bientôt le peu de folidité. Quel crime y a-t-il, par exemple, à fournir des armes aux méchants, lorfqu'ils en ont déjà entre les mains plus qu'il ne leur en faut pour tout détruire? Ce n'eft pas le manque d'armes qui réprime leurs inftinéts cruels, mais bien la crainte de tomber fous les armes des autres. Sans doute, en mettant à la difpofition des peuples des inftruments de guerre plus nombreux & plus décififs, nous fourniffons aux méchants plus de moyens de deftruétion; mais, en revanche, nous leur donnons des inftruments de leurs adverfaires une frayeur plus grande. A ce propos, je ferai remarquer que les guerres, depuis l'invention de la poudre à canon, ne font ni plus fanglantes ni plus meurtrières qu'au temps où l'épée & le javelot décidaient feuls du fort des batailles. Il ne faut donc pas s'abftenir, foit qu'on s'applique à féconder, à revêtir d'un corps des théories, foit qu'on cherche à découvrir les propriétés des chofes, & foit que, à l'aide d'une mécanique ingénieufe, on apporte un renfort à l'aptitude naturelle des hommes. Si, de tant de fpéculations défintéreffées doivent découler, pour le repos du genre humain, quelques abus pernicieux, la fomme du mal fera plus que compenfée par celle du bien qu'elles produiront en quantité pareille (1). »

1690, pp. 223 à 228. *Examen Siphonis Wurtembergici in vertice affluentis.* — « Le célèbre Monfieur Salomon

---

(1) « Nequaquam reticenda arbitror, fi qui enim inde pravi ufus ad hominum deftruétionem elici poffunt, male inde orta pari bonorum menfura, eo etiam nomine, compenfabuntur. »

Reifelius, dit Papin (1), confeiller & premier médecin de S A. S. le Prince Fridéric-Charles, adminiftrateur de Wurtemberg, fit, par la libéralité & l'ordre de ce grand prince, imprimer, en l'année 1684, une machine qu'il nomma le Siphon de Wurtemberg : & il fe contenta de rapporter les proprietez effentielles de ce nouveau fiphon, fans decouvrir la caufe d'où procédoient tous ces effets : mais j'eus le bonheur, foubs les aufpices & par ordre de l'illuftre Société Roiale de Londre, de conftruire une machine qui faifoit tous les mêmes effets qu'on voioit marquez dans le livre de M. Reifelius, comme on peut voir dans les *Tranfaĉions Philofophiques* de Londres, n° 167, p. 847, & dans les *Nouvelles de la République des Lettres* du mois de may 1685, & Monfieur Reifelius, ayant veu ma defcription, avoua que j'avois deviné tout le fecret. »

Le livre de Reifelius propofait deux énigmes : Papin donne la folution de la première dans deux mémoires.

L'un, celui de 1685, avait feulement en vue, comme le dit l'auteur, de découvrir le principe ignoré de la machine annoncée ; jufqu'alors, les favants avaient cru qu'un fiphon ne pouvait avoir d'écoulement par la partie fupérieure. Papin, fans connaître le fecret de Reifelius, démontra par la formule fuivante qu'on peut obtenir ce réfultat :

Si vous faites communiquer horizontalement un fiphon par les extrémités de fes deux branches avec deux récipients, & fi vous le rempliffez d'eau au moyen d'un tube ajufté au fommet, puis luté, l'horizontalité des ex-

(1) *Recueil de diverfes pieces*, p. 2.

trémités des deux branches empêchera l'air de pénétrer dans l'appareil, lorsqu'il fera amorcé. Les deux furfaces de niveau dans les deux récipients ayant atteint les deux orifices qui font fitués fur la même horizontale, & tant foit peu d'eau étant verfée dans l'un quelconque des récipients, une partie de cette eau s'écoulant dans ce fiphon paffera auffitôt dans l'autre.

Le but principal de l'autre mémoire, celui de 1690, eft de faire connaître l'utilité du nouveau fiphon ; cette differtation fe lie ainfi à la première. L'analyfe fuivante en donne l'idée :

Si, au fommet du fiphon, on pratique intérieurement une ouverture où l'on adapte un récipient de verre, muni d'un robinet & de goulots à bouchons mobiles, l'un fupérieur, l'autre inférieur, le robinet étant ouvert, une partie de l'eau entrée dans le fiphon pénétrera dans le récipient, & l'air qui fortira du récipient, charrié par l'afflux du liquide, s'échappera par l'orifice de la branche inférieure du fiphon. En cet état, le robinet étant fermé & les goulots débouchés, l'eau, par le goulot inférieur, fe répandra dans un vafe où elle s'amaffera jufqu'à ce que des opérations réitérées en aient donné la quantité voulue.

Enfin, après ces publications, parurent, en 1695, à Caffel, le *Recueil de diverfes pièces*, à Marbourg, le *Fafciculus differtationum*, fa traduction latine. Le foin de compofer & de mettre en ordre cette férie de notices prit à Papin une partie de fes moments difponibles, depuis 1690. Elles font au nombre de neuf. Nous en diftrairons, comme analyfée déjà, la *Nouvelle méthode de produire à peu de frais des forces mouvantes* &, comme réfervés à la partie du catalogue concernant les difcuffions de Papin avec les favants étrangers, la *Lettre à Huggens touchant la mefure des eaux courantes*, & l'*Abrégé de la difpute de l'auteur avec M. G. G. L.* (Leibniz). L'analyfe du furplus va fuivre, dans l'ordre obfervé par Papin.

1° *Defcription de la Pompe de Heffe.*

Ce mémoire, l'un des plus intéreffants de la férie, avait paru dans les *Actes de Leipzig* du mois de juin 1689, fous le titre de *Rotatilis fuctor & preffor Haffiacus*. C'était la feconde des énigmes propofées par Reifelius à la fcience hydraulique de fon temps. Sorti victorieux de la première, le *Siphon de Wurtemberg*, Papin réfolut d'aborder la deuxième & publia cette formule :

Au milieu d'un cylindre de longueur médiocre, on adapte à un effieu paffant par le centre des ailes qui circulent librement dans l'intérieur; puis on pratique près de l'effieu un certain nombre de trous, & à la circonférence une ouverture qu'on ajufte d'un tube droit. Ce cylindre étant immergé jufqu'à ce que l'eau recouvre les trous, on le ferme. L'eau entre, pouffée par fa propre pefanteur. Alors on fait tourner l'effieu, & les ailes, emportant dans leur rotation le liquide entré, le forcent de prendre la direction des tangentes du cercle & de s'élancer par le tube à une hauteur proportionnelle à la viteffe de la manivelle. Pour faire de cette machine une pompe en même temps afpirante, il fuffit de la fufpendre fermée au-deffus de l'eau, après avoir

bouché les trous voifins de l'effieu & pratiqué à la partie
antérieure une ouverture garnie d'un long tube. On
immerge ce tube dans le liquide, on fait mouvoir la
manivelle, & les ailes, dans leur mouvement giratoire,
afpirent ou fucent le liquide par le long tube & l'obli-
gent à jaillir par le tube de la circonférence. Rien de
plus ingénieufement fimple. L'eau, montant en raifon de
la rapidité du mouvement circulaire, peut atteindre une
grande hauteur, &, mû par une chute d'eau ou par la
vapeur, l'appareil eft fufceptible de rendre d'autant plus
de fervices qu'il eft moins compliqué. Entre autres fonctions que lui faifait remplir Papin, figure, ce que nous
verrons dans la notice fuivante, celle de foufflet de forge
& de grande induftrie. Dès qu'il en eut connaiffance,
Reifelius s'empreffa de féliciter l'auteur d'avoir fi complètement & fi promptement réfolu fon fecond problème (1).

2° *Lettre touchant de nouveaux moiens d'épargner
les aliments du feu.*

L'invention décrite dans cette lettre a pour point de
départ la combuftibilité de la fumée. En s'échappant à
travers le tuyau des cheminées, en s'attachant à leurs
parois fous forme de fuie, au lieu d'être confumée par
le feu, l'évaporation pyro-ligneufe de nos foyers perd

---

(1) « Monfieur Reifelius, dans des lettres dont il m'a honoré, me mande qu'il a fort heureufement mis en pratique la pompe de Heffe, & il la nomme luy-mefme la plus fimple de toutes les machines. » (*Recueil de diverfes pièces touchant quelques nouvelles machines*, p. 17.)

le principal avantage qu'on pourrait en retirer. Le nouveau mécanifme imaginé par Papin cherche à tirer
parti de cette fubftance fi commune & fi abondante.

La principale pièce, fait obferver l'inventeur, eft la
pompe de Heffe. Mais ce n'eft plus de l'eau qu'elle
élève, c'eft du vent qu'elle dégage ; la pompe eft devenue foufflet, au moyen de ces modifications :

Le cylindre ou tambour n'a qu'une ouverture proche de l'effieu pour donner accès à l'air extérieur, &
à fa circonférence un canal ou tuyau quadrangulaire
fervant d'iffue à l'air qui doit fortir dans la direction
de la tangente du tambour. L'effieu, affermi dans le
fond fur une forte plaque de fer, porte quatre ailes
en forme d'aubes & eft muni d'une poulie dont la
corde, faifie par une grande roue, le fait tourner avec
rapidité. Dans cette combinaifon, l'air, prenant le rôle
de l'eau, eft chaffé par le mouvement impétueux des
quatre ailes, puis s'échappe, en vertu de la loi précitée,
par le tuyau de dégagement, tandis que l'air s'introduit
par l'ouverture centrale.

Voilà pour la production du vent ; voici pour la con-
fomption de la fumée : Au-deffous du tuyau de dégagement, s'emboîte un fourneau « dont (nous donnons la
parole à l'auteur) l'ouverture d'en haut reçoit le vent qui
fort du dit tuyau, & qui en fe dilatant remplit tout le
fourneau, en forte que le feu qui eft allumé ne fçauroit
du tout monter ; mais toute la flame & la fumée font
pouffées en bas par la force de ce vent, & elles fortent
avec impetuofité par l'ouverture qui eft au bas du fourneau : d'où il s'enfuit que les aliments du feu qu'on met
par en haut dans le fourneau doivent fe confumer entiè-

rement, parce que les fumées, defcendant par toute la hauteur du fourneau & y rencontrant vn grand feu, ne fçauroient fortir fans que ce feu fi violent les diffolve & les confume, & par ce moien nous gagnons toute cette matiere dont j'ay defia parlé, laquelle monte d'ordinaire en l'air fans fe brûler. »

Papin appliquait fa machine aux verreries, aux ufines métallurgiques & à la foule des induftries où une forge eft néceffaire. On a repris, de nos jours, l'idée d'utilifer la faculté combuftive de la fumée, mais fans honorer de la moindre mention rétrofpeétive la mémoire de notre compatriote. Plus équitable, Papin, dans l'écrit que nous analyfons, rappelle & difcute deux expériences tentées avant la fienne : l'une, pour faire le vent, due au célèbre Agricola ; l'autre, pour brûler la fumée, due à un ingénieur de Paris (1).

3° *Lettre touchant quelques nouvelles inventions pour tirer l'eau des mines, par la force de quelque rivière médiocrement éloignée.*

Nous avons fait connaître l'invention de la pompe à double effet, à fa date, en 1688, année où les *Actes de Leipzig* la donnèrent en latin (2). Elle va faire de nouveau l'objet d'un bref examen pour quelques changements qui accompagnent cette édition françaife.

---

(1) V. pp. 19, 20, 22 & 23 du *Recueil de diverfes pièces.* — L'ingénieur de Paris avait nom Dalefme. Le *Journal des Savants*, page 83,

année 1686, donne de l'invention une analyfe, fignée du célèbre La Hire.

(2) V. ci-deffus, p. 115.

Dans la première modification, une corde tenue au-deſſus d'un eſſieu par le piſton d'un grand corps de pompe, enlève un poids ſuſpendu à ſon extrémité, lorſque le piſton imprime à l'eſſieu ſon mouvement de rotation; & ce mouvement eſt déterminé par l'action alternative de la preſſion atmoſphérique & du vide qu'opère dans le bas du grand cylindre une pompe de moindre capacité.

Dans la ſeconde modification, le ſoufflet de Heſſe ſe ſubſtitue à la combinaiſon précédente. Nous venons d'analyſer cet engin : toute autre explication ſerait ſuperflue.

4° Lettre touchant les inſtruments à conſerver la flamme ſous l'eau, contre les objections de Monſieur Scarlet.

En novembre 1689, Papin fit inférer aux *Actes de Leipzig* un mémoire intitulé : *De inſtrumentis ad flammam ſub aqua conſervandam*. La lettre, ſon titre l'indique, fut écrite uniquement pour défendre ce mémoire contre les critiques de Scarlet; mais elle laiſſe ſubſiſter toutes les propoſitions premières. Son analyſe devient donc inutile : auſſi nous contenterons-nous de donner une idée de l'opuſcule inféré aux *Actes*.

Papin y aborde les difficultés que préſentait de ſon temps la conſervation de la flamme ſous l'eau. L'appareil mis en avant réunit : un vaiſſeau cylindrique de verre, fermé à l'aide d'un reſſort par un couvercle très-juſtement appliqué; une chandelle aſſujétie au milieu du cylindre; un ſoufflet muni d'un tuyau qui laiſſe arriver le vent dans l'intérieur, & de ſoupapes qui l'empéchent de repaſſer ; un tube de dégagement par lequel le vent reſſort, emportant avec lui les fumées de la chandelle. On plonge cette lanterne dans l'eau, à la profondeur néceſſaire, en ayant ſoin de faire monter hors de la ſurface le tube de dégagement, & de manœuvrer le ſoufflet avec l'activité convenable.

Cet appareil en inſpire un autre à l'auteur. Dans la dernière moitié du XVIIe ſiècle, les cloches à plongeur étaient loin d'être ce qu'elles ſont de nos jours. L'eau qui les rempliſſait à une hauteur conſidérable en rendait la locomotion difficile, & ſa maſſe interpoſée entre les travailleurs & le fond du liquide ambiant annulait fréquemment l'opération ; en outre, il fallait ſouvent remonter tout l'appareil à la ſurface pour y renouveler l'air. Papin complète cette machine en lui ajuſtant un ſoufflet comme à ſa lanterne, ou bien une pompe métallique. Par leur moyen, l'air, continuellement preſſé dans la cloche, en expulſe, à travers un orifice inférieur, l'eau qu'elle contient ; ce qui rend plus faciles la manœuvre de cette cloche & le travail au fond de l'eau.

Ici donc, ainſi que ſur tant d'autres queſtions favorables au progrès de l'humanité, Papin, toujours en avance ſur ſon époque, arrive les mains pleines de combinaiſons ingénieuſes ou d'améliorations pratiques.

5° Deſcription du Bateau plongeant.

Nous voici de nouveau en préſence d'un engin de deſtruction. La première penſée de cette machine infernale venait du Hollandais Van Drebbel (Drebellius), &

fa deſtination était l'attaque ſous-marine des vaiſſeaux de guerre en ſtation dans les ports, en eſcadre à la mer. Savant de la trempe de Cardan & d'Agrippa, Van Drebbel avait laiſſé, dans les ombres calculées de l'arcane, les moyens qu'il comptait employer pour renouveler l'air de ſon bateau. En 1695, on croyait encore que ce Hollandais avait compoſé une *quinteſſence d'air*. « Il ſuffiſoit, dit Papin, de reſpendre ſeulement une goutte de cette liqueur dans l'air enfermé & desjà preſque tout à fait mal propre pour la reſpiration, & tout d'un coup on ſentoit un changement d'air merveilleux, & la reſpiration devenoit auſſi facile & auſſi agreable que ſi l'on euſt eſté ſur quelque belle colline. » Leibniz s'imaginait que cette quinteſſence était de l'eſprit-de-vin ; mais, dans ſa correſpondance, Papin lui faiſait obſerver que cette liqueur, viciant l'air clos où elle brûle, s'éteignait peu d'inſtants après avoir été allumée, « comme ſi c'eſtoit de l'huyle » (1). Il n'ajoutait, au ſurplus, qu'une foi médiocre aux prodiges attribués à la découverte hollandaiſe ; c'était, diſait-il, « un objet des vœux pluſtoſt qu'une production réelle des beaux arts de Drebbel. » Cependant, la miraculeuſe compoſition n'ayant point été divulguée, l'ancêtre des monitors, ce bateau « qui faiſoit tant de bruit dans le monde, » reſtait, à la grande joie des marins, ſtérile & ſans emploi, lorſque le Séréniſſime landgrave donna l'ordre à notre docteur d'y travailler à ſon tour (2). Papin, quels que fuſſent ſes ſentiments perſonnels, dut obéir : il ſe mit à l'œuvre.

(1) *Une lettre de Papin du 22 août 1695 & une autre du mois de ſeptembre ſuivant.* (V. la Correſpondance.)
(2) *Recueil*, p. 128.

Le problème réclamait une double folution : il fallait trouver le moyen d'introduire de l'air frais dans l'intérieur du bateau, fans nuire à la manœuvre ; puis, concevoir cette manœuvre de manière à dérober aux ennemis la marche de la machine. Papin adopta fucceffivement deux combinaifons. Nous ne dirons rien de la première, qui paraît n'avoir produit que des réfultats peu fatisfaifants. Voici quelle fut la feconde, dont l'expérience fe fit avec plus de fuccès, en préfence du fouverain & de la cour de Heffe.

Trois hommes font enfermés dans un vafte tonneau clos, ou cylindre à feâion elliptique en bois. L'un eft tapi dans un cylindre horizontal annexe en cuivre, où il eft introduit par une porte fermée enfuite herméti-quement. Là, au moyen d'une ouverture de la largeur du bras, il peut opérer l'œuvre de deftruâion à même le vaiffeau ; deux autres fe répartiffent la befogne. Tandis que le premier tire l'air du dehors, au moyen d'un foufflet de Heffe, le fecond, à l'aide d'une pompe, preffe l'air dans le cylindre annexe, pour empêcher l'eau du dehors d'y pénétrer à travers l'ouverture livrée à l'intro-duâion du bras ; puis, ramant de l'intérieur, afin de diriger le vaiffeau fous les couches liquides fupérieures, il y introduit comme left, par un robinet, l'eau qui doit l'immerger. Les deux hommes ont foin de maintenir l'embarcation à peu de diftance de la fuperficie, un baro-mètre étant difpofé pour mefurer le degré d'immerfion. Les trous des rames font foigneufement bouchés avec du cuir.

La forme ovale affure à cette machine la faculté de fe tenir droite & en équilibre au milieu du liquide ambiant, fans avoir à redouter la preffion fupérieure, vu l'immerfion prefque fuperficielle, ni la rupture du fond oppofé, la preffion de l'air intérieur équilibrant la preffion de l'eau extérieure.

Ce perfectionnement du bateau fubmerfible, tout ingénieux qu'il foit, effuya de nombreufes critiques de la part de Huggens (1). De fon côté, l'abbé de Haute-feuille (2) en réclama la priorité, ainfi que des cloches à plongeur. A cette occafion, le bon abbé crut devoir renouveler la proteftation qu'il avait formulée jadis au fujet du vide opéré par la poudre de guerre dans un corps de pompe (3). Ces deux réclamations font auffi peu fondées l'une que l'autre. Dans les expériences du bateau, l'idée première revient, comme nous venons de le voir, au Hollandais Drebbell. Quant à la poudre à canon, Papin ni Huggens ne conteftèrent à l'abbé de Hautefeuille l'honneur de l'avoir expérimentée avant eux pour la production du vide. Seulement, à l'application irréalifable de fon idée ils fubftituèrent d'autres fyftèmes qui leur parurent fufceptibles de plus de réuffite. Une idée phyfique mife en circulation eft du domaine de tous, mais la découverte d'un moyen de l'appliquer appartient exclufivement à celui qui le trouve.

Le recueil, dont quelques parties viennent de recevoir une explication fommaire, clôt la férie des travaux de Papin à Marbourg. Dans cette même année, Caffel devint le théâtre de fon activité (4). Ce ne furent pas

---

(1) V. Correfpondance de Hol-lande, *Lettre du 2 novembre 1691*.

(2) *Moyen de perfectionner l'ouïe*, p. 14.

(3) V. plus haut, p. 143, en note.

(4) « Je ne fuis point affeuré combien je demeurerai encor à Caffel : car depuis neuf ans que j'y fuis... »

feulement les motifs que nous connaiffons qui le pouffe-
rent à fortir de la ville univerfitaire : il fut appelé dans la
Réfidence par le landgrave lui-même. Charles, à cette
époque, formait, pour l'embelliffement & la falubrité de
fa capitale, une foule de projets grandiofes. Par fes ordres,
un nouveau port fur le Wefer, Karls-Haven, venait
d'être conftruit. Afin de le mettre en communication
avec Caffel, un canal était tracé dans la direction d'Hof-
geifmar, & le moyen d'alimenter fes éclufes mis à
l'étude (1). A Caffel même, les eaux de la Fulda
devaient être élevées fur la plus haute tour du château (2), & de nombreufes fontaines conduites d'un baffin
commun fur le point culminant de Weiffenftein (3).
L'évaporation des fources dans les falines, la fonte &
l'étamage des glaces, les moulins à moteurs mécaniques
préoccupaient encore ce prince, digne à tous égards du
rang fuprême (4). Charles, pour toutes ces entreprifes,
trouvait dans Papin un confeiller précieux : plein de
confiance en fes lumières, il lui remettait quelquefois la
direction & fouvent l'exécution des travaux ; c'eft pourquoi il l'engagea à fe fixer avec les fiens à Caffel.

Pour leur rendre tolérables les dépenfes d'un féjour
prolongé dans fa capitale & faciliter à Papin l'accès de fa
perfonne, S. A. S. lui accorda, fur fa caffette particulière, une rente annuelle, dont elle paraît avoir fixé la
quotité à l'époque où elle le créa membre du confeil &

<hr>

(*Lettr. à Leibniz*, à la date du 27 mars
1704.)

(1) *Zeitfchrift des Vereins für heffifche, Gefchichte und Landeskunde*,
t. V, pp. 43 & 44.

(2) *Lett. à Leibniz*, des 25 juillet &
18 août 1698.

(3) *Lett. au même*, du 30 octobre
1704.

(4) V. ci-après.

médecin de la cour (1). En outre, elle l'autorifa à conferver les émoluments de fa chaire de mathématiques,
malgré fon changement de domicile. Mais les membres
du Sénat univerfitaire réclamèrent avec force contre l'illégalité de cette mefure. L'abfence de Papin, fuivant eux,
entraînait de férieux inconvénients : le titulaire, en con-
tinuant de toucher fon traitement, rendait fon cours impoffible ; faute d'une rétribution fuffifante, le fuppléant
Krolau l'avait abandonné. Sans le dévouement défintéreffé du recteur Brand, l'enfeignement des mathématiques aurait tout-à-fait ceffé dans l'Univerfité ; encore ce
cours était-il très-reftreint, la chaire fpéciale dont le docteur était chargé ne lui permettant pas de donner dans une
autre des leçons fuivies & régulières. Afin de remédier à
ces abus, le Sénat académique demandait le retour de
Papin, ou du moins une retenue fur fon traitement,
affez forte pour décider fon fuppléant à le remplacer.

Grâce à cette patience calme & réfléchie qui forme
un des traits diftinctifs du caractère allemand, la proteftation vécut plufieurs années. Produite peu de temps après
le départ de Papin pour Caffel, elle floriffait encore en
1701 (2), fans que le prince parût, durant ce long intervalle, fe tenir pour obligé d'y faire droit. Dans un dernier refcrit même, où perce une affez tranfparente ironie,
il finit par inviter les plaignants à vérifier l'état de la
caiffe académique ; « il pourrait fe faire, ajoute-t-il, que
la rétribution néceffaire à la tenue du cours fufpendu s'y
trouvât. » L'affaire en refta là, Papin continua de réfider

<hr>

(1) Cette nomination n'eut lieu   à *Leibniz*, des 8 & 18 juin 1699.)
que dans le mois de juin 1699. (*Lett.*   (2) V. *Piéc. juftificat.*, n° VII.

à Caſſel ; mais il eſt douteux qu'il ait réuſſi à cumuler, ſans interruption, ſon traitement de profeſſeur avec le ſubſide annuel que lui faiſait la cour (1).

Pendant ce temps, dès que cette pénible queſtion d'intérêt, venant à s'aſſoupir, laiſſait à ſon eſprit un peu de calme, il revenait, & parfois découragé, à ſes chères inventions. Le nombre en était plus conſidérable qu'on ne ſe l'imagine généralement. Jamais cet infatigable chercheur n'avait abordé de plus importants problèmes de mécanique. Telle découverte que nous croyons de notre époque recevait de ſon inſpiration puiſſante le corps & l'âme de la réalité, dans cette période qui embraſſe les dernières années du XVIIᵉ ſiècle & les premières du XVIIIᵉ. Il ſe cramponnait principalement à cette grande idée : une machine à vapeur deſtinée à donner l'impulſion à un bateau & la vie aux projets hydrauliques du landgrave. Le même atelier, à Caſſel, menait de front ces appareils divers, & l'inventeur s'y montrait à la fois ingénieur & artiſan (2), car, bien ſouvent, il lui fallait créer lui-même ouvriers, inſtruments, appareillages (3).

Rien d'attachant & de triſte en même temps comme

---

(1) Dans ſa lettre à Leibniz, du 27 mars 1704, il avoue bien avoir touché ſon traitement depuis neuf ans qu'il réſide à Caſſel ; mais, ailleurs, il ſe plaint de ne plus rien recevoir, &, dans ſa requête au Landgrave (24 ſeptembre 1696), il parle de *prétentions* qu'il eſt en droit d'exercer contre l'Univerſité.

(2) « Je vieillis, & la guerre eſt caufe que je n'ay encor pu obtenir... un domeſtique artiſan, de ſorte qu'il faut que je faſſe preſque tout par moy-meſme. » (*Lett. à Leibniz*, du 20 août 1696.)

(3) « A quoy [aux machines] les ouvriers ne ſont pas routinez comme on eſt à imprimer. » (*Lett. au même*, du 29 novembre 1706. V. la Correſpondance.)

cette partie entièrement inédite de sa vie. Il a double
guerre à soutenir : cette lutte que la Providence impose
à l'homme aux prises avec les forces mises à sa disposition, puis celle qu'engage avec le mérite éclatant la
ligue éternelle des envieux. A peine le pauvre docteur
a-t-il triomphé dans l'une, que l'autre est là qui se dresse
à l'heure voulue, pour lui faire perdre, ainsi qu'au monde,
les fruits de la victoire.

De 1697 à 1700, la fonte du verre, la conservation
des légumes & des viandes, les lits à sommiers & mate-
las remplis d'air au lieu de plume prennent ses moments
disponibles.

Le procédé de fabrication des glaces a complètement
réussi ; mais l'expérience faite en présence du landgrave
n'était qu'un essai provisoire ; le fourneau de petite capacité, vu le défaut d'espace, n'avait pu donner que des
glaces d'une dimension minime. Le prince, qui tenait à
naturaliser dans ses Etats cette industrie vénitienne (1),
ordonna de tenir à la disposition de Papin un emplacement dont l'étendue permît de fabriquer les plus grandes
pièces. Plus d'un an se passa sans que ses ordres eussent
été remplis. Le docteur, maintes fois, se plaint à Leibniz
de ce retard qui nuit au succès de l'entreprise (2). Enfin,
vers les premiers mois de 1698, les agents du prince
s'exécutèrent. Mais, dans l'intervalle, des travaux d'une

(1) Le 10 décembre 1698, Papin
apprend à Leibniz qu'il a l'intention de suivre la méthode de fabrication usitée à Murano, près de Venise,
& il lui demande ce qu'il sait des procédés de coulage employés par les
manufactures françaises. Il ne pouvait
les connaître, les premiers essais de
ces manufactures ne remontant qu'à
1688.

(2) V. *Lett. à Leibniz*, des 9 juin
& 26 juillet 1697.

autre nature étant furvenus, le grand fourneau qui devait fervir à couler des glaces fut conftruit pour faire certaines « grandes cornues de fer fort utiles pour produire de grands effets par la force du feu (1). »

Tandis qu'il attendait ce laboratoire, comme l'inactivité était antipathique à fa nature, il s'adonnait à des opérations chimiques. Il trouva ce qu'il cherchait : un moyen facile de préparer l'efprit de foufre (acide fulfureux). Avec cette compofition il réuffiffait à conferver les fruits, les légumes, les viandes. Ses conferves, mandait-il à fon correfpondant, laiffaient peu de chofe à défirer. Il efpérait même, au moyen de fon procédé, garder la marée fraîche durant un affez long temps (2).

Cette tentative & l'effai des lits gonflés d'air n'eurent pas de fuites férieufes. Le temps manqua à l'inventeur pour les faire entrer avec avantage dans les habitudes de la vie. Ainfi qu'il le dit lui-même, il ne s'appartenait pas (3); &, comme il était arrivé pour la fabrication des glaces, un changement de volonté de la part du féréniffime protecteur obligea le fubordonné à reporter fon attention fur de nouveaux fujets (4). Il n'ignorait pas à

(1) *Lett. au même*, du 10 & 20 avril 1698.

(2) « J'ay deffein auffi d'en faire bientoft des expériences fur le poiffon : parce que, fi cela réuffit, il nous fera facile d'avoir en tout temps de la marée fraiche à Caffell. » (*Lett. au même*, du 27 feptembre 1697.)

(3) « Je ne fuis pas à moy. » (*Lett. à Leibniz*, du 29 feptembre 1798.)

(4) A la prière de Leibniz, Papin reprit en 1702 (lettre du 8 mai) l'invention des cuirs imperméables pour les lits & couffins à air. En 1704 (lettres des 24 feptembre & 30 octobre), Leibniz, après quelques obfervations du docteur fur la commodité de fes couffins en voyage, lui en commanda pour fa voiture. En 1705 (lettre du 23 mars), Papin n'avait pu trouver le temps de fatisfaire au défir de fon ami. Le trouva-t-il plus tard? La correfpondance nous le laiffe ignorer.

quelles fecrètes manœuvres il devait les brufques revire-
ments qui arrêtaient au moment décifif le cours de fes
expériences (1); toutefois, n'envifageant ce qui lui était
propofé qu'au double point de vue de l'utilité qui pouvait en fortir & de la reconnaiffance qu'il devait au
prince, il fe retourna avec une admirable ardeur vers le
but offert à fes méditations : c'était un moyen de faire
évaporer à peu de frais l'eau falée des mines.

Papin fit fervir à cette opération le foufflet de Heffe,
fuivant la méthode indiquée par le Fafciculus (2). La
réuffite fut complète. Avec 30 livres de bois il mettait
en ébullition dans un cuvier 30 feaux d'eau falée, tandis
que, par l'ancien fyftème, 22 livres de bois ne pouvaient
faire bouillir que 4 feaux de la même eau dans un chau-
dron ordinaire (3). Témoins de ce réfultat, les repré-
fentants du landgrave autoriférent le docteur à tenter
l'expérience dans un vaiffeau de bois d'une capacité fep-
tuple. Dès novembre 1699, il travailla fans défemparer
à la fabrication de la cuve & au foufflet ; la puiffance de
cet inftrument devait être proportionnée à l'augmentation de grandeur du récipient (4). Tout était prêt &
fonctionnait à merveille au mois d'avril 1700. Mais l'expérience promife, l'expérience officielle, retardée de jour
en jour fous le prétexte de *l'abfence de Monfeigneur* (5),
ne paraît pas avoir jamais été faite ; la fuite de la cor-

---

(1) « L'adreffe de quelcun qui
fcayt trouver les biais pour me faire
tailler d'autre befoigne. » (*Lett. au
même*, du 17 feptembre 1705.)

(2) V. *Recueil de diverfes pièces*,
pp. 31 à 33.

(3) *Lett. à Leibniz*, du 23 novembre 1699.

(4) *Id., ibid.*

(5) *Lettre à Leibniz*, du 4 mai
1700. (V. la Correfpondance, IVᵉ
partie.)

respondance, du moins, ne donne aucun indice à ce sujet.

Tant d'entreprises s'enchevêtrant l'une l'autre lui laissaient encore le temps de travailler pour son compte. Dans le juste effroi qu'il ressentait de sa position précaire & toujours périlleuse, il cherchait une combinaison éclatante qui pût le mettre, ainsi que sa famille, à l'abri des outrages de la fortune. Le bateau à vapeur dont nous parlerons bientôt appartient à cette pensée d'avenir. Il en est de même de la *pompe balistique* ou machine à lancer des grenades. La première idée de cette invention lui vint à Paris, lorsqu'il travaillait au Louvre sous la direction de Huggens. « Je la proposai, écrit-il, à Paris, à MM. Huggens, Perrault & autres membres de l'Académie des sciences. L'invention fut fort approuvée pour la théorie, mais on ne crut pas qu'on la pût mettre en exécution (1). »

Malgré cette opinion des hommes les plus compétents de l'époque, opinion qu'il n'avait point, comme on voit, oubliée, Papin revint, au commencement du XVIIIe siècle, à ce projet de lancer des grenades *seurement par la force de l'air* (2). La science des engins balistiques opérant par cette force lui était, du reste, très-familière. Parmi les machines de son invention, qu'il fit manœuvrer devant Boyle, à son arrivée en Angleterre, figurait un fusil à vent ; en 1686, il soumettait à la Société royale le résultat d'une expérience sur la portée des armes de jet à air raréfié ; & huit ans après, à Marbourg, la baliste

<hr>

(1) *Lettre à Leibniz*, du 6 mars 1704.

(2) C'est son expression. (V. *lettre* du 6 mars 1704, *ad calc.*)

de Perrault lui fourniffait la matière de deux differtations.

Le fyftème adopté par Papin comportait un tuyau de pompe rendu auffi portatif que poffible ; on le vidait d'air. Le vide entraînait en bas un pifton auquel était attaché un cylindre garni d'un levier : il defcendait avec tant de force, que le cylindre, tournant avec fon levier, lâché à temps, jetait une grenade d'un kilogramme à la diftance de 90 pas. L'artilleur mettait d'une main le feu à la grenade, & de l'autre lâchait le levier propulfeur (1).

Ainfi agencée, cette machine, dont la correfpondance donne une defcription minutieufe, offrait quelques avantages fous le rapport de la légèreté & du peu d'embarras qu'elle occafionnait ; elle n'exigeait qu'un approvifionnement de grenades. Mais, fous tous les autres rapports, elle était de beaucoup inférieure aux engins où la poudre fert d'expulfeur ; elle faifait rétrograder l'artillerie jufqu'à l'emploi du reffort & du levier, que la connaiffance de cette poudre avait fait abandonner.

La Hollande, le Hanovre, l'Angleterre, à qui Papin l'avait propofée, & le landgrave même, qui en avait fuivi le tir & la manœuvre, refufèrent de l'admettre dans leurs armées. Les objections arrivèrent de plufieurs côtés à l'inventeur, qu'elles défefpéraient. Tout en le confolant, Leibniz fe fait l'écho adouci de ces juftes critiques. Il loue la machine en tant qu'invention : « c'eft, dit-il, une chofe confidérable. » Leibniz a raifon. La pompe baliftique eft un chef-d'œuvre de fimplicité, une trou-

____

(1) Toute cette defcription eft ex-   mars 1704. V. encore la lettre ci-
traite textuellement de la lettre du 13   deffus citée.

vaille de génie; mais elle ne conftituait pas un progrès au commencement du XVIIIe fiècle; elle en eût affurément conftitué un très-grand à l'époque de Démétrius Poliorcète ou du connétable Dugueſclin.

Sous un autre afpect, c'eft une conception malheureuſe. A l'époque où Papin la fit connaître, Louis XIV luttait contre prefque toute l'Europe, pour affurer à fon petit-fils le trône de l'Efpagne & des Indes. Ce prince, que fes ennemis repréſentaient fous les plus noires couleurs, paffait aux yeux des peuples pour le feul obftacle à la paix. Son nom, celui de la France, étaient devenus l'objet d'une haine & d'une terreur univerſelles en Angleterre & fur le continent. Et non-feulement l'inventeur adreffe le plan de fon engin aux puiffances coalifées; mais, déplorable effet des miſères d'un exil immérité, il déclare, en maints endroits de fa correfpondance, l'avoir entrepris pour forcer à la paix l'ennemi commun, c'eft-à-dire Louis XIV, c'eft-à-dire la France! Eft-il befoin de faire remarquer cette naïve illuſion d'un efprit fupérieur qui s'imagine qu'avec un engin qui porte à 90 pas des grenades de 2 livres, il fera facile de triompher d'armées aguerries, poffédant une artillerie favante, dont le génie de Vauban avait réglé le tir & la portée?

A peu près vers le même temps, il obtenait plus de fuccès & d'honneur de fon foufflet de Heffe, en le faifant fervir à renouveler l'air atmofphérique de deux mines à charbon; l'une d'elles, voiſine d'Alendorf, atteignait à une très-grande profondeur. Il parvenait à fon but au moyen d'un tuyau de bois qui defcendait jufqu'au fond de l'exploitation. La manœuvre était facile & l'introduction de l'air rapidement effectuée. C'eft, comme il en fait l'aveu à Leibniz, le plus grand effet qu'il ait retiré de fon foufflet (1).

Cependant, la machine à vapeur & le bateau qu'elle devra faire mouvoir s'acheminaient vers leur achèvement. L'hiftoire de ces deux découvertes, qui embraffe la dernière période de la vie active de Papin en Allemagne, nous force de retourner un moment en arrière.

On fe rappelle une lettre du 10 avril 1698, dans laquelle il racontait à l'auteur de la Théodicée qu'au lieu de fe fervir de fon fourneau neuf pour la fonte du verre, il l'utilifait à fabriquer de grandes cornues de fer deftinées à une machine à feu. C'eft la première mention d'une reprife de l'emploi de la vapeur qui foit faite dans la correfpondance. La machine, dont il étudiait la marche depuis plufieurs mois, commençait à élever du fond des mines de fel les eaux qu'il s'agiffait d'expérimenter pour les débarraffer de leur falure (2).

Comme il n'entrait dans aucun détail relativement au procédé qui lui fervait, Leibniz, le 14 avril 1698, s'informe s'il part du principe de la raréfaction, qu'il avait publié en 1690, ou de quelque autre. « La manière, répond Papin le 25 juillet fuivant, eft tousjours fur le principe de la raréfaction de l'eau... Outre la fuction dont je me fervois, *j'emploie auffi la force de la preffion que l'eau exerce fur les autres corps en fe dilatant...* On n'a pas encore fait de grands progrès, car, quoyque Monfeigneur ayt paru fort fatisfait de tout ce que j'ay fait

---

(1) V. *Lettre à Leibniz*, du 10 juillet 1704.

(2) *Lettre au même*, des 18 & 28 août 1698.

fur cela, je ne fçay par quelle raifon S. A. S. ne
m'a pas fait l'honneur de m'emploier dans le deffeing
qu'elle a eu de faire monter l'eau de la Fulda fur une
des tours du château : & cependant je crois pouvoir
dire, fans vanité, que ce que l'on a fait eft peu de chofe
en comparaifon de ce que j'aurois pu faire. Pour moy,
*comme je crois qu'on peut emploier cette invention à bien
autre chofe qu'à lever de l'eau, j'ay fait un petit modèle d'un
chariot qui avance par cette force : & il fait, dans mon
poèle, l'effect que j'en avois attendu;* mais je crois que
l'inégalité & les détours des grands chemins rendront
cette invention très difficile à perfectionner pour les voitures par terre; mais, *pour les voitures par eau, je me flat-
terois d'en venir à bout affez promptement fi j'avois plus de
fecours que je n'en ay.* »

A partir de ce moment, l'étude de la vapeur d'eau
devient le fujet principal de la correfpondance de ces
deux hommes fupérieurs. Leibniz ne fe borne pas à la
feule théorie. Dans un paffage, Papin le félicite de fe
livrer de fon côté à des expériences fur une queftion d'un
intérêt fi confidérable pour l'avenir de l'humanité (1).
Combien il regrette de ne pouvoir lui tranfmettre les
détails du fyftème effayé dans Caffel! Mais il n'eft pas
libre de difpofer d'une chofe qui ne lui appartient
pas (2). Il fe borne à lui annoncer qu'il a réuffi, par la
dilatation des vapeurs, à faire monter l'eau à 70 pieds, &
remarqué, chemin faifant, qu'un faible accroiffement du
degré de chaleur eft capable de beaucoup augmenter la
grandeur de l'effet, & que, cette chaleur portée à un

(1) *Lettre* du 25 juillet 1698.   (2) *Lettre* du 29 feptembre 1698.

degré très-élevé, *une livre d'eau auroit plus de puiſſance qu'une livre de poudre à canon* (1).

Ils en ſont là : Papin reprenant d'un côté ſa formule de 1690, tentant de l'autre le ſyſtème d'impulſion directe du liquide réduit en vapeurs; Leibniz conſeillant, indiquant, s'informant avec la ſollicitude d'un ami, la noble curioſité d'un ſavant. Tout à coup, le 8 juin 1699, une grande nouvelle tombe au milieu de cette collaboration intime. « Le docteur Slare, écrit Papin, m'a mandé depuis peu d'Angleterre que, en préſence d'un comité du Parlement, on a approuvé une machine pour lever l'eau par la force du feu; mais on ne me mande point de quelle manière la machine eſtoit conſtruite. » Il s'agiſſait, comme on voit, de l'invention de l'écuyer Savery.

La lettre du docteur Slare ne pouvait arriver dans un moment plus opportun. Le landgrave, mécontent du mécanicien dont il avait, contre l'avis & malgré les réclamations de Papin, adopté le ſyſtème pour l'élévation des eaux de la Fulda, était revenu à ſa première idée d'y employer la force de la vapeur qu'il voyait ſervir avec avantage à l'épuiſement des infiltrations dans ſes ſalines (2). Les travaux commencèrent auſſitôt; mais la machine établie ſur la rivière fut emportée par les glaces d'un hiver précoce, au milieu d'expériences que Papin qualifie d'aſſez conſidérables (3). Cet accident, ſurvenu durant une abſence du maître, fit ajourner indéfiniment cette ſérie d'épreuves.

L'inclémence des éléments, d'accord avec la malice

(1) *Lettre* du 28 août 1698.

(2) *Lettre* du 20 avril de la même année.

(3) *Nouvelle manière pour lever l'eau par la force du feu*, au commencement de la *Préface*.

des hommes, mit une trêve aux efpérances de Papin
fans mettre un terme à fes deffeins. En attendant que
fon royal protecteur manifeftât une nouvelle velléité, il
reporta fans délai tout l'effort de fa découverte fur fon
bateau, cette invention qui lui était propre. Ce n'eft
pas qu'il le deftinât à recevoir immédiatement une
machine à vapeur; il voulait, auparavant, faire à bras
d'hommes l'effai de l'appareil propulfeur, qu'il avait
formé de palettes ou rames difpofées horizontalement
fur l'axe d'une roue (1). A fes yeux, l'objet capital confiftait à favoir comment fe comporterait ce mécanifme
contre le vent, le courant & le choc des vagues contraires (2); mais tout était difpofé dans fa penfée pour,
l'expérience une fois faite, fubftituer la force de la
vapeur, enfin affujétie, à la force bien inférieure des
animaux & des hommes (3); &, loin de la reftreindre à
ce feul ufage, il prétendait l'appliquer *à faciliter les voitures
tant par terre que par eau, à couper les bois & les marbres,
à élever l'eau, enfin à faire plufieurs autres travaux. Il avoit,*

----

(1) *Schiff mit rädern.* Note de la
main de Leibniz, à la marge d'une
pétition à l'Electeur de Hanovre.(*Pièc.
juftific.*, n° XI.)

(2) V. dans la lettre du 7 juillet
1707, ce paffage : « On m'a averti
qu'à Hamel il y a un courant extrêmement rapide & qu'il s'y perd des
batteaux; cela me feroit fouhaitter de
favoir à combien de degrez ce canal
eft incliné fur l'horizon. » — V. auffi,
dans la lettre du 15 feptembre fuivant, ces premières lignes : « L'expérience de mon batteau a été faite, &

elle a réuffi de la manière que je l'ef-
pérois. La force du courant de la
rivière étoit fi peu de chofe en comparaifon de la force de mes rames,
qu'on avoit de la peine à reconnoître
qu'il allaft plus vifte en defcendant
qu'en remontant. »

(3) V. à la Correfpondance : *Lettres*
des 25 février, 13, 20, 27 mars
1704, 7 juillet & 15 feptembre 1707;
V. auffi la *Requête à la Société royale
de Londres*, du 11 février de l'année
1708 (*Pièces juftificatives*, n° XII),
&c., &c.

aſſurait-il, *ajuſté dans ſa tête toutes les pièces néceſſaires pour cela* (1).

Quelle activité ! Dès le 13, la voiture par eau, comme il l'appelle, était munie de ſon appareil locomoteur à manivelle, & prête à deſcendre du chantier dans la rivière. Papin l'avait faite d'un tonnage de 4,000 (2). « Je conſidère, avouait-il à Leibniz, que ſi je fais porter mon batteau à l'eau, il ſera négligé…; ainſi j'aime mieux le garder juſqu'à ce que je ſois mieux aſſiſté ou que j'aye occaſion de m'en ſervir moy-meſme (3). »

Averti par la dure expérience du paſſé, il craignait, ce qui n'eût pas manqué d'avoir lieu, que ſes ennemis ne trouvaſſent un prétexte pour faire reléguer l'embarcation dans la claſſe des inventions impoſſibles ; puis, on le voit par cette lettre du 13, il ſe croyait ſi peu ſolidement établi dans Caſſel, qu'il s'imaginait ne pouvoir obtenir même un délai de trois mois pour mettre ordre à ſes affaires.

Laiſſons donc dormir le bateau ſur ſon chantier, & revenons aux travaux ſur *la force du feu;* mais ne paſſons pas ſans recueillir une autre de ſes idées, que l'avenir fécondera peut-être : c'était d'employer à élever l'eau d'une rivière la fulmination de l'eau elle-même, c'eſt-àdire la propriété qu'ont les gouttes de ce fluide, verſées ſur un fer incandeſcent, de faire exploſion dès qu'elles ont reçu le choc inſtantané d'un fort coup de marteau (4).

(1) *Lett. de Papin* du 13 mars 1704.

(2) *Autre lett. du même,* du 20 mars de la même année.

(3) *Lettre à Leibniz,* du 25 janvier 1705.

(4) Ce fut durant ſes premières expériences de la vapeur d'eau, à l'époque de ſon Digeſteur, qu'il remarqua d'abord cette propriété de fulminer particulière à pluſieurs liquides. (Voir dans la correſpondance la *lettre à Leibniz,* du 7 avril 1704.)

Cette idée de la fulmination de l'eau ne fut, au surplus, qu'un incident ; l'attention qu'il y confacra n'eut pas affez de perfiftance pour lui faire perdre de vue fa grande affaire : l'éducation de la vapeur. Cette étude, tantôt fpéculative & tantôt (lorfqu'on le lui permettait) expérimentale, embraffait deux fyftèmes diftincts : l'action atmofphérique, fi magiftralement développée au mémoire de 1690, & l'action directe foulevant une colonne d'eau, comme dans la machine de Salomon de Caus. Il y aurait quelque raifon de croire que c'eft le premier fyftème qui lui fervait à extraire, depuis 1698, l'eau du fond des mines. Si cela n'était pas, pourquoi écrirait-il en janvier & mars 1705, qu'il eft en train « de reprendre les expériences que Monfeigneur lui avait ordonné de faire fur le même principe que Savery » ? Or, nous favons que ces expériences avaient été interrompues, fept ans auparavant, une fois à caufe des glaces, une autre par l'intervention trompeufe d'un rival.

Néanmoins, les termes de la lettre du 25 juillet 1698 n'apprennent pas formellement s'il réuniffait déjà les deux procédés dans un même mécanifme ; elles difent feulement : « Outre la fuction, j'emploie auffi la force de la preffion. » La lettre du 18 août fuivant n'eft pas plus explicite ; il n'y eft queftion que « de la dilatation des vapeurs ; » mais celle du 13 mars 1704 ne laiffe fubfifter aucun doute : la formation du « vuide » y joue un rôle concurremment avec l'exaltation du liquide « à 70 pieds ». Papin, dès 1697, expérimentait dans fon atelier de Caffel une machine dans laquelle le principe de 1690 fe combinait avec celui que Savery mit en pratique deux ans plus tard.

Les chofes en étaient là, lorfque Leibniz, qui s'était procuré les planches de l'ingénieur anglais, les fit parvenir à Caffel. Les rapports qui reliaient cette invention à l'invention effayée deux fois & deux fois délaiffée ne pouvaient échapper à Papin. Il s'empreffa de montrer à fon protecteur la figure envoyée de Hanovre, & Charles de Heffe, frappé comme le docteur de la fimilitude des deux conceptions, engagea celui-ci à donner fuite aux travaux abandonnés; il défirait que la machine, au lieu de fournir d'eau des cafcades d'agrément, formât une chute pour un moulin à blé.

La correfpondance entre à ce fujet dans d'intéreffants détails :

« Il y a bien fix ou fept ans que j'ay eu l'honneur de recevoir les ordres de Monfeigneur pour faire la même chofe [que Savery] & l'épreuve en a fort bien réuffi, comme je vous l'ay mandé autrefois : mais, Monfieur, il arriva un contre-temps qui feit qu'on l'abandonna à l'heure que j'avois le plus d'envie de la pouffer. »

« La conftruction angloife eft pourtant un peu différente de celle de Caffel…, mais comme je n'ay veu que la figure feule fans le difcours qui devoit l'accompagner, je n'en puis parler avec affez de certitude & ainfi il vaut mieux me taire. »

« J'ai eu l'honneur de faire voir la figure angloife à Monfeigneur, ce qui lui a remis cette invention dans l'efprit & lui a fait renaître l'envie de pouffer cette affaire (1). »

« Je me donnai l'honneur, ajoute-t-il dans une lettre fuivante, de vous mander par ma dernière que la veüe

(1) *Lettre au même*, du 25 janvier 1705.

de la figure angloife avoit fait fouvenir Monfeigneur *des expériences qu'il m'avoit autrefois fait faire fur le même principe*, & que cela luy avoit fait renaître l'envie de pouffer encor ce deffein. A préfent, Monfieur, je vous diray que cela s'eft fait effectivement, & que S. A. S. a fait faire plufieurs machines & expériences dans cette veüe… Monfeigneur veut déformais employer cette force à faire tourner un moulin pour moudre le bled (1). »

Voilà donc notre pauvre docteur revenu définitivement à fon deffein d'enter le procédé de 1690 fur le fyftème à jet direct de Salomon de Caus. Cet amalgame, nous le favons, lui fouriait depuis longtemps; & la principale raifon qui lui fait regretter l'iffue défaftreufe des expériences de Weffenftein, c'eft qu'il efpérait arriver par leur moyen à rendre fon projet de combinaifon exécutable. Cette difpofition d'efprit, fi déplorable, tenait au peu de retentiffement qu'avaient eu fes travaux fur la vapeur depuis leur divulgation en 1690. L'emploi nouveau, qu'ils révélaient tout à coup, d'une puiffance motrice tombée dans une forte de difcrédit depuis un demi-fiècle fit fi peu de fenfation en Angleterre & fur le continent, que, dans les dix années qui fuivirent, on ne citerait pas un favant, un mécanicien, un chercheur, un curieux même affez ofé pour l'avoir mife à l'effai. A l'inftar de toutes les découvertes précoces, la machine atmofphérique, en avance de 50 ans fur l'époque qui la vit s'organifer, ne fouleva ni admiration ni enthoufiafme; elle reçut les honneurs de l'infertion ou du compte-rendu dans quelques-uns des journaux fcientifiques en

(1) *Lettre au même*, du 23 mars 1705.

vogue : les *Tranfactions philofophiques,* les *Actes de Leipʒig,* le *Journal des Savants,* les *Nouvelles de la République
des Lettres,* &c., & ce fut tout ce qu'elle obtint. Peu
s'en fallut même que Hooke ne la traitât de futile
bagatelle, dans un rapport à la Société royale de Londres. Ce collègue de Boyle & de Newton, efprit jaloux
& tracaffier, ne fe doutait guère qu'il avait fous la main
une force motrice deftinée à fextupler la fortune de fa
patrie. Grâce à lui, le XVIIe fiècle n'avait pas vécu fes
derniers jours, que cette force miraculeufe gifait dans les
limbes profonds de l'oubli. En ce moment, Savery, cet
autre Anglais que nous connaiffons, s'avifa d'emprunter
à la machine oubliée le procédé de la condenfation,
pour l'adapter à la conception de Salomon de Caus,
quelque peu familière au monde de la fcience & des
ateliers; mais il n'en prit pas davantage. En phyficien
prudent, notre Anglais fe garda bien de s'approprier le
refte : à l'exemple des favants & des hommes pratiques
de fon temps, il le jugeait auffi peu fufceptible d'application que dénué de portée.

Il faut excufer Hooke & Savery : leur erreur eft le fait
du milieu contemporain. L'impoffibilité de créer en 1690
des appareils qui répondiffent à l'importance de l'invention, avait mis Papin dans la rude néceffité de n'en préfenter qu'un modèle très-raccourci. Cette exigence de
proportions nuifit au fuccès de la découverte, & l'effet,
dépourvu d'ampleur par une caufe indépendante de la
volonté de l'inventeur, devint, aux yeux du plus grand
nombre, un vice inhérent à l'invention. Papin pourtant
s'était franchement expliqué fur la pofition difficile que
lui créait l'infuffifance de la fabrication des pièces d'ap-

pareillage. « Toute la plus grande difficulté, s'écrie-t-il, ne confifte donc qu'à ériger vne *manufacture* pour faire avec facilité des tuyaux légers, gros & égaux d'un bout à l'autre.....; & cette nouvelle machine doibt bien enoucrager à entreprendre vne telle manufacture (1). » Ce vœu, l'auteur l'émit en vain en 1690, & le renouvela fans plus de réuffite en 1695. Il eut beau même, efpérant ramener l'attention fur fa machine, en comprendre au *Recueil de diverfes pièces* une defcription amendée; le public compétent ne reçut pas avec plus de faveur cette feconde édition que la précédente.

On doit donc le plaindre & non le blâmer de n'avoir pas, en préfence d'un auffi froid accueil, d'une auffi implacable indifférence, perfifté dans le moyen découvert en 1690. Le blâmer! n'a-t-il pas droit plutôt à des éloges cet homme qui fe remet avec tant de perfévérance à une fpéculation qui ne lui a rapporté ni profit ni honneur! Dans cet état, on conçoit parfaitement qu'entre les deux méthodes effayées à Caffel il ne choifira pas précifément celle que le public dédaigne. Il ne la répudiera toutefois qu'à la dernière heure; & la correfpondance va nous indiquer par quelle fuite de réfections il arrivera à formuler, dans l'*Ars nova ad aquam levi pretio efficaciffime elevandam*, le procédé qu'il adopta définitivement.

Les nouvelles épreuves ne tardèrent pas à lui démontrer l'énorme difficulté que préfentait dans la pratique l'accouplement des deux fyftèmes. Le jet de 70 pieds, dont il avait parlé maintes fois à Leibniz, ne s'obtenait

______

(1) *Recueil de diverfes pieces*, pp. 59 & 60.

qu'à de longs intervalles, au moment où les vapeurs raré-
fiées étaient parvenues à échauffer l'eau froide ; car ces
vapeurs, venant à fe condenfer par le contact immédiat
du froid, perdaient incontinent la plus grande partie de
leur force, &, jufqu'à ce qu'un feu continu & de plus
en plus violent leur eût permis de communiquer à l'eau
une dofe fuffifante de chaleur, l'élévation de la colonne
jailliffante ne dépaffait pas 10 pieds.

Cet obftacle imprévu fuggéra fur-le-champ à l'inventeur l'idée du pifton intermédiaire ou flotteur. « J'ai donc
cru, fait-il obferver à ce propos, que le meilleur eft de
faire que les vapeurs… ne pouffent l'eau que par l'entre-
mife d'un pifton qui s'échauffe bientôt & qui par conféquent ne condenfe que peu de vapeurs. L'expérience a
bien confirmé ma conjecture ; & par le moien de ce
pifton l'effect a été beaucoup meilleur que quand les
vapeurs s'appliquent fur l'eau immédiatement (1). »

L'idée du flotteur en amène auffitôt une autre : c'eft
l'introduction fucceffive de fers rouges dans ce même
flotteur; « en forte que les vapeurs, entrant avec impétuofité dans le vaiffeau, d'où on chaffe l'eau, puiffent acquérir davantage de force par la rencontre de ces fers ardents… *Il eft vray que par là on pert l'effect qu'on peut
attendre de la fuction qui fe fait pour remplir le vuide que les
vapeurs font en fe condenfant par le froid* (2). »

Ainfi, après bien des tâtonnements, fe trouve com-
plétement délaiffée l'application atmofphérique de 1690.
Cependant la quantité d'eau projetée eft confidérable ;

il la compare à un courant d'eau. « Je puis appeler cela
un courant d'eau : car, quoyque que je n'aye qu'une
pompe & deux foupapes (au lieu que la machine angloife
a deux pompes & quatre foupapes outre les boilers qui
font fur le feu), je ne laiffe pas d'avoir un jet continuel,
parce que j'ay imité les pompes de Hollande pour les
embrafements. Je fais que ma machine pouffe l'eau dans
un grand vaiffeau de cuivre ou l'air fe preffe : & cet air
par fon reffort rechaffe l'eau continuellement par un
tuyau préparé pour cela… Je n'ay pu reuffir quand j'ay
voulu faire la même chofe fans pifton à ma machine :
je voiois qu'en pouffant l'eau dans l'air ouvert l'effect
eftoit affez bon : mais quand je voulois la pouffer dans
l'air un peu preffé, il m'eftoit impoffible (1). »

On a pu faifir, au moyen des citations qui précèdent,
toute l'économie de la nouvelle machine qui s'élabore.
Elle eft ce qu'elle fera déformais, & n'attend plus, pour
paffer dans l'ufage, que la confécration des épreuves
qu'elle doit fubir fous les regards du landgrave. Mais ce
prince eft abfent. En attendant fon retour, Papin arra-
che la permiffion de faire encore deux effais préliminai-
res. L'un & l'autre réuffiffent, bien que, dans le dernier,
une partie de l'eau jailliffante fe perdît aux emboîtements
des tubes du conduit de fonte, munis d'un lut peu
réfiftant (2).

Tandis qu'avait lieu cette double expérience, le landgrave rentrait dans fa capitale. Notre docteur le mande
en ces termes : « Il y a à préfent un mois que Monfei-

<hr>

(1) *Lettre à Leibniz*, du 19 octobre
1705. — V. encore l'édition françaife
de l'*Ars nova*, p. 27.

(2) Voir dans la correfpondance
deux *Lettres au même*, des 24 juin &
19 août 1706.

gneur eſt arrivé à Caſſel, & je n'ay peu avoir l'honneur de luy faire voir nôtre nouvelle machine que huit jours après, encor ne fut-ce que le ſoir à la chandelle. On vit aſſez qu'elle faiſoit fort bien ſon effeɕt, mais on n'eut pas le temps de faire toutes les remarques qu'il auroit eſté à ſouhaitter (1). »

Depuis la miſe à exécution des derniers perfeɕtionnements, Papin s'était occupé de la rédaɕtion & de l'impreſſion du texte explicatif de ſa machine, ce traité auquel il avait impoſé le titre d'*Ars nova* (2). Il ne croyait pas pour cela ſon invention parfaite ; mais, dans l'état où il l'avait amenée, très-ſuſceptible de recevoir immédiatement une application utile, & cette opinion fit naître en lui le déſir d'en conſtruire une pour le compte de l'électeur de Hanovre. L'occaſion ſemblait propice. L'électeur, qui avait penſé un moment à la machine de Savery, était revenu de cette idée, ſur des renſeignements peu favorables envoyés de Londres par ſon ambaſſadeur (3).

Naturellement, Leibniz fut chargé de la négociation (4). Papin portait le prix de ſa machine à 300 écus, ſujets à une augmentation proportionnelle établie d'après la ſomme de force humaine économiſée, & non exigible en cas d'inſuccès. Le cylindre devait avoir 20 pouces de diamètre, & le piſton parcourir 15 à 16 pouces

<hr>

(1) *Lettre de Papin*, du 25 oɕtobre 1706.

(2) Cette impreſſion eſt toute une hiſtoire. Si nos leɕteurs déſirent de ſavoir au prix de quelles tribulations les grands défricheurs du champ de l'invention achètent la gloire de ſervir leurs ſemblables, ils n'ont qu'à lire les lettres de Papin des 24 juin, 19 août & 25 oɕtobre 1706.

(3) *Lettres du même*, des 23 mars & 25 oɕtobre 1705.

(4) *Lettre de Papin*, du 2 novembre 1705.

de chemin à chaque opération (1). L'auteur de la Théodicée ne trouvait pas le prix affez élevé, eu égard à l'importance de la chofe ; cependant il défirait être fixé fur certaines conditions mal définies ou laiffées dans l'ombre, le mode d'évaluation de la force entre autres : la force approximative du cheval lui paraiffait une bafe plus convenable que celle de l'homme, propofée par Papin (2). De là, entre les deux amis, une longue & curieufe difcuffion. Perfonne n'ignore que la fcience moderne a ratifié l'opinion de Leibniz (3).

Ce grand homme ne tenait pas feulement à des ftipulations de l'ordre mercantile. A côté de l'intérêt de fon royal client il plaçait l'intérêt bien autrement grand de la découverte elle-même ; & fes réferves avaient pour but, également, de faire difparaître des défauts ou prévaloir des perfectionnements.

« Je m'imagine, écrit-il le 5 novembre 1705, que fi la charge & la place des matières combuftibles qu'il faudroit porter avec foy n'eftoit pas trop grande, la machine à feu feroit excellente pour les galères. Mais fi on la pouvoit pouffer jufqu'à furpaffer les chevaux, elle feroit d'un ufage merveilleux pour les voitures. »

Papin, heureux du réfultat obtenu & peu défireux de

---

(1) *Même lettre*, du 2 novembre 1705.

(2) *Lettres de Leibniz*, des 25 octobre & 5 novembre 1705.

(3) Dans les machines à baffe preffion, le *cheval-vapeur* repréfente l'unité qui fert à l'évaluation de la force des machines à vapeur. Un cheval-vapeur eft cenfé élever d'un mètre par feconde un poids de 75 kilog.; une machine dite de 100 chevaux doit élever à la hauteur d'un mètre par feconde une charge de 7,500 kilog. Mais, dans les preffions élevées, on n'emploie jamais que la formule dite *cheval-nominal*, dont la différence de force eft comme 1 à 3,5.

recommencer des eſſais qui le mettraient à la merci des agents du prince, Papin ſe lance dans des conſidérations générales. Au milieu de ces aperçus, véritables redites, s'enchâſſe, comme une perle précieuſe, cette large appréciation de l'utilité de la vapeur : «Les avantages que cette invention pourroit fournir *ſeroient incomparablement plus conſidérables que tout ce qu'on peut attendre de la tranſmutation des métaux* (1). »

Mais Leibniz, arrivant où il en veut venir, répond par une formule nette & préciſe. L'emploi des fers ardents eſt répudié ; bien qu'il l'eût, de prime-abord, eſtimé quelque choſe de conſidérable (c'était ſon expreſſion laudative habituelle), il propoſe de le remplacer par les vapeurs elles-mêmes, au moyen d'une chape diſpoſée à l'entour de l'un des vaiſſeaux, penſée que réaliſa plus tard avec tant de bonheur l'ingénieux James Watt.

« Je m'imagine (qu'on ne s'étonne pas de cette répétition, Leibniz, ce fin eſprit, ſait comment il faut parler à une ſuſceptibilité orageuſe, née & accrue dans l'adverſité), je m'imagine qu'il y aura bientôt une grande conſomtion d'eau dans la retorte, & qu'il faudra penſer à des manières commodes de la remplacer. J'ay une penſée d'emploier en quelque façon les vapeurs encor tout chaudes qui ſortent de votre pompe par N (V. à l'*Ars nova*, fig. Ire) lorſque le piſton y doit remonter. Ce ferait de faire une eſpèce de chape à l'entour de voſtre vaiſfeau L N, plein en partie d'air comprimé, & d'y faire paſſer ces vapeurs; en forte qu'avant de ſe répandre dans l'air libre, ſe trouvant entre la chape & le vaiſſeau, elles

_____

(1) V. les *Lettres de Papin*, des 31 décembre 1705 & 29 novembre 1706.

échauffent ce vaiffeau & contribuent par conféquent à l'action de l'air comprimé en travaillant à le raréfier (1). »

La lettre indique quelques autres améliorations. Mais, pas plus que la chape, elles n'étaient deftinées à recevoir la confécration de l'expérience. Hélas! le 27 avril 1707, Papin tranfmettait la nouvelle fuivante :

« C'eft avec bien du deplaifir que Je me vois hors d'état de vous donner la fatisfaction que vous demandez par celle que vous m'avez fait l'honneur de m'écrire le 4e février ; mais, bien loin d'avoir fait aucuns preparatifs pour des experiences propres à bien determiner tout ce qu'on peut attendre de nôtre machine tant pour la quantité de l'effet que pour les incommoditez à quoy elle engage. Je vois qu'à préfent on l'a demontée pour faire quelque experience avec le gros tuyau qui monte jufques au-deffus de la maifon. Enfin, voyant avec quelle indifférence on regarde cette invention & le peu de cas qu'on en fait, j'ay lieu de croire que mes ennemis ont encore

---

(1) *Lettre de Leibniz*, du ... décembre 1706. — La fuite de cette lettre & celle du 4 février 1707 donnent la defcription complète & la figure de la chape. Figure & defcription font reproduites à la marge du titre de l'exemplaire de l'*Ars nova* dépofé à la Bibliothèque royale de Hanovre. N'eft-il pas fingulier que le même génie qui découvrait fimultanément avec Ifaac Newton le calcul infinitéfimal, ait découvert avant James Watt le fecret d'amoindrir la perte de vapeurs que le refroidiffement amène dans les machines? Rien ne fait fuppofer pourtant que ce dernier connut les lettres de Papin & de Leibniz. Voici, au furplus, en quels termes Arago rend compte de l'invention de l'illuftre mécanicien anglais : « En pourfuivant fes recherches fur les moyens d'économifer la vapeur, Watt réduifit encore prefque à rien la perte qui réfultait du refroidiffement par la paroi extérieure du cylindre où joue le pifton. A cet effet, il enferma ce cylindre métallique dans un cylindre de bois d'un plus grand diamètre, & remplit de vapeur l'intervalle annulaire qui les féparait. » (*Eloge de J. Watt*, dans l'*Ann. du Bureau des Longit.*, ann. 1837, p. 305.)

icy prevalu, de meme qu'à l'occafion de la machine à jetter des grenades. Quand il eft temps de travailler tout de bon à mettre la chofe en pratique, c'eft alors que on l'abandonne tout à fait : tout ce que je puis dire, c'eft qu'il faut prendre le monde comme il eft. »

Heureufement, la machine détruite dans l'atelier de Caffel a pu venir jufqu'à nous, fidèlement gardée par la *Nouvelle manière de lever l'eau par la force du feu*. Ce petit livre, un des mieux faits de Papin, va nous rendre facile l'analyfe de fa laborieufe invention.

L'eau fe réduit en vapeur dans la retorte ou bocal métallique A A, chauffée par la flamme d'un fourneau qui l'enveloppe fans la toucher. Cette vapeur pénètre en fuivant le tube B B, & dès qu'on ouvre le robinet E, dans le cylindre plein d'eau D D où elle va preffer le pifton creux & clos F F, que fa légèreté maintient à la furface (1). Soumis à l'action de ce flotteur, le liquide

---

(1) Le cylindre DD eft le même que celui de l'arfenal de Caffel, recueilli par feu M. Henfchel, & devenu l'objet d'une négociation entre le fucceffeur de ce fabricant & le général Morin. En voici l'hiftoire : Les modèles exécutés par Papin étaient reftés dans l'arfenal de Caffel jufqu'à l'invafion françaife en 1806. Ils difparurent à cette époque, ainfi que beaucoup d'autres produits de l'induftrie heffoife. Seul, le cylindre ne fut pas détruit. Il jauge 1^m,25 de diamètre fur 1^m,34 de hauteur; un rebord le garnit vers le bas, deftiné à le maintenir dans fa pofition verticale; on y mettait le fable de forme pour la fonte des pièces. Acheté par la fabrique de machines de M. Henfchel, il fe voyait dans cette ufine, au centre des ateliers, & cette place d'honneur lui fut confervée jufqu'à la mort de cet honorable induftriel. Alors on le relégua dans un coin obfcur, fur un tas de ferrailles deftinées au fourneau. C'eft là que, dans le mois d'avril de l'année 1863, l'un de nous, voyageant en Allemagne, eut le bonheur de le retrouver. A fon retour, il s'empreffa d'inftruire le général Morin, directeur de notre Confervatoire des arts & métiers, de la deftruction imminente de ce monument des travaux de Papin. Le

eſt forcé de monter par les tubes H H H & M M dans le cylindre ſupérieur N N, juſqu'à ce que, venant à s'épuiſer, il faille en introduire de nouveau dans le cylindre D D. Alors, en même temps, ſe ferme le robinet E pour ſuſpendre l'entrée de la vapeur dans ce dernier cylindre, s'ouvre le robinet N pour faire évacuer celle qui s'y trouve, & l'eau, refoulée extérieurement par ſon propre poids, rentre en DD par le tube GG. Pour le ſuccès de l'opération, les deux ſoupapes de dégagement placées en S & T laiſſent arriver ou empêchent de paſſer, ſelon qu'il eſt beſoin, le liquide en DD & NN.

Cette conduite de la machine ſe complique de l'addition de fers rouges qu'il eſt bon d'introduire, par l'ouverture L, dans le tube droit I I du piſton flottant, afin d'arrêter la condenſation de la vapeur venant de la chaudière. Quant aux deux ſoupapes de ſûreté *a b* (verges de Papin), rien n'eſt innové ; ce ſont des romaines ſemblables à celle du Digeſteur, & leur rôle eſt exactement le même. La ſoupape *a b* en L, par exemple, ſoulevée par l'excédant de force intérieure en DD, ouvre l'orifice L, pour que cet excédant s'y précipite & s'en échappe.

Nous avons en l'état une colonne d'eau élevée à une hauteur quelconque, hauteur proportionnelle à la force de la machine ; mais cette machine n'a rempli juſqu'ici que ſa fonction d'appareil à exhauſſement ; s'il eſt néceſ-

général ſe hâta d'écrire au ſucceſſeur de M. Henſchel pour lui en propoſer l'acquiſition ou l'échange. Une négociation ſuivit ; malheureuſement les prétentions exagérées du détenteur l'empêchèrent d'aboutir. L'œuvre de notre compatriote exiſte-t-elle encore? Hélas ! nous ne ſaurions le dire. (V. *Zeitſchrift der Vereins für heſſiſche*, &c., t. V, p. 44.)

faire qu'elle en remplifle d'autres, une méthode fimple
& des plus fécondes eft tenue en réferve par l'inventeur.
L'eau amaffée dans le cylindre fupérieur NN n'a befoin,
pour donner la force motrice réfultant d'une cafcade
naturelle, que de trouver une iffue à la partie inférieure
de ce cylindre. Ainfi, foit en XX un robinet proportionné
à l'ampleur du récipient, & le liquide enfermé fe précipite, preffé par le poids de fes couches fupérieures incef-
famment renouvelées, fur la roue d'un moulin ou fur
tel rouage induftriel qu'on voudra, établi en aval.

Dans la conception de l'*Ars nova*, Papin eft parti du
Digefteur, comme il en était parti, dix-fept ans auparavant, dans la Nouvelle méthode. A cette dernière, où une
quantité réglée de vapeur s'emploie feulement à faire le
vide, le docteur crut inutile le fervice de la foupape de
fûreté. L'*Ars nova* ne faurait s'en paffer; la vapeur y
figure comme impulfeur direct, & cet impulfeur acquiert
d'autant plus de puiffance que la chaleur eft plus intenfe.
Il était donc indifpenfable d'avoir un moyen de prévenir
les accidents que ne manquerait pas d'occafionner, à un
moment donné, fa trop grande énergie. Ce moyen,
naturellement, était la foupape de fûreté. L'ingénieux
Bléfois l'emploie deux fois parce qu'il a befoin de reconnaître en deux endroits le degré de preffion : en C,
lorfqu'il s'agit de remplir la retorte; en L, lorfque le
moment eft venu de gliffer les fers ardents.

On peut affurer, fans crainte d'être démenti par les
faits, que Papin a donné trois éditions différentes d'une
même découverte : le *Digefteur*, la *Nouvelle méthode*, l'*Ars
nova*. L'*Ars nova* même, à le bien prendre, n'eft qu'un
digefteur à d'autres fins que fon aîné. Dans celui-ci, la

vapeur, gardée intérieurement, fait office de cuire les
viandes; dans celui-là, au moyen de pièces fupplémen-
taires infpirées par l'appareil de Salomon de Caus, elle
élève l'eau, la diftribue où il convient, & lui fait tourner
la meule, la bobine, le laminoir ou la fcierie. Avec
les puiffantes reffources dont elle difpofe, l'induftrie
moderne pourrait, en l'améliorant, l'utilifer avec avantage.

XII

Départ de la Heffe. — Le bateau du Wefer.

Notre compatriote, on doit s'en fouvenir, avait conftruit fon bateau dans l'intention d'expérimenter un
fyftème de rames deftiné à recevoir, en cas de réuffite,
l'impulfion d'une machine à vapeur. L'invention lui pa-
raiffant appelée à opérer une révolution dans l'art de
naviguer, il avait placé fur ce frêle fpécimen des futurs
fteamers les dernières efpérances de fa vie. Auffi, le te-
nait-il en réferve pour le jour où la preffion des inimitiés
qui s'agitaient autour de lui, le forcerait à s'enfuir de la
Heffe. Ce jour était arrivé.

Depuis longtemps, Leibniz prévoyait que Papin ferait
réduit à cette extrémité; témoin ce paffage de l'une de
fes lettres, où l'avertiffement de l'ami fe cache fous la
forme d'une réflexion à Fontenelle : « J'ai eu quelques
penfées pour cela plus d'une fois [les voitures perfec-
tionnées]; mais le loifir & les occafions m'ont manqué,
& *l'on a befoin de quelques mefures dans les cours pour ne*

point donner prife à certaines gens, quand on entreprend quel-
que chofe de conféquence (1). »

Mais Leibniz avait fait mieux que prévoir, il s'était
efforcé de prévenir. Dès 1698, il cherchait à détacher
fes amis de la ligue formée contre le vieil exilé ; c'eft
ainfi qu'à cette époque il ramenait à de meilleurs fentiments Lucæ, théologien & chroniqueur eftimé (2).

De fon côté, le landgrave, qui portait à Papin une
affection fincère, déjoua maintes fois, lorfqu'elles fe faifaient trop tranfparentes, les manœuvres de cette
cabale ameutée par l'envie. Mais la guerre, à la fin
du XVIIe fiècle & au commencement du XVIIIe, tenait
durant des faifons entières le fouverain de la Heffe éloi-
gné de fes Etats. Il ne pouvait pas toujours juger par
lui-même de la véritable fituation des chofes. Le plus
fouvent, les décifions prifes en fon nom n'avaient pour
but que de préparer, fans qu'il s'en doutât, la ruine de
fon protégé ; & la trame ourdie par les perfécuteurs
fut fi habilement tiffue, leur manœuvre fi adroitement
combinée, que les événements, s'arrangeant comme
d'eux-mêmes, mirent le malheureux, qui lui confacrait
fon génie, dans la néceffité de reprendre le chemin de
l'exil.

Sa fuite, néanmoins, n'aurait affouvi que très-impar-
faitement leur rage, s'il eût emporté dans une hofpitalité
moins troublée l'inépuifable reffource de fon génie. Il
fallait donc, avant que lui advînt ce meilleur afile, le tuer
moralement. Dans ce deffein, une double cataftrophe

---

(1) *Lettre de Leibniz*, fans date, mais qui doit fe placer en mars 1704.

(2) Lucæ, *Der Chronift.*, pp. 314, 324, a. a. O.

fut difpofée dans l'ombre : l'une qui devait attacher aux
pas du profcrit le renom d'une préfomptueufe ignorance,
l'autre enlever à fes vieux jours le bénéfice de fon bateau,
fa fuprême efpérance.

Pour l'honneur de l'humanité, on voudrait douter ;
mais comment fe refufer à l'évidence? Un magiftrat de
Francfort, Uffenbach, qui parcourait l'Allemagne en
1709, a configné, dans quelques pages de la relation
d'un voyage, l'opinion que donnaient de Papin, aux
étrangers qui s'informaient de fes découvertes, les plus
éclairés d'entre les Heffois. Cet échevin, cet admira-
teur naïf, il l'était, ce nous femble, en quittant fa ville
impériale, ne croit devoir céler ni la trifte réputation qui
eft faite à l'objet de fes admirations, ni la ftupeur dont
il eft faifi lorfqu'il entend charger des qualifications les
plus outrageantes la perfonne & les œuvres du favant
en fuite. Prêtons donc l'oreille à cet écho, trop défap-
pointé par ce qu'il apprend pour n'être pas véridique.

La converfation (Uffenbach vifitait alors le collége
Carolin, théâtre ordinaire des expériences du docteur &
fon cicérone était l'un des régents), « la converfation
tomba fur M. Papin, dont je m'informai par diverfes
raifons & à caufe de fes découvertes. J'appris *avec étonnement* qu'il était parti d'ici en mauvaife renommée. On
me le dépeignit comme un hâbleur, un aventurier, entre-
prenant fans expérience & par pure fpéculation cent
chofes diverfes, au péril de fa propre exiftence auffi
bien que des jours du fouverain. Ses deux dernières
entreprifes, & qui l'ont fait partir de Caffel, étaient
les fuivantes : D'abord, *il a prétendu naviguer avec un
vaiffeau fans voiles, ni rames, & pourvu uniquement de*

roues, non-feulement fur la Fulda, mais encore fur la haute mer, car il voulait fe rendre ainfi en Angleterre. L'autre & le pire, c'eft qu'en voulant charger des canons avec de l'eau au lieu de poudre, il a failli caufer un grand malheur. Les machines préparées à cet effet ayant fait explofion, une grande partie de l'atelier a été détruite, plufieurs hommes ont été mortellement bleffés, & S. A. elle-même, qui, feigneur très-curieux, voulait toujours tout voir dans le plus grand détail, aurait été immanquablement privée de la vie fi par hafard elle n'eût été retenue pour affaire. »

Dans le but louable de juftifier Papin, de récents biographes ont attribué à l'inexactitude du landgrave l'explofion du canon chargé d'eau. Une attente prolongée aura pu, croient-ils, occafionner, au moment de l'expérience, des perturbations qui auront déjoué les calculs de l'inventeur (1). Nous ne pouvons partager cette opinion. S'ils euffent eu connaiffance de deux lettres où Papin range, au nombre des machinations de fes ennemis, l'iffue déplorable de fon expérience ; fi, d'autre part, ils euffent fait attention à cette phrafe de fa correfpondance du 7 juillet 1707, qu'ils avaient fous les yeux : *Je fuis perfuadé pourtant que j'aurois obtenu juftice fi j'avois voulu faire un procès*, ils auraient entrevu les caufes véritables du défaftre. En dépit du voile prudemment épaiffi fur ce myftérieux événement, on devine affez clairement encore pour quelle fin calculée le landgrave fut détourné d'affifter à l'expérience, ainfi qu'il en avait fait la promeffe, & de quelle penfée fortirent les empê-

(1) *France proteftante*, T. VIII, p. 111.

chements fufcités en prévifion de ce qui pouvait fur-
venir. Il eft ici-bas certaines circonftances, œuvres des
méchants, qui prennent, aux yeux de la foule ébahie,
les afpects de l'imprévu, les apparences du hafard.

L'infortuné n'avait plus qu'à fe retirer. Les préparatifs
de fon départ l'occupèrent une partie du mois de juin.
Dans l'un des premiers jours du mois fuivant, le landgrave lui rendit fa liberté. Si Charles, cette fois, ne crut
pas devoir s'oppofer à la détermination de fon confeiller,
il ne voulut pas non plus lui laiffer croire, en le congé-
diant, que fon intérêt avait faibli au gré de funeftes
circonftances. Sa dernière entrevue avec ce Français,
vieilli dans fa cour, fut ce qu'elle devait être, pleine
de bienveillance & de générofité. Papin fortit de fon
audience l'âme pénétrée d'une reconnaiffance profonde.

Par une lettre du 7 août 1707, Leibniz eft mis au
courant de ce qui fe paffe.

« Monfieur, vous fçavez qu'il y a long tems que je
me plains d'avoir icy beaucoup d'ennemis trop puif-
fans, je prenois pourtant patience ; mais depuis peu
j'ay éprouvé leur animofité de telle manière, qu'il y
auroit eu trop de témérité à moy à ofer vouloir demeu-
rer plus long temps expofé à de tels dangers. Je fuis
perfuadé pourtant que j'aurois obtenu juftice fi j'avois
voulu faire un procès : mais je n'ay déjà fait perdre
que trop de temps à S. A. pour mes petites affaires,
& il vaut mieux céder & quitter la place que d'eftre
trop fouvent obligé d'importuner un fi grand prince.
Je luy ay donc préfenté ma requefte pour le fupplier
très humblement de m'accorder la permiffion de me
retirer en Angleterre, & Son Alteffe y a confenti avec

des circumſtances qui font croire qu'elle a encor, comme elle a toujours eu, plus de bonté pour moy que je ne mérite. »

Le doćteur fait part enſuite à ſon confident de la réſolution qu'il a priſe de lancer ſon bateau ſur la Fulda, de s'y embarquer avec ſa famille & de deſcendre au-delà de Münden, juſqu'à l'endroit où cette rivière, ſe jetant dans le Weſer, marque la limite des poſſeſſions du landgrave de Heſſe. « Je ſuis perſuadé, ajoute-t-il, que vous aurez la bonté de me procurer ce qu'il faut pour faire paſſer mon batteau à Münden, vû ſurtout que vous m'avez déjà fait connoître combien vous eſpériez *de la machine à feu pour les voitures par eau.* »

L'illuſtre inventeur ſe diſpoſait à quitter la rive; mais voici qu'un ordre du landgrave lui enjoint d'attendre ſon arrivée, Son Alteſſe ayant manifeſté le déſir d'aſſiſter à l'expérience. Papin s'empreſſe, le 1ᵉʳ août, d'annoncer ce *retardement* à Leibniz, & le prie de nouveau de lui envoyer la permiſſion de paſſer ſon bateau dans le Weſer (1).

Le 11, ſur un renſeignement ſans doute inexać, il croyait pouvoir ſe paſſer de la permiſſion ſollicitée par ſon ami, ayant appris, diſait-il, que les bateliers de Münden l'obtenaient très-facilement. Il en informait Leibniz, le remerciait de ſes démarches, & lui demandait ſi, comme il le lui avait donné à penſer, il viendrait à Caſſel pour aſſiſter à ſon départ (2).

Une autre lettre, ſans date, mais qui doit être du

<hr>

(1) *Lettre de Papin*, du 1ᵉʳ août 1707.

(2) *Lettre du même*, du 11 du même mois.

1ᵉʳ feptembre, prévient, en effet, l'auteur de la Théodicée de l'arrivée du prince, &, ce qu'il eft important
de noter, fait efpérer que Leibniz lui-même, cédant aux
follicitations de Papin, affiftera auffi à l'expérience (1).

Le 1ᵉʳ août, Papin réclame avec inftance fon permis
de navigation. Cette infiftance a befoin d'être expliquée.
Dans la lettre du 7 juillet, la demande du docteur était
motivée fur la déclaration d'un batelier de Münden, qui
venait de lui affurer que le droit de paffe était néceffaire
pour fouftraire fon bateau au féqueftre de la ghilde
(corporation) des bateliers, navigateurs privilégiés du
Wefer (2). A la réception de la lettre, le 13, Leibniz,
qui fentait l'importance de ce droit de paffe pour le
fuccès de l'entreprife, s'était empreffé de rédiger une
pétition au grand confeil de l'électeur. Le zélé philofophe
y recommandait chaleureufement la réclamation de fon
ami. Mais, le 25, le fecrétaire, Reiche, l'avifait d'un
refus catégorique (3). Leibniz paraît n'avoir pu tranfmettre cette réponfe que poftérieurement au 1ᵉʳ août :
ce jour-là, ainfi que nous le favons, Papin la réclamait
encore.

L'infortuné, pourtant, ne refte pas oifif. Mettant à
profit le temps que ces lenteurs lui laiffent, il s'entoure

---

(1) D'autres lettres cependant
donnent à penfer que cette efpérance
ne fe réalifa pas.

(2) Les bateliers du Wefer, dont
la ghilde, ou affociation, remontait
à une époque fort ancienne, avaient,
en vertu de leurs priviléges, le droit
d'arrêter & même de s'approprier
les embarcations naviguant dans leurs
eaux fans leur permiffion ou celle de
l'électeur de Hanovre. (Voyez l'énumération de ces priviléges dans la
Revue de la Société hiftorique de la
Baffe-Saxe, *Zeitfchrift des hiftorifchen
Vereins für Nieder-Sachfen*, 1850,
p. 263.)

(3) V. aux *Pièces juftificatives* le
n° XI.

des circumftances qui font croire qu'elle a encor, comme elle a toujours eu, plus de bonté pour moy que je ne mérite. »

Le docteur fait part enfuite à fon confident de la réfolution qu'il a prife de lancer fon bateau fur la Fulda, de s'y embarquer avec fa famille & de defcendre au-delà de Münden, jufqu'à l'endroit où cette rivière, fe jetant dans le Wefer, marque la limite des poffeffions du landgrave de Heffe. « Je fuis perfuadé, ajoute-t-il, que vous aurez la bonté de me procurer ce qu'il faut pour faire paffer mon batteau à Münden, vû furtout que vous m'avez déjà fait connoître combien vous efpériez *de la machine à feu pour les voitures par eau.* »

L'illuftre inventeur fe difpofait à quitter la rive ; mais voici qu'un ordre du landgrave lui enjoint d'attendre fon arrivée, Son Alteffe ayant manifefté le défir d'affifter à l'expérience. Papin s'empreffe, le 1er août, d'annoncer ce *retardement* à Leibniz, & le prie de nouveau de lui envoyer la permiffion de paffer fon bateau dans le Wefer (1).

Le 11, fur un renfeignement fans doute inexact, il croyait pouvoir fe paffer de la permiffion follicitée par fon ami, ayant appris, difait-il, que les bateliers de Münden l'obtenaient très-facilement. Il en informait Leibniz, le remerciait de fes démarches, & lui demandait fi, comme il le lui avait donné à penfer, il viendrait à Caffel pour affifter à fon départ (2).

Une autre lettre, fans date, mais qui doit être du

(1) *Lettre de Papin,* du 1er août 1707.

(2) *Lettre du même,* du 11 du même mois.

1er feptembre, prévient, en effet, l'auteur de la Théodicée de l'arrivée du prince, &, ce qu'il eft important
de noter, fait efpérer que Leibniz lui-même, cédant aux
follicitations de Papin, affiftera auffi à l'expérience (1).

Le 1er août, Papin réclame avec inftance fon permis
de navigation. Cette infiftance a befoin d'être expliquée.
Dans la lettre du 7 juillet, la demande du docteur était
motivée fur la déclaration d'un batelier de Münden, qui
venait de lui affurer que le droit de paffe était néceffaire
pour fouftraire fon bateau au féqueftre de la ghilde
(corporation) des bateliers, navigateurs privilégiés du
Wefer (2). A la réception de la lettre, le 13, Leibniz,
qui fentait l'importance de ce droit de paffe pour le
fuccès de l'entreprife, s'était empreffé de rédiger une
pétition au grand confeil de l'électeur. Le zélé philofophe
y recommandait chaleureufement la réclamation de fon
ami. Mais, le 25, le fecrétaire, Reiche, l'avifait d'un
refus catégorique (3). Leibniz paraît n'avoir pu tranfmettre cette réponfe que poftérieurement au 1er août :
ce jour-là, ainfi que nous le favons, Papin la réclamait
encore.

L'infortuné, pourtant, ne refte pas oifif. Mettant à
profit le temps que ces lenteurs lui laiffent, il s'entoure

(1) D'autres lettres cependant
donnent à penfer que cette efpérance
ne fe réalifa pas.

(2) Les bateliers du Wefer, dont
la ghilde, ou affociation, remontait
à une époque fort ancienne, avaient,
en vertu de leurs priviléges, le droit
d'arrêter & même de s'approprier
les embarcations naviguant dans leurs
eaux fans leur permiffion ou celle de
l'électeur de Hanovre. (Voyez l'énumération de ces priviléges dans la
Revue de la Société hiftorique de la
Baffe-Saxe, *Zeitfchrift des hiftorifchen
Vereins für Nieder-Sachfen*, 1850,
p. 263.)

(3) V. aux *Pièces juftificatives* le
n° XI.

de tous les renfeignements fufceptibles d'affurer le triom-
phe de fa hardie tentative.

« Je vous prie, mandait-il à Leibniz, dès le 7 juillet,
de me dire, fi vous le favez, à combien de degrés eft
incliné fur l'horifon le courant de Hamel, qu'on m'a
dépeint comme très-rapide & très-dangereux pour les
batteaux. »

Puis il multiplie fes expériences. La dernière, qui fe
fit dans les premiers jours de feptembre, *en préfence du
landgrave*, dont elle excita l'admiration, mit le comble
à fes efpérances, & le 15 du même mois Leibniz était
prévenu de ces heureux réfultats.

« La force du courant de la rivière, lit-on dans fa
lettre, étoit fi peu de chofe, en comparaifon de la force
de mes rames, qu'on avoit de la peine à reconnoître
qu'il allaft [le bateau] plus vifte en defcendant qu'en
remontant. »

Dans cet enthoufiafme, le ferme vieillard allait appo-
fer fon cachet fur fa lettre, lorfque furvient une miffive
de Münden qui lui annonce le refus du bailli de laiffer
paffer fon bateau, attendu que la ghilde (elle s'était
montrée un inftant accommodante) *ne le veut plus fans
une permiffion expreffe de l'électeur*. Ces triftes nouvelles
lui font ajouter un long poft-fcriptum :

« Je me vois, dit-il en terminant, en grand danger
qu'après tant de peines & de defpenfes qui m'ont été
caufées par ce batteau il faudra que je l'abandonne &
que le public foit privé des avantages que j'aurois pû,
Dieu ·aidant, lui procurer par ce moien. Je m'en
confoleray pourtant, voiant qu'il n'y a point de ma
faute, car je ne pouvois jamais imaginer qu'un def-

feing comme celuy-là deuft efchouer faute de permiffion. »

Il ferme fa lettre & bientôt la rouvre, car de meilleurs
renfeignements, qu'il recueille à l'inftant même, lui re-
mettent au cœur un peu de foi & d'efpérance. Il infère,
en conféquence, ce fecond poft-fcriptum :

« Depuis mon premier poftfcript, je viens de parler à
un autre batelier, qui s'engage à obtenir, très-facilement,
la permiffion dont il s'agit. Ainfi je crois que M. le
baillif a voulu railler quand il a repréfenté les difficultez
fi grandes, ou qu'il a eu quelque autre vifée que je n'en-
treprends pas de deviner (1). »

Ces derniers renfeignements fuggèrent à Papin l'idée
de prendre avec la ghilde des arrangements. L'infuccès
des démarches de Leibniz, qu'il connaît alors, lui fait
une néceffité de cette négociation. Il en confie le foin
au batelier dont il vient de recevoir une communication
raffurante; mais celui-ci, en admettant qu'il fût de
bonne foi, n'avait fait briller aux yeux du docteur que le
mirage d'une conviction perfonnelle. La ghilde s'opiniâtre dans fon refus, ou, ce qui revient au même, fubor-
donne fon confentement à l'obtention de la patente
électorale. Ainfi, le malheureux inventeur fe trouvait
enfermé dans cette inexorable impaffe : la cour de
Hanovre fe refufe à donner la permiffion, & la ghilde à
livrer le paffage, fi la permiffion n'eft pas donnée.

Tel eft le fatal arrangement des chofes qui réfulte de
la correfpondance.

Cette correfpondance, déformais, n'a plus rien à nous

____

(1) *Lettre de Papin, du 15 feptembre 1707.*

apprendre, & l'événement qui fe prépare n'aurait pas eu de rententiffement dans la poftérité, fi d'autres documents, retrouvés par M. Einfeld, de Münden, n'étaient venu combler, & au moment précis, la lacune laiffée par les lettres. Nous voulons parler des procès-verbaux rédigés au bailliage de Münden, lors de l'arrivée de Papin & de fon bateau dans les eaux de cette ville de la frontière de Hanovre (1). Grâce à cette procédure, élément hiftorique non moins irrécufable que la correfpondance, nous pouvons, en toute affurance, renouer le fil de notre récit.

En dépit du double obftacle, élevé comme à deffein fur fa route, l'opiniâtre Bléfois fe décide à paffer outre. Le 24 feptembre donc, il réunit fa famille, & chargeant fon vaiffeau des minces débris de fa fortune, il s'embarque fur la Fulda : il part, il navigue, il arrive, maître du flot & du vent, près de Loch, où commence le Wefer.

Mais là auffi commence le pouvoir de la ghilde. A l'arrivée de l'embarcation, évidemment attendue, la corporation délègue un de fes membres au bourgmeftre de Münden, pour le prévenir qu'un bateau de nouvelle invention vient d'arriver à Loch ; que le maître, ou paffager, vieillard qui fe dit médecin de la cour de Caffel, manifefte l'intention de continuer fon voyage par le Wefer, ce qui porte atteinte aux priviléges de l'affociation ; il réclame, en conféquence, l'ordre d'arrêter le bateau, conformément à l'ufage.

(1) M. Einfeld a tiré cette férie de procès-verbaux du greffe même de la juridiction de Münden, dont il eft affeffeur, *amtaffeffor*, & l'a publiée dans la Revue de la Société hiftorique de la Baffe-Saxe, année 1850, pp. 294-299. On la trouvera intégralement reproduite dans les pièces comprifes fous le titre : *Pièces juftificatives*, n° XII.

Le bourgmeftre renvoie le député par-devant Droft von Zeuner, préfident du bailliage de Münden, le tribunal compétent, & lui adjoint un de fes fecrétaires.

Mais, fur ces entrefaites, ce chef de bailliage, prévenu par un autre batelier, délivrait à l'étranger, après quelques explications, un permis de naviguer au-delà de la limite heffoife. Bientôt, pouffé par la curiofité, il fe rend lui-même à Loch, rencontre l'étranger, reconnaît que ce vieillard eft bien Denis Papin, confeiller-médecin-ingénieur du landgrave Charles, & conftate qu'il eft porteur d'un paffe-port régulier de la cour de Heffe, ainfi que des lettres du confeiller intime Leibniz. Ils vifitent enfemble le furprenant batelet. Dans la converfation, Papin lui déclare qu'une fois arrivé à Gimbte (village fur le Wefer à une demi-lieue de Münden), fon intention eft de démonter la machine & de la tranfporter fur un vaiffeau pour la conduire en Angleterre, où il compte la faire acheter à la reine.

Edifié de tout ce qu'il a vu, Droft von Zeuner fe retire, emportant l'idée que ce Français, dans les conditions où il fe trouve, n'a rien à redouter des membres de la ghilde, & toutefois, comme s'il appréhendait quelque fâcheufe entreprife de leur part, il recommande, en partant, aux charpentiers du faubourg de Blume, qui fe trouvaient là, de tirer à terre, à la première alarme, ce fingulier bâtiment, qui fe meut avec des roues fans le fecours de voiles ou de rames : « Eine kleine Machine... *wornach groffe Schiffe ohne Maft und Segel könnten gebauet und mit bloffen Rädern regiert werden.*

Que fe paffe-t-il le lendemain 25 feptembre? On l'ignore. Mais le furlendemain, vers midi, une nouvelle &

nombreufe députation de bateliers, au mépris de la décifion du bailli, qu'elle accufe de complaifance à l'égard
de l'étranger, fe rend chez le bourgmeftre : « Si, difent-ils à ce magiftrat municipal, le bailliage ne fait pas
droit aujourd'hui même à la réclamation de la ghilde,
les bateliers s'empareront de l'embarcation étrangère &
la mettront à fec fur le rivage. Enfuite, ajoutent-ils, ils
adrefferont au prince-électeur une plainte contre fes
furbordonnés de Münden, qui refufent de protéger leurs
antiques ftatuts, & dans une faifon où leurs bénéfices
font à peu près nuls.

Ces menaces n'étaient ni vaines ni fimulées, la lecture
des pièces de cette étrange procédure & fon iffue fatale
ne le démontrent que trop, hélas !

L'ordre fut délivré par le bourgmeftre.

Pendant ces conciliabules, Papin s'occupait à dégager
fon bateau, arrêté dans un bas-fond de la rivière, & les
charpentiers de Blume l'aidaient dans ce travail, à ce
qu'il femble, car on ne voit nulle part que fon embarcation eût un équipage (1). Tout à coup les membres de
la corporation accourent, l'environnent, lui déclarent
que, devenue leur propriété en vertu des priviléges de la
ghilde, fa chaloupe va être tirée à l'inftant fur la berge.
Papin s'effraye pour fa machine, fruit de tant de veilles.
En vain, croyant la fauver, il offre à la ghilde de faire
procéder à la mife hors de l'eau par les charpentiers de
Blume, fuivant la recommandation de von Zeuner ; ils

____

(1) Elle n'en pouvait avoir. Papin, aidé de fa famille, fuffifait, tout le démontre, à diriger fon bâtiment. Il n'eft pas fûr même que, vu le peu d'efpace, tous les fiens fe tinffent à bord, mais des bagages, des caiffes, des uftenfiles de ménage s'y trou-vaient.

reſtent inflexibles : le déſolé vieillard eſt jeté hors du ſeul bien qu'il poſſède au monde &, avec lui, ſa famille éplorée (*deſſen Frau und Kinder auch... darüber lamentiret*), ſes bagages, ſes uſtenſiles de ménage ; puis, ſon bateau eſt enlevé de la rivière & mis en pièces que l'on entaſſe ſur le bord !

Ceci ſe paſſait dans la ſoirée du 26. Dès que la nouvelle de cet attentat parvient au Conſeil de ville, le bourgmeſtre, ſon chef, délègue au bailliage un ſecrétaire & deux bateliers. La miſſion de ces envoyés n'eſt pas de juſtifier l'acte de violence qui vient d'être commis, mais de ſignifier ſimplement que le bourgmeſtre, le conſeil & la ghilde batelière s'approprient la chaloupe arrivée dans les eaux de Loch, & que, ſur le produit de la vente de ſes débris, ſera, comme de droit, ſcrupuleuſement prélevé le quart, afférent à S. A. Electorale.

Alors, & ſeulement alors, le bailliage ſort de l'inqualifiable inaction dans laquelle il eſt reſté deux jours durant. Par l'organe du bailli Droſt von Zeuner, & de l'aſſeſſeur Ebeling, il proteſte ſéance tenante, & le lendemain 27, contre l'illégalité de la meſure ordonnée par le bourgmeſtre. Cette proteſtation eſt renouvelée le 5 octobre. De plus, redoutant pour ſon avenir les ſuites de l'acte de violence qui vient de s'accomplir ſous ſes yeux contre un protégé de l'influent Leibniz, von Zeuner ſe hâte de lui écrire une lettre juſtificative de la conduite du bailliage de Münden durant les triſtes journées des 25 & 26 ſeptembre (1). Proteſtation & lettre

(1) *Pièces juſtific.*, nᵉ XIII. Pour peu qu'on examine la conduite de von Zeuner, on ne tarde pas à voir que ce magiſtrat, informé du complot,

parfaitement inutiles! Nulle enquête vengereffe ne vint troubler le repos du bourgmeftre, du bailliage & de la ghilde. A l'enchère furent lotis, criés, vendus les matériaux de l'invention miraculeufe, & « fon bonhomme de paffager, » ainfi parle von Zeuner, s'en alla fans proférer une plainte. Il laiffait pourtant derrière lui, fur la terre allemande, fa dernière efpérance écroulée!

Ecroulée, il ne le croyait pas encore ; devant fes yeux fe pofait l'Angleterre. Sa mémoire lui rappelait avec complaifance ce premier théâtre de fes belles découvertes, & le fouvenir des jours brillamment remplis qu'il y avait paffés fuffifait à maintenir dans fon âme un refte de confiance ; puis, il était de la race des Antées : il reprenait la vie & la force dès qu'il avait fenti le contact de la féconde imagination, fa mère.

Denis Papin parvint à Londres vers la fin de l'année 1707. Trois mois ne s'étaient pas écoulés que, relevant avec courage fon grand projet de bateau à vapeur, miférablement échoué dans les eaux de Münden, il en propofait une expérience nouvelle à la Société Royale de Londres. Des documents, à peu près inconnus, qui rela-

---

eut le fincère défir de fouftraire Papin au danger qui le menaçait. D'abord il le fait prévenir de ne point s'embarquer fans une lettre de paffe ; il délivre même cette lettre. Enfuite, inftruit de l'arrivée de l'embarcation, il prend pour la fauver toutes les mefures que lui fuggère la prudence. Alors, & là fes torts commencent, il s'efquive, il s'efface, efpérant avoir affez fait pour mettre fa confcience en règle à l'égard de l'étranger, & fa fécurité perfonnelle à l'abri relativement aux puiffances qui pourfuivent ce vieillard. Droft von Zeuner était de cette race d'hommes faibles & pufillanimes que Dante nous montre éternellement ballottée entre le ciel & l'enfer. *La France proteftante* (xvᵉ livraifon, p. 113) penfe, avec beaucoup de raifon, que le plus coupable fut l'électeur de Hanovre.

tent cette communication du docteur, la dernière qu'il ait faite touchant le rêve careffé de toute fa vie, nous font venus récemment d'Angleterre (1). Nous donnons prefque en entier la traduction du plus étendu, qui porte la date du 11 février 1708.

« 11 février 1708. — Le docteur Papin a foumis à le Société Royale un projet de grande conféquence. Il s'agit d'une nouvelle invention de bateau marchant au moyen de rames mifes en mouvement par le feu [*moved with heat*]. — Dans les deux féances fuivantes, cette propofition eft encore reproduite, mais accompagnée de lettres de recommandation de Leibniz. »

La communication du docteur eft rapportée en ces termes :

« C'eft affurément une entreprife très-importante que de pouvoir employer la puiffance du feu à ménager les forces de l'homme. Ainfi l'ont reconnu le parlement d'Angleterre, lorfqu'il accordait, il y a quelques années, une patente à l'écuyer Savery, pour une machine conçue dans ce but utile, & Son Alteffe le landgrave de Heffe, Charles, en faifant expérimenter à fes frais une invention femblable. Cette entreprife, toutefois, admet plufieurs

---

(1) Nous devons ces documents à l'obligeante amitié de M. Francifque Michel. (V. anx *Pièces juftificatives*, n° XIV.) Le premier n'eft qu'un fimple extrait de la table des matières des Mémoires de la Société Royale de Londres, relatif aux travaux de Papin, & donné par M. J.-W. Parker, dans fon Hiftoire de cette fociété. (Londres, 1848, deux volumes in-8°.) Le fecond reproduit textuellement le procès-verbal des féances de la fociété, dans lefquelles le phyficien français expofe fon fyftème de propulfion des voitures par eau. Ces textes intéreffants ne pouvaient être omis dans nos pièces juftificatives ; ils font empruntés à une autre Hiftoire de la Société Royale, publiée par C.-R. Weld. (Vol. II, pp. 380-381.)

modes d'exécution : par exemple, la machine qui fit l'objet des expériences de Caffel diffère, en un grand nombre de points, de la machine anglaife; elle offrirait, j'en fuis perfuadé, une grande différence dans la fomme de l'effet produit.

» Je regarde donc comme très-utile que la meilleure manière à fuivre pour exécuter l'œuvre dont je parle foit clairement démontrée, afin que les perfonnes défireufes de s'occuper de tels mécanifmes aient la faculté de fe déterminer fûrement dans l'emploi du procédé le plus perfectionné, & je fuis convaincu que l'écuyer Savery eft trop dévoué au bien public pour ne pas fouhaiter, autant que qui que ce foit, que cette démonftration fe faffe.

» En conféquence, je vous fais, avec tout le refpect qui vous appartient fi juftement, la propofition de conftruire ici, felon le procédé fuivi à Caffel, une machine conçue de manière à faire marcher des vaiffeaux, *after the fame manner that has been practifed at Caffel, and to fit it fo that it may be applied for the moving of fhips.*

» Cette machine pourrait être effayée une heure ou plus, concurremment avec une autre du fyftème de Savery, & on évaluerait leur puiffance refpective par la quantité d'eau que chacune d'elles élèverait & par la hauteur à laquelle cette eau monterait. Pour connaître cette hauteur, on pourrait employer la méthode imaginée par le très-illuftre préfident, c'eft-à-dire, effayer de faire lancer des boulets par la machine que je propofe, fous une inclinaifon de 45 degrés, & la hauteur à laquelle ils auraient été élevés ferait la moitié de la diftance horizontale qu'ils auraient parcourue; ce mode d'effai devrait s'appliquer auſſi bien à la machine de Savery qu'à celle-ci.

» Je voudrais me trouver en poſition d'exécuter à mes propres frais la machine expérimentée à Caſſel; mais l'état de mes affaires m'empêchera de l'entreprendre, à moins qu'il ne convienne à la Société Royale de ſupporter la dépenſe du récipient nommé *retorte* dans la deſcription imprimée. Au moyen de cette indemnité, je pourrai prendre à ma charge ce qui eſt néceſſaire pour le ſurplus...

» Si la Société Royale daigne m'honorer de ſes commandements, aux conditions que je propoſe, la première choſe à faire ſera de me permettre de choiſir un emplacement où je puiſſe convenablement établir ma machine ; je m'engage alors d'y travailler avec toute la diligence poſſible, & j'eſpère que le réſultat ſera beaucoup plus conſidérable encore que je ne l'annonce. »

Dans la ſéance ſuivante, le 25 de février, la Société entendit la lecture d'un travail plus explicite ſur l'invention nouvelle, & prononça le renvoi à ſon préſident (1) : c'était alors Newton. Celui-ci, dans la ſéance du 17 mars, communiqua ſon rapport. L'illuſtre préſident y recommandait de ne faire que des expériences auſſi ſimples & auſſi peu coûteuſes que poſſible. « Si, diſait-il, la machine élévatoire préſentée par le docteur Papin peut lancer 400 livres d'eau toutes les deux minutes avec la viteſſe de 128 pieds de Paris par ſeconde, elle lancera cette eau à 100 pieds de hauteur ou la projettera à la diſtance de 200 pieds ſur un plan horizontal, & pourra répéter cela trente fois par minute (2). »

(1) Pièces juſtificatives, n° xv.   (2) Pièces juſtificatives, n° xvi.

Newton a dû connaître le projet de Papin & faire part de ses conclusions à la Société Royale, antérieurement au 11 février, puisque, le même jour, l'inventeur déclare s'y soumettre. Quoi qu'il en soit, dans la séance du 14 avril, Papin donne lecture de la partie descriptive de son bateau. Il affirmait être en mesure d'élever l'eau à 200 pieds au-dessus de la limite réclamée par Newton (1); &, le 21 du même mois, dans un nouveau rapport, l'élévation de l'eau à 300 pieds, traitée d'allégation, est renvoyée en termes assez brefs, ainsi que tout ce qui précède, à de communes expériences (2). Ces essais n'ont pas laissé de traces dans les archives de la Société. Il serait triste de penser que l'amitié & la protection de Leibniz eussent desservi l'inventeur dans l'esprit du président : la longue querelle au sujet du calcul infinitésimal, querelle qui dégénéra souvent en personnalités regrettables, divisait alors Newton & Leibniz & partageait le monde savant en deux camps.

Au surplus, toute la partie des registres de la Société Royale, relative au bateau de Papin, est comme intervertie à plaisir. La proposition première, du 11 *février* 1708, est inscrite sans mention de date, sur le Register-Book, pp. 108 & 109, entre un discours sur les engrais marins, du 11 *février* 1707, & le premier rapport de Newton, en date du 17 *mars de la même année.* Chose plus singulière, l'année 1707, maintenue encore à la séance du 25 *février,* cède la place à 1708 dans les séances des 14 & 21 *avril suivant.* Parker & Weld, dans leurs Histoires de la Société Royale que nous avons

---

(1) *Pièces justificatives,* n° XVII.   (2) *Pièces justificatives,* n° XVIII.

citées, font unanimes pour affigner cette dernière année
à la propofition du 11 février. Il y a plus : l'arrangement
chronologique des regiftres de la Société eft victorieu-
fement infirmé par la correfpondance de Papin & de
Leibniz dont on a lu d'importants extraits dans les cha-
pitres précédents. Par cette correfpondance, datée toute
de Caffel, l'impoffibilité de la préfence de Papin à Londres, dans les mois de février, de mars & d'avril 1707,
eft démontrée de la façon la plus abfolue. Cette correfpondance ne fait d'ailleurs, à ces dates, aucune efpèce
d'allufion à un voyage en Angleterre. Pourquoi ce myftère jeté à travers le compte-rendu officiel de la célèbre
compagnie? Ce dilemne peut feul en fonder l'obfcurité : ou les effais commandés par Newton, à deux
reprifes, ont eu ou n'ont pas eu lieu; s'ils n'ont pas eu
lieu, pourquoi cet oubli, cette omiffion des recommandations du rapport? S'ils ont eu lieu, pourquoi nulle
trace dans les archives de la Société?

Ainfi, la branche de falut en laquelle le pauvre nau-
fragé eut foi quelques inftants fe rompit fous l'effort de
fes mains. Comme beaucoup d'hommes qui touchent aux
limites de la vie, il s'était bercé d'une illufion décevante.
Durant fon abfence de près d'un quart de fiècle, les
hommes & les chofes avaient marché en Angleterre; le
défintéreffé Boyle, fon protecteur, avait ceffé d'exifter, &
la faux du temps s'était promenée à travers les amitiés
illuftres qu'il s'était jadis créées. D'ailleurs, fous le gouvernement de la reine Anne, la Grande-Bretagne entrait à
pleines voiles en de nouvelles mœurs. Pendant ce règne,
honoré par de beaux efprits, diftingué par fa politeffe,
& nommé par Voltaire « un brillant reflet du fiècle de

Louis XIV, » les réfugiés proteſtants n'inſpiraient plus un intérêt auſſi vif que ſous l'auſtère Guillaume III & ſes deux prédéceſſeurs. Déjà la conſtitution de 1688 développait à l'excès, chez le peuple britannique, l'eſprit excluſif qui diſtingue les nations inſulaires. La fière Albion commençait à porter le culte des ſiens juſqu'au fanatiſme abſolu que nous lui connaiſſons. Ce culte, la Société Royale le profeſſait dans une certaine meſure, & la majorité de ſes membres n'écouta pas aſſurément, ſans un ſentiment d'inquiétude, une propoſition qui tendait à mettre en péril les machines de Savery, Newcomen & Cawley. Bien qu'émanées des premières découvertes du réfugié bléſois, ces inventions venaient d'obtenir ſucceſſivement l'honneur d'une patente du parlement ; elles rendaient d'utiles ſervices & tenaient engagés des capitaux nombreux. Une autre cauſe ſe joignit à celle-là : la ligue jalouſe contre laquelle s'était briſé, en Allemagne, le génie perſévérant de Papin, cette ligue n'avait pas lâché ſa proie ſur le ſol de la vieille Angleterre. Elle devait, en effet, s'épouvanter à l'idée de voir ſa victime rentrer dans Caſſel le front ceint de l'auréole d'une revanche éclatante. Il ne lui fut pas difficile de réuſſir.

XIII

Séjour de Papin en Angleterre. — Ses derniers travaux. —
Retour en Allemagne. — Sa mort.

Après cet échec de ſa propoſition, Papin séjourna pluſieurs années dans la Grande-Bretagne, inveſti pour la troifième fois des fonctions de curateur aux expériences de la Société Royale (1) ; mais que fa condition était changée !

Le vieil ami de Boyle ne touchait plus de traitement fixe. La Société n'avait voulu lui accorder, d'abord, que des indemnités temporaires ; avant que de lui donner des émoluments réguliers, elle défirait de le connaître à la tâche.

Très-fréquemment, ces fecours ne tombant point à l'heure d'une gêne imprévue, le malheureux était réduit à les implorer. Une lettre du 16 mai 1709, adreffée au docteur Sloane, fecrétaire de la Société Royale, le produit à nos yeux attriftés « manifeftant l'humble défir de recevoir dix livres (250 francs) ; » une lettre, écrite fept mois après, envoyant la note minutieufe de l'emploi de fon temps, puis, comparant ce qu'il a fait, dans cet intervalle, avec ce qu'ont fait en un an les trois penfionnaires de l'Académie des fciences de Paris, largement rétribués par Louis XIV (2) ; un mémoire du 19 janvier de l'année 1708, priant à mains jointes & prefque à genoux la Compagnie de lui continuer l'allocation qu'elle lui accordait fi généreufement, vingt-cinq ans déjà paffés, lors de fon retour de Venife ; enfin, une lettre au docteur Sloane, du 31 de décembre 1711, fuppliant cette même Société, dont il ne faurait trop louer les bontés paffées, de faire attention que, *depuis près de fept mois qu'il vaque à fes expériences, avec le dévoûment de l'homme le plus honnête & felon fa capacité, il a vécu*

(1) C'était l'expreffion confacrée. Voir La lettre de Papin à Leibniz, en date du 18 juin 1699, & la ré-

ponfe de celui-ci, du 24 même mois.

(2) *Lettre au docteur Sloane*, du 31 décembre 1711, *ad calc.*

fans une pièce de monnaie, forcé de s'épargner les aliments & toutes les autres chofes indifpenfables à la vie (1).

Il vivait dans un fi affreux dénûment, que, *ne fe voyant pas en état*, ce font fes expreffions, *de rendre fes devoirs* au délégué de la Compagnie, il eft forcé de fe tenir célé dans une demeure inconnue. En attendant qu'il occupe un appartement dont la location lui eft affurée, il envoie une adreffe provifoire (2), dans l'efpérance, fans doute, que les 250 francs, demandés le 16 mai, lui feraient envoyés. Il était évident qu'il deftinait cette fomme à la garantie d'un terme de fon futur loyer & à l'emplette de vêtements convenables.

Au milieu de cette immenfe mifère, fon génie, comme une lampe qui va s'éteindre, eut quelques derniers éclairs. Mentionnons-les brièvement.

1° *A new way to gett good air for refpiration and vegetation*, ou *Nouveau moyen d'améliorer l'air pour les animaux & les végétaux*. Lu à la Société Royale, dans la féance du 19 janvier 1708, ce mémoire fut foumis à la difcuffion dans cette féance même & dans la fuivante, du 2 février. L'auteur y examine le rôle de l'air dans le mouvement général (tourbillon) de la vie, par le mode d'épuifement graduel de ce qu'il appelle fon pouvoir diffolvant & excitateur fur le fang, & par la manière de fe comporter d'une fouris & d'une plante, en vafe clos; enfin quelle influence exerce la hauteur barométrique fur le bien-être des animaux. De ces prémiffes, il conclut

(1) « I have don'as much as can be expected from the moft honeft man with my little abilityes and fcarcity of money and I have proirded my felf with victuals and all other neceffary's for above feven months. »

(2) Pour tous ces détails, V. *Lettre au même*, du 4 mai 1709.

à la conftruction d'une chambre habitable où l'air refpi-
rable néceffaire aux animaux & aux plantes aurait une
preffion fupérieure à celle de l'atmofphère, & réglée à
volonté, & d'une ferre chaude, à grandes dimenfions.
Allant au-devant de l'objection tirée de la différence
d'effets produits par la chaleur folaire & par celle d'une
flamme artificielle, Papin établit que cela tient uniquement à la fupériorité de l'air libre fur l'air confiné;
auffi fe propofe-t-il de purifier l'atmofphère de fa ferre
clofe par un renouvellement inceffant. Quant à fa
chambre, l'air y ferait maintenu à une preffion de 4 à 5
pouces fupérieure à celle ordinaire, & purifié fans difcontinuer par des réactifs. L'une & l'autre feraient d'une
utilité inconteftable : la ferre, pour l'acclimatation des
efpèces végétales exotiques, la chambre, pour le traitement de plufieurs affections. Après une réponfe à quelques autres objections, l'inventeur propofe à la Société,
en fe défintéreffant prefque, de fonder une Compagnie
par actions pour l'exploitation de fa découverte; il renouvela même cette propofition, trois ans après, dans la
féance du 26 avril 1711; mais il n'eut pas le bonheur
de la voir accueillie. Un autre Français, un autre médecin, M. le docteur Pravaz, a réalifé la penfée de fon
vieux confrère exilé : on peut voir la chambre à air comprimé fonctionner dans fon établiffement de Lyon, aux
Etroits; elle y eft employée à traiter *thérapeutiquement*
certaines maladies.

La Société par actions de Papin embraffait la plupart
des inventions ou perfectionnements d'inventions qui lui
étaient dûs depuis fon retour d'Angleterre. C'étaient :
1° une amélioration du foufflet de Heffe, laquelle, dépaf-

fant pour l'effet les plus gros foufflets connus, permettait de fabriquer d'excellent fer avec de la ferraille & de grandes glaces avec du verre pilé ; 2° fon appareil fumivore & fon digefteur amenés à une très-grande perfection ; le dernier ne différait pas fenfiblement de l'autoclave de nos jours ; 3° la création de falines dans l'île de Grain, en lieu clos, produifant du fel égal au fel de la France, au moyen d'appareils évaporateurs mus par un courant d'air chaud très-abondant ; 4° l'extraction, par fes méthodes, de graiffes & réfidus d'os propres à l'engrais des animaux ftabulés.

Une defcription fuccincte de quelques-unes de ces découvertes va revenir fous notre plume, au fur & à mefure de leur infcription fur les regiftres de la Société Royale.

2° *Apparatus for the making of fpirit of fulphur*, &c., ou *Appareil propre à la fabrication de l'acide fulfureux*. Papin propofe de remplacer un procédé qu'il avait communiqué antérieurement par un très-grand vafe ou *chambre* contenant des plats de verre à peine creux & pleins d'eau. La defcription & l'action de l'appareil font développées à la fois dans la notice & dans les légendes de la figure. Communication fut donnée à la Société Royale le 21 juin 1711 de ces modifications, qui n'ont aujourd'hui, fous le rapport de la fabrication, aucune efpèce d'importance (1).

3° *General rule for the compute in all cafes the advantages of the great wheeles*, &c., ou *Règle générale de*

-----

(1) La figure originale, tracé & reproduifons dans la IIIᵉ partie de légendes, eft autographe ; nous la notre ouvrage.

démonſtration de la ſupériorité des grandes roues ſur les petites, lorſque la force de traction paſſe par le centre, &c. L'auteur reprend la queſtion du charriage par terre (*carryage*), qu'il avait traitée autrefois avec Leibniz. La loi qu'il émet eſt la ſuivante : « Quand une roue rencontre un obſtacle, la force de traction eſt diminuée dans le rapport du ſinus de l'angle compris entre le rayon perpendiculaire à l'horizon & le rayon mené au ſommet de l'obſtacle, à la tangente de l'arc décrit du ſommet de l'obſtacle comme centre & paſſant par le centre de la roue. » Une planche eſt jointe à ce petit mémoire, lu à la ſéance de la Société Royale du 12 juillet 1711.

4° *Ways for improveing clock-work,* ou *Syſtème perfectionné du mouvement des horloges.* Dès ſon enfance, Papin avait pratiqué l'horlogerie, cet art dont ſa ville natale était un centre de fabrication très-eſtimé. Il revient ici à ce premier de ſes paſſe-temps, ſon initiateur en mécanique. Il propoſe de ſubſtituer au pendule un balancier circulaire établi d'après ſon axiome : « La quantité de force ſe meſure ſur la quantité de mouvement. » Les avantages de ce ſyſtème furent conteſtés par S. Rich. Waller, ſon collègue. La lecture & la diſcuſſion qu'elle fit naître eurent lieu dans les ſéances de la Société Royale du 5 juillet 1711.

— *New fashion of clock wheeles and pinions,* ou *Nouvelle méthode d'échappement pour l'horlogerie.* Par cette méthode, l'inventeur arrive à conſtruire des pendules & des montres plus ſenſibles & moins faciles à ſe déranger que les autres ; c'eſt cette diſpoſition d'engrenages qu'on appelle *roues à lanterne.* Papin y fut conduit par l'étude de ſon ſoufflet de Heſſe. Il fit la lecture & ſoutint la difcuffion du mémoire explicatif dans les féances de la Société Royale des 3 mai & 5 juillet 1711.

5° *Un effai en grand de machine pneumatique.* En préfentant à la Société Royale, le 9 avril 1684, fa machine pneumatique, Papin annonçait qu'elle n'était qu'un perfectionnement de celle qui lui fervait depuis dix ans (1). Il remédiait aux inconvénients de cette première invention par deux foupapes alternant au gré d'une tringle (2). On ignore en quoi confiftait l'amélioration nouvelle; l'auteur ne la voulut donner que fous le fceau du fecret. Eclairé par les triftes épreuves de la vie, il redoutait qu'un plagiaire ne s'emparât de fon invention auffitôt que la Société en aurait reçu la communication publique. Il refufa même d'exécuter le modèle en petit de la machine « pour mettre un oifeau ou une plante, » par ce motif auffi fingulier que plaufible, « c'eft que ce petit modèle feroit vu de bien des gens, & qu'il y a lieu de croire qu'il donneroit à quelqu'un l'envie d'en faire un autre affez grand pour tenir un homme; & ce feroit cela qui feroit du bruit dans le monde & qui donneroit tout l'honneur & le profit à celui qui auroit, le premier, appliqué à l'ufage des hommes cette penfée qui vient affez facilement (3). »

6° *New furnace wherein the fewel would be fav'd and the fmoke in the room avoided*, ou *Fourneau économique épargnant le combuftible & brûlant la fumée fans odeur.* Dans une lettre du 16 mai 1709, Papin entre dans d'affez longs détails fur ce fourneau d'un nouveau genre.

---

(1) *Regifter Book*, vol. VI, p. 170.

(2) Voir, III° partie, la defcription & la figure.

(3) *Lettre au docteur Sloane*, du 4 juin de la même année.

Continuellement alimenté d'air pur, il pouvait s'employer utilement pour la guérison de plusieurs maladies & pour la production précoce des fruits pendant l'hiver. Afin d'en démontrer les avantages, le docteur demandait au collége de Gresham un local muni d'une cheminée indispensable à la captation de l'air pur. La Société Royale devait supporter les frais de l'expérience ; quant à lui, s'il réussissait, il bornait sa rémunération à dix livres. Lecture de la lettre fut donnée dans la séance du 18 mai. La Compagnie répondit à Papin qu'elle ne demandait pas mieux que de l'aider dans les expériences à faire, mais que, vu l'énormité des frais & l'incertitude de la réussite, elle ne voulait faire aucune avance d'argent. Le 8 juin suivant, l'inventeur étant revenu à la charge, par une seconde lettre, ses collègues, pour se soustraire aux obsessions de ce génie opiniâtre, lui firent rappeler qu'une invention du même genre que la sienne se trouvait décrite au n° 181 des *Transactions philosophiques :* c'était celle de l'ingénieur Dalesme, dont nous avons parlé (1). La découverte préconisée par notre compatriote était une reprise perfectionnée des *Nouveaux moiens d'épargner les aliments du feu,* insérée page 17 du *Recueil de diverses pièces,* & n'avait de commun que le but avec l'appareil de Dalesme. Enterrée à Londres, en 1709, elle a reparu de nos jours dans le monde, où elle fait, quelque peu améliorée, un assez beau chemin.

7° *A box,* &c., ou *Meuble ouvrant & se fermant par une serrure à secret.* L'histoire de cette invention est singulière. L'auteur en fit l'essai dans une réunion où se trou-

____

(1) V. ci-dessus, p. 192.

vait S. A. le Prince d'Anhalt. Après avoir ouvert & fermé
fon petit meuble, Papin le livra, ainfi que la clef, aux
affiftants ; mais ni le Prince, ni aucune des perfonnes pré-
fentes ne purent parvenir à ouvrir la ferrure. Grande fut
l'admiration. Malheureufement, quelqu'un ayant eu l'idée
de montrer la myftérieufe caffette à deux hommes du
métier, l'un d'eux, défefpéré de n'en pouvoir pénétrer
le fecret, la mit en pièces. Ces détails font confignés
dans les procès-verbaux des féances des 31 mai et 7 juin
1711 & dans la lettre au docteur Sloane du 31 déecm-
bre fuivant. La deftruction de la ferrure en empêcha la
démonftration.

Avec ces dernières découvertes, finit la vie active du
grand inventeur. « Pour réuffir, dit M. Bannifter, dans
les travaux fcientifiques que Papin exécutait avec tant de
zèle, il était indifpenfable d'avoir de l'argent à confacrer
aux expériences (1), » mais fa pofition fut toujours fi
précaire qu'il ne put jamais faire ni fuivre avec fes feules
reffources un effai de quelque importance. A la fin, cette
impoffibilité le brifa ; & bien que, réfolu encore, il eut
dans la penfée « plus de chofes que le refte de fa vie
ne lui aurait permis d'en faire (2), » il abdiqua de guerre
laffe. En ce moment, la néceffité fatale lui arrachait ce
cri de détreffe : Je fuis maintenant obligé de mettre mes
machines dans le coin de ma pauvre cheminée (3)!

Aucun endroit de fes lettres au docteur Sloane ne
fait allufion à fa famille. Ce filence abfolu peut faire
fuppofer que, s'étant féparée de fon mari après la cataftrophe du bateau, madame Papin était retournée à Caffel

---

(1) Bannifter, *Note fur la vie &*
les ecrits de Papin, p. 24.

(2) *Lettre du 31 décembre 1711.*

(3) M. Bannifter, p. 24.

avec les fiens. Von Zeuner, dans fa fameufe lettre à
Leibniz, ne parle d'elle ni de fes enfants. La cataftrophe
une fois confommée, Papin eft repréfenté feul. « Le bon
homme de paffager s'en alla fans proférer une plainte, »
écrit le bailli de Münden. De la femme & des enfants,
pas un mot. Etait-il arrêté d'avance que tous les membres
de la famille attendraient à Caffel le réfultat des démarches
de leur chef en Angleterre ? Il ferait difficile de le dire.

Quoi qu'il en foit, le féjour de Papin dans la Grande-
Bretagne ne fe prolongea pas au-delà de 1712. Sa dernière lettre au docteur Sloane porte la date du 12 janvier de cette année, & des fragments de la correfpondance
de Leibniz, recueillis par M. Banniſter (1), prouvent qu'il
était de retour dans la capitale de la Heffe au commencement de 1714.

Les deux lettres auxquelles ces extraits fe réfèrent ne
font pas datées; mais, fait obferver M. Banniſter, la mention qu'elles portent du récent avénement de Georges Ier
au trône d'Angleterre & de l'acte du parlement intitulé :
Acte de fucceffion, paraiffent fixer leur date à l'année 1714.

« *M. Leibniz à un anonyme.*

« IV. Il y avoit dans votre cour un favant mathématicien & machinifte françois, nommé Papin, avec lequel
je changeois des lettres de temps en temps. Mais il
alla en Hollande, & peut-être plus avant, l'année paffée,
& j'ai fouhaité d'apprendre s'il eft revenu, ou s'il a quitté
le fervice & s'eft tranfporté en Angleterre, comme il en
avoit le deffein. »

« V. Nos Anglois font tous partis maintenant. Ils
paroiffent très-bien intentionnés pour le bon parti, &

(1) *Notice fur Papin*, p. 23.

particulièrement M. le comte de Maklesfield, que le roi
de la Grande-Bretagne avoit envoyé pour délivrer l'*Acte
de la succession*. Ces Messieurs nous assuroient que leur
inclination étoit celle de la nation, & il y a de l'apparence. Cela me fait espérer que le mal causé par le délai
du parlement dans la dernière Session sera réparé. »

« VII. Y a-t-il donc longtemps que M. Papin est de
retour chez vous ? J'avois peur qu'il eût tout à fait quitté,
car je le trouvois un peu chancelant, & encore à pré-
sent, sa lettre me paroît être de ce caractère, quoiqu'elle
soit extrêmement générale. Il a un mérite qui certainement n'est pas ordinaire ; vous le trouverez, Monsieur,
en le practiquant ; &, ce ne seroit peut-estre pas mal
de le faire, pour voir un peu à quoi il s'occupe, car il ne
m'en dit mot.

» VIII... La Reine va partir pour Hanover la semaine
qui vient, un jour ou deux après le 18 janvier, qui est le
jour anniversaire du couronnement (1). »

Ces extraits sont les derniers écrits où il soit fait mention de Papin. Jusqu'à plus ample découverte, on peut
conjecturer qu'à bout d'infortunes, désabusé des hommes
& résolu de renoncer à ses études & à ses travaux, il
prit le parti d'ensevelir dans une retraite profonde le peu
de jours que la vieillesse lui laissait. Se faire oublier est
tout ce qu'il semble chercher. Evidemment, s'il ne dit
mot de ses projets à Leibniz, au seul ami soucieux encore
de sa destinée, c'est qu'il ne lui reste plus de projets à
former.

Il est certain qu'à partir de 1714 pas un bruit, pas

---

(1) *OEuvres complètes de Leibniz*, t. V, pp. 523 & 525, Genève, 1760, in-4°.

une ligne ne vient révéler au monde l'exiftence de cet
homme qui avait occupé quarante ans la renommée.
N'y aurait-il pas quelque vraifemblance dans l'idée de
ceux qui le fuppofent rentré fecrètement dans fa patrie (1)? Ces retours clandeftins, à peu près impoffibles
fous Louis XIV, devinrent faciles fous le régent, fon fuc-
cefleur, dont le gouvernement montra moins d'intolé-
rance (2). Les proteftants rentrés fubrepticement en
France pouvaient ne pas être inquiétés, lorfqu'ils con-
fentaient à vivre hors du lieu de leur naiffance, étrangers aux difcuffions religieufes & connus feulement d'un
très-petit nombre de parents ou d'amis. Ainfi aurait fait
Papin. Dans cette hypothèfe, il ne ferait venu d'Angleterre à Caffel que pour prendre fa famille & réclamer
de fes puiffants protecteurs d'autrefois un fubfide qui
le mît à même de quitter avec elle la terre étrangère.

Nonobftant ce qu'offrent de fpécieux ces diverfes fup-
pofitions, la plus probable, la plus rationnelle des conjectures eft qu'il s'éteignit en Allemagne, en 1715 ou
1716, laiffant une ou plufieurs filles de fon mariage avec
fa coufine. S'il eût eu des fils, trop de gloire aurait retenti
autour de leur nom, depuis un demi-fiècle, pour que
leurs defcendants ne fe fuffent pas empreffés de réclamer
le bénéfice d'un auffi noble héritage. Des arrière-petits-
fils de Papin par les femmes, telle eft notre conviction,
exiftent aujourd'hui quelque part au-delà du Rhin, pau-
vres, obfcurs, & ne fe doutant point que leur immortel

<hr>

(1) Figuier, *Hiftoire des principales découvertes*, t. I, p. 99.

(2) Louis XIV mourut le 1ᵉʳ fep- tembre 1715 : cette date coïncide avec l'époque du dernier féjour de Papin à Caffel.

ayeul, proſcrit des bords de la Loire, a ſemé plus de richeſſes que n'en aurait produit, comme il ſe plaiſait à le dire, la tranſmutation des métaux.

CONCLUSION

Papin ne ſut pas mieux que Bernardin de Saint-Pierre & J.-J. Rouſſeau défendre ſa conſtitution morale du choc des eſpérances briſées & des illuſions détruites. L'action implacable des événements fit prédominer, au midi de ſa vie, les moins heureuſes nuances de ſon caractère : l'obſtination, l'impatience, la promptitude à s'irriter. Ses meilleurs amis n'enduraient pas toujours ſans ſe plaindre les écarts de ſa vivacité. Durant ſa diſpute avec Leibniz, par exemple, il lui arrivait quelquefois de traiter aſſez cavalièrement ſon illuſtre adverſaire. Dans une réponſe à ſes objections, il lui parle nettement de ſes *bévues*. Le facile Leibniz ſe plaint que le terme ſoit un peu *fort* & le ton général de la lettre un peu *aigre*. Papin croit s'excuſer en diſant qu'il n'a pas eu l'intention de l'offenſer, & que de même qu'on dit en argumentant, *ergo falſa theſis*, il eſt permis de relever des *bévues* (1).

Sa querelle avec le paſteur Gautier offre auſſi, comme on a pu le voir, des traces fréquentes de ce penchant à l'irritation & à l'impatience. La raiſon eſt manifeſtement

---

(1) V. dans la correſpondance avec Leibniz une lettre du mois de janvier & une autre du mois de février de l'année 1696.

de fon côté ; mais, fouvent, il fe donne toute l'apparence
des torts. Qui ne s'afflige, en lifant les longs débats de
cette affaire à laquelle il eut dû refter étranger, de le
voir, par une obftination inconfidérée, par une fufcepti-
bilité hors de faifon, compromettre la bonté de fa caufe,
s'expofer à perdre la protection du prince qui l'aime, &
laffer prefque la bienveillance de ceux de fes collègues
qui lui font favorables ?

Il fut néanmoins fe faire & conferver d'illuftres amitiés,
Boyle, Huggens & Leibniz notamment. Boyle lui fut
enlevé trop tôt. Huggens avait été fon initiateur & fon
maître. Cette origine de leurs relations & la différence
des âges ne laiffaient pas que d'influer fur les fentiments
qu'il lui infpirait ; c'était moins une amitié proprement
dite qu'une déférence refpectueufe, tempérée par une
forte d'affection filiale & par une fincère reconnaiffance. Huggens, avec l'autorité qu'il tenait d'une fcience
fupérieure & de fes antécédents, reproche à Papin fes
erreurs fans aucun de ces ménagements qui vont au-
devant des promptes rébellions de l'amour-propre.
« Voftre calcul, dans l'examen de la machine de M. Per-
raut, lui déclare-t-il, eft fans doute mal fondé & faux,
& je m'eftonne que vous ne l'ayez pas remarquez, ou
que M. Leibniz ou Bernoüilly ne vous en ayent fait la
guerre (1). » Affez chatouilleux d'ordinaire à l'endroit
de fes œuvres, le docteur avoue bonnement fes erreurs ;
& fes objections, lorfqu'il en fait, arrivent à l'auteur de la
Dioptrique revêtues de la forme modefte d'éclairciffements demandés par un difciple à fon maître.

(1) *Lettre de Huggens*, du 2 feptembre 1690.

Nous favons qu'il n'en était pas de même avec Leibniz. Leur amitié, non plus, n'avait pas eu les mêmes commencements, & l'âge ne mettait entre eux qu'une faible diftance. Depuis leur réunion à Paris en 1674, on peut dire qu'ils ne fe perdirent jamais de vue. En 1681, Leibniz, qui fuivait d'un œil vigilant le développement des fciences en Europe, eut connaiffance des effets obtenus de l'invention du Digefteur. Le fuccès de cette découverte ramena fon attention fur l'auteur. Les expériences que celui-ci fit en Angleterre, fous la direction de Boyle, en Italie, fous les aufpices de Sarroti, achevèrent de le grandir dans fon efprit. Leur véritable liaifon, toutefois, ne commença qu'après 1689, à propos de la queftion des forces mouvantes, qui divifait alors les favants. Cette difpute marcha quelque temps flanquée d'une autre que Papin foutenait contre Guglielmini ; le célèbre Italien avait pris Leibniz pour arbitre.

Papin & Leibniz fortirent amis de ce double conflit, dans l'un defquels était partie l'auteur de la Théodicée. L'union de ces deux nobles intelligences perfifta jufqu'a l'éclipfe, nous ne dirons pas la mort, de Papin. Leibniz, appréciant notre compatriote à fa valeur & plongeant un regard attendri dans la profondeur de fes infortunes, apporta, en ce mutuel commerce, une condefcendance rare. Tant d'indulgente délicateffe, & fi longtemps obfervée, honore la mémoire de ce grand homme. Elle lui valut la confiance abfolue de l'exilé. Il fut non-feulement le protecteur du favant ; mais, ce qui eft plus glorieux peut-être, il devint le confident de l'homme.

Il eft impoffible de parcourir les lettres du pauvre exilé fans éprouver pour lui un vif fentiment d'intérêt & de refpe&. Il porte jufqu'à l'abnégation le culte & l'amour de la famille. En tout état de chofes, cette famille eft ce qui le préoccupe le plus. Dú milieu de fa pauvreté & de fon infortune, il n'élève pas une feule plainte contre la Divinité. Sa foumiffion aux décrets de la Providence éclate au contraire en vingt pages de fa correfpondance, écrite cependant pour le fecret de l'intimité. Mais Papin était profondément religieux. On peut dire même que l'ardeur de certaines de fes convictions en faifait prefque un feétaire.

Certes, la poftérité ne placera pas l'inventeur bléfois au même rang que Leibniz ou Newton : fur fon front la marque du génie eft moins éclatante ; mais il eut un mérite que n'eurent pas ces hommes illuftres. Artifte habile en même temps que penfeur profond, il lui fut donné d'unir la pratique à la fpéculation. Sa main ne ceffa jamais d'être la fervante, & la fervante adroite de fon intelligence (1). C'eft à ce double talent qu'il doit fes plus brillantes découvertes. Si, au temps & dans les lieux où il a vécu, le don de faire par lui-même lui eût manqué, tout ce qu'il a trouvé d'utile à fes femblables n'aurait probablement pas vu le jour. A plufieurs reprifes, dans fes écrits & dans fa correfpondance, il revient fur la néceffité où le met de recourir à fon adreffe manuelle l'abfence complète, dans la contrée qu'il habite, d'ouvriers & de fabriques capables. On a déjà lu cette phrafe : « Il faut que je faffe prefque tout par moi-même (2). » La

____

(1) « Plufieurs des machines dont nous faifions ufage, particulièrement la double-pompe & le fufil à vent, étaient auffi de fon invention & en partie fabriqués de fa main. » (Boyle cité, page 98.)

(2) Voyez ci-deffus, page 200, note 2.

fuivante eft auffi formelle : « En cas qu'il plaife à Votre Excellence de fe fervir de cette dernière invention, je puis affeurer formellement que je fçay une fort bonne manière pour faire affez facilement les tuyaux gros, légers & égaux (1). » Avec fon habileté allaient de compagnie la perféverance, qu'il outrait parfois jufqu'à l'obftination, & la perfpicacité, l'œil du génie.

Avec tant de facultés reçues d'en haut, on s'étonnerait qu'il n'ait pas fait plus, ni perfectionné davantage ce qu'il a fait, fi l'on ne connaiffait l'hiftoire de fa vie. Pour lui, vivre ce fut fouffrir dans ce qui importe le plus à la tranquillité des hommes. Entre lui & fon rude travail de chaque heure fe pofèrent toujours la patrie abfente, la croyance perfécutée & la famille en proie aux privations. Il roula ce rocher de Sifyphe, fans interruption ni relâche, de fa jeuneffe à l'âge mûr & de fon âge mûr au terme de fa vieilleffe. Ah! fi, comme Newton, membre du parlement & directeur de la monnaie d'Angleterre, comme Leibniz, admis dans la familiarité des rois & des princes, comme Huggens, penfionné par le grand roi, il eût mené fa vie chez lui, au milieu du bonheur & de l'aifance des fiens, recevant d'amis & de parents ces confeils & ces fecours que rien ne remplace, des puiffants quelques-uns de ces hauts encouragements prodigués par Louis XIV à des notabilités étrangères; oui, s'il fût refté maître de tout le loifir qui devait lui appartenir, fon intelligence, en poffeffion d'une complète férénité, aurait donné à fes conceptions le développement qu'elles réclament, à fon

___

(1) *Lettre au comte de Sintzendorff*, dans le *Recueil de diverfes pièces*, p. 65.

imagination trop fouvent affombrie, la fuite & la portée
qu'elle ne montra pas toujours. Alors, pour nous fervir
des expreffions d'un célèbre vulgarifateur, « la poftérité
pofféderait Papin tout entier » (1).

Tout cela eft vrai, fans doute. Néanmoins, les dures
conditions attachées à fon paffage dans la vie ne peuvent être alléguées que pour expliquer & non pour ab-
foudre ce qui lui manque. Le bilan de fes travaux fuffit
amplement à fa juftification devant la fcience. Le voici,
feulement pour celles de fes découvertes dont s'eft em-
parée l'induftrie contemporaine.

OBJETS DIVERS.

1674-1709. — Perfectionnements & modifications
de la machine pneumatique.

1681-1687-1711. — Digefteur, appareil employé
de nos jours avec quelques améliorations, fous les noms
de *Marmite à Papin*, *Autoclave*, &c.

1685. — Découverte du principe d'action des fiphons,
la preffion de l'air, par la faculté qu'ils ont de s'épancher
à la partie fupérieure.

1687. — Découverte & première application du
principe qui dirigera peut-être la locomotion de l'avenir :
le chemin atmofphérique.

1695-1709. — Appareil fumivore ou de combuftibilité de la fumée. Cette idée de Papin, reprife & perfectionnée depuis vingt ans environ, donne la vie à une
foule d'ufines.

1709. — Méthode d'adminiftration d'air amélioré,

(1) Figuier, les *Merveilles de la fcience*, p. 63.

foit en chambre, foit en ferre à air comprimé, méthode qu'utilife avec avantage la thérapeutique moderne.

VAPEUR.

1681. — Gouvernement de la vapeur. Soupape de fûreté.

1687-1695. — Robinet à deux voies doubles, dont Watt & Leupold ont fait un des principaux organes des machines à vapeur à haute preffion.

1690-1695. — Application à des appareils mécaniques de la vapeur difciplinée en 1681. Mouvement de rotation. Condenfation par le refroidiffement. Pifton & double effet, mais à deux corps de pompe.

1690-1698. — Propofition du premier bateau à vapeur, mu par des aubes ou roues à palettes.

1697-1698. — Premières expériences d'une machine à vapeur à haute preffion. Effai de combinaifon de la machine atmofphérique & de la machine à jet direct de Salomon de Caus.

1698. — Wagon ou chariot mené par la vapeur, fur un modèle réduit.

1704. — Conftruction du bateau. Les roues doivent, après un effai fait à force de bras, recevoir l'impulfion de la vapeur.

1707. — Lancement à l'eau de cette embarcation. Réuffite. Sa deftruction violente.

1707. — Exécution définitive de la machine à vapeur à haute preffion, fans condenfation, avec double foupape de fûreté, & foulèvement d'un *courant d'eau* affez puiffant pour faire tourner un moulin.

Pour terminer, nous poferons cette queftion : En ce qui regarde le feul gouvernement de l'eau vaporifée, qu'ont fait les fucceffeurs de Papin, les Savery, les Newcomen, les Watt, les Leupold & tant d'autres, finon d'agencer, de combiner, de modifier plus heureufement ce qu'il a trouvé : la foupape de fûreté, le pifton, le condenfeur, l'épiftome à quatre ouvertures, le double effet, la haute preffion? Qui donc eft l'inventeur, le vrai, le réel inventeur? La poftérité a répondu : un Français, un Bléfois, DENIS PAPIN!

ERRATA

Page 14, ligne 5 ; les nouvelles, *lifez :* des quantités fans
    ceffe renouvelées de.

— 62, note 2, ligne 1 ; viii, *lifez :* ix.

— 108, ligne 9 ; *après* poids d'une livre, *ajoutez :* fixé à
    l'extrémité M,.

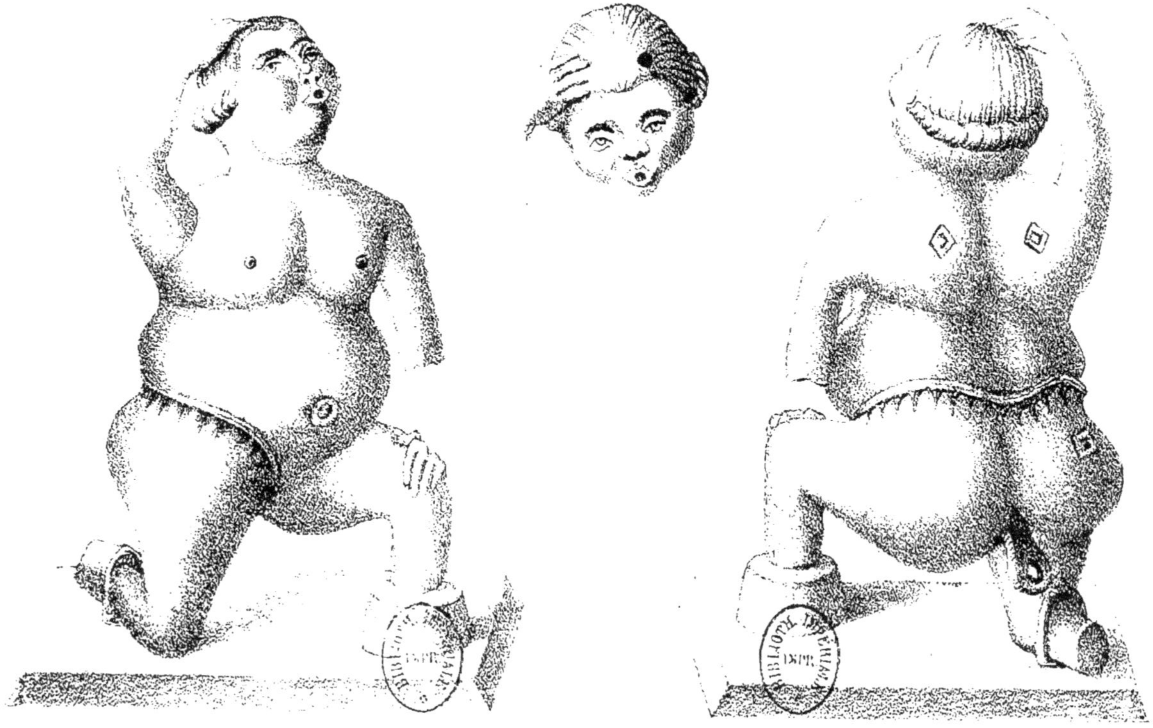

Impr. Louis Perrin. Lyon.

B
D
E
A
O C
G
F
H
N L
K
I
Q
P
M